21世纪
高职高专规划教材
会计系列

高等职业教育"十三五"规划
精品系列教材

"十二五"江苏省
高等学校重点教材

江苏省品牌专业（A类）建设成果

Cost Accounting
成本会计

主　编　笪建军

（第3版）

副主编　赵　燕　沈艾林

中国人民大学出版社
·北京·

图书在版编目（CIP）数据

成本会计/笪建军主编．—3 版．—北京：中国人民大学出版社，2019.5
21 世纪高职高专规划教材·会计系列
ISBN 978-7-300-26966-5

Ⅰ.①成… Ⅱ.①笪… Ⅲ.①成本会计-高等职业教育-教材 Ⅳ.①F234.2

中国版本图书馆 CIP 数据核字（2019）第 092192 号

高等职业教育"十三五"规划精品系列教材
"十二五"江苏省高等学校重点教材
21 世纪高职高专规划教材·会计系列
成本会计（第 3 版）
主　编　笪建军
副主编　赵　燕　沈艾林
Chengben Kuaiji

出版发行	中国人民大学出版社		
社　址	北京中关村大街 31 号	邮政编码	100080
电　话	010－62511242（总编室）		010－62511770（质管部）
	010－82501766（邮购部）		010－62514148（门市部）
	010－62515195（发行公司）		010－62515275（盗版举报）
网　址	http://www.crup.com.cn		
经　销	新华书店		
印　刷	北京七色印务有限公司	版　次	2013 年 9 月第 1 版
规　格	185 mm×260 mm　16 开本		2019 年 5 月第 3 版
印　张	16.75 插页 1	印　次	2019 年 5 月第 1 次印刷
字　数	389 000	定　价	38.00 元

第3版前言

根据江苏省政府办公厅《江苏高校品牌专业建设工程实施方案》，江苏省教育厅启动了江苏高校品牌专业建设工程一期项目。经学校推荐，省教育厅组织专家评审，省政府组织了综合评审，2015年6月，我校会计专业成功入选“江苏高校品牌专业建设工程一期项目”的品牌专业（A类），本教材的修订工作被我校作为该项目的建设验收任务之一。

本教材的编写和修订，坚持以岗位的职业能力培养为重点，以企业成本会计职业素养的需求为导向，体现了基于成本核算岗位具体工作过程的课程设计理念，突出“以能力为本位，以就业为导向，以学生为主体”的教学指导思想，主要表现在：

1. 重构课程内容：项目化、任务型

在对行业企业进行广泛调研的基础上，结合制造业中小企业成本会计岗位的任职要求，我们与企业专家共同进行教材的开发和设计，按企业成本核算实际工作过程和真实工作任务重构教材内容，设置教学单元，设计岗位项目，从而构建基于工作过程的项目导向、任务驱动的课程体系。

2. 强化素质培养：个性化、多元化

按照循序渐进的四个单元，通过基础知识认知、基本技能训练、基本方法应用等教学环节，在完成知识目标的同时实现技能培养和素质培养目标，将教学内容演变为企业成本会计岗位的一个连贯的实际操作训练。本教材在注重课内学习的同时，通过教学过程、职业判断与选择、职业岗位训练“三结合”，将学生的动手能力培养连贯性地体现在立体化的项目教学中，实现“教、学、做”一体化，体现理实教学的多元化。以过程化的考核模式，循序渐进地形成学生的职业岗位能力，强化职业能力培养的实际效果。

3. 创新编写模式：岗位化、过程化

本教材分为四个单元，包括成本会计的基础知识认知、成本核算的基本技能训练、成本计算的基本方法应用、成本报表的编制与分析。每个单元以学习目标、单元导航、学习建议、案例导入为主线形成学习项目体系；每个项目按项目内容、项目小结、项目训练划分若干具体工作岗位任务；在具体工作岗位任务中，通过工作任务、知识准备、工作过程等环节实现学习目标，其中穿插知识链接、案例讨论、思考练习等内容。通过学习，学生可以更好地掌握职业岗位的工作过程，提升职业岗位能力，提高职业素养。

4. 增加数字化资源：配套化、立体化

在本教材修订的同时，将以课程为核心，从教学实施的教、学、做、测各环节入手，采用不同的技术手段开发课程视频、电子教案、演示文稿、习题库、考试系统、实训手册等，形成立体化在线课程教学资源体系。

本次修订的主要内容包括：一是《中华人民共和国会计法》（2017年修正）、《关于印发〈增值税会计处理规定〉的通知》（财会〔2016〕22号）、财政部对原颁布的部分会计准则所做的修订，对一些会计制度和会计政策也做了相应的调整，因此编者也相应地对原教材的相关内容进行了更新，以适应新的法规和准则的变化；二是对原教材的部分体系进行了调整，使教材体系更加完善，补充了一些自制原始凭证的填写，也便于更好地教学；三是对原教材存在的有关疏漏和错误的地方进行了修改和更正。

本次修订分工如下：第一单元和第三单元由笪建军修订，第二单元由沈艾林修订，第四单元由赵燕修订。瑞华会计师事务所合伙人兼江苏分所副所长李云彬注册会计师、江苏中烟工业公司淮阴卷烟厂审计处处长胡权高级会计师参与了本书内容的修订研讨。全书最终由笪建军总纂和定稿。

编　者

2019年4月

第 2 版前言

根据江苏省政府办公厅《江苏高校品牌专业建设工程实施方案》，江苏省教育厅启动了江苏高校品牌专业建设工程一期项目。经学校推荐，省教育厅组织专家评审，省政府组织了综合评审，2015 年 6 月，我校会计专业成功入选“江苏高校品牌专业建设工程一期项目”的品牌专业（A 类），本教材的再版修订工作被我校纳入了该项目的建设任务；根据江苏省教育厅《关于做好 2015 年高等学校重点教材立项建设工作的通知》，经学校推荐，教育厅组织专家评审，2015 年 9 月，本教材经遴选被确定为高等学校重点教材立项建设，根据江苏省教育厅的要求需进行再版修订。

本次修订的主要内容包括：一是近年来财政部对原颁布的部分会计准则进行了修订，对一些会计制度和会计政策也做了相应的调整，因此编者也相应地对原教材的相关内容进行了更新，以适应新的会计准则和制度的变化；二是对原教材的部分体系进行了调整，使教材体系更加完善，也便于更好地教学；三是对原教材存在的有关疏漏和错误的地方进行了修改和更正。

本次修订分工如下：第一单元和第二单元由沈艾林修订，第三单元由管建军修订，第四单元由赵燕修订，最后由沈艾林总纂。

编　者

2016 年 4 月

第1版前言

“成本会计”是财务会计类专业的核心课程，也是为培养和促进学生适应会计工作岗位不可或缺的岗位职业技能课程。课程主要根据中小型企业成本核算岗位的任职要求进行开发和设计，以适应高等职业技术人才培养目标的要求。通过课程的学习，学生应具备完成成本会计职业岗位实际工作任务所需的知识、能力和素质。

本教材的编写坚持以岗位职业能力培养为重点，以企业成本会计职业素养需求为导向，体现了基于成本核算岗位具体工作过程的课程设计理念，突出“以能力为本位，以就业为导向，以学生为主体”的教学指导思想。主要表现在：

1. 重构课程内容：项目化、任务型

在对行业企业进行广泛调研的基础上，结合制造业中小型企业成本会计岗位的任职要求，编者与企业专家共同进行教材的开发和设计，按企业成本核算实际工作过程和真实工作任务重构教材内容，设置教学单元，设计岗位项目，从而构建基于工作过程的项目导向、任务驱动的课程体系。

2. 强化素质培养：立体化、多元化

本教材按照循序渐进的四个单元，通过基础知识认知、基本技能训练、基本方法应用等教学环节，在完成知识目标的同时实现技能培养和素质培养目标，将教学内容演变为企业成本会计岗位的一个连贯的实际操作训练。本教材在注重课内学习的同时，将教学过程和岗位训练结合起来，将学生的动手能力培养连贯性地体现在立体化的项目教学中，实现教、学、做一体化，体现理实教学的多元化。

3. 创新编写模式：岗位化、过程化

本教材分为四个单元，包括成本会计的基础知识认知、成本核算的基本技能训练、成本计算的基本方法应用、成本报表的编制与分析。每个单元以学习目标、单元导航、学习建议、案例导入为主线形成学习项目体系；每个项目以项目内容、项目小结、项目训练为内容划分若干具体工作岗位任务；在具体工作岗位任务中，通过工作任务、知识准备、工作过程等环节实现学习目标，其中穿插知识链接、案例讨论、思考练习等内容。通过学习，学生可以更好地掌握职业岗位的工作过程，提升职业岗位能力，提高职业素养。

本教材由江苏财经职业技术学院沈艾林副教授担任主编，笪建军副教授、赵燕副教授担任副主编。沈艾林编写第一单元和第二单元，笪建军编写第三单元项目一、项目二，冯幻子副教授编写第三单元项目三，王际峰副教授编写第三单元项目四，赵燕编写第四单元。中国石化江苏淮安分公司张爱顺会计师参与了前期的资料收集整理工作，江苏中烟工业公司胡权高级会计师提供了很多帮助，江苏财经职业技术学院程淮中教授担任主审。

本教材在编写过程中，不仅参阅了部分国内外相关的教材和资料，而且深入淮钢特钢股份有限公司、今世缘酒业有限公司、江苏中烟工业公司淮阴卷烟厂等企业做了大量的调研工作，获得了启发和借鉴，在此向有关人士致以诚挚的谢意。

由于编者水平有限，书中难免存在错误和不当之处，恳请同行和读者批评指正，以便以后做进一步的修改和补充。

编　者

2013年5月

目 录

成本会计的基础知识认知

【学习目标】

通过本单元的学习，要求学生能够理解和掌握成本、费用与支出的基本概念和基本分类，正确划分成本、费用与支出的界限，了解三者之间的相互关系；熟悉成本会计的内容和要求；掌握成本核算的基本程序和账务处理流程，培养良好的职业岗位兴趣和职业道德。

【单元导航】

市场经济机制下的企业竞争主要是产品价格和质量的竞争，而价格的竞争归根到底是成本的竞争。企业经济效益的好坏、市场竞争力的强弱在很大程度上取决于成本的高低，因此，成本是一个企业生存和发展的核心问题。作为未来财会行业“准职业人”的各位同学，毕业后很多人会在企业的会计岗位上从事成本核算工作或其他相关工作，成长为企业管理的骨干甚至企业家。你想认识成本、了解成本，并掌握与成本相关的核算和管理的知识与方法吗？好吧，就让我们从成本会计的基础知识认知开始吧！

本单元通过三个项目来介绍成本会计的基础知识。项目一是认知成本、费用与支出，具体介绍成本、费用与支出的概念、内容、分类及三者之间的关系；项目二是认知成本会计的内容和要求；项目三是认知成本会计的程序和工作组织，具体介绍成本核算的基本流程、成本核算的账务处理程序和成本核算的工作组织。

【学习建议】

本单元以认知学习为主，介绍成本会计的基本理论和基础知识，是学好本课程的前提，要认真把握，为后续学习奠定基础。

成本、费用与支出的概念、内容及三者之间的关系是本单元的重点，在学习时不能死记硬背，要理解和掌握它们的概念、内涵及内在规律；成本会计的内容和要求也是本单元的重点，可通过企业认知实习的方式熟悉成本核算岗位的工作内容和工作职责。

【案例导入】

小张、小王、小范原来在一所高职院校应用电子技术专业学习，大专毕业后，三位好朋友利用所学知识，在家人的支持下合伙开办了一个电子配件厂，生产电子报警器。选定厂址后，他们购买了相关设备，又回到母校招收了12名学生作为生产技术人员。电子配件厂投产后，产品质量和销售情况很好，但也很快遇到了难题：刚开始时，由小范记流水账，基本能知道每天的收入和成本，可是随着生产规模的扩大，每天会有各种各样的费用发生，仅靠记流水账很难再控制每个月的收支。如何计算电子报警器的成本？如何给产品定价？如何做好成本核算工作？如何设置成本核算岗位？这些都让他们感到很茫然。本单元的学习将有助于他们解决这些问题。

项目一 认知成本、费用与支出

无论对企业还是个人，对大型公司还是街头小卖部来说，成本始终是生死攸关的大问题。在企业中，成本知识不仅是会计人员而且是所有其他管理人员（包括总经理和董事长）知识结构中的重要组成部分，因为企业的任何决策几乎无一例外地涉及成本，只是涉及的程度不同而已。

一位著名的经济学家说过："学经济其实很简单，只要记住'成本'两个字就可以了。"虽然这样的说法听起来有失偏颇，但从中可以看出成本的重要性。

当政治家在讲社会成就时，经济学家想的是：取得这些社会成就的成本是什么？值不值？当医学家在救死扶伤时，经济学家想的却是：社会应该建立怎样的医疗保障制度，才能减少因越来越多的人"搭便车"而造成的社会资源的浪费？"世界上没有免费的午餐"，这是经济学家思考一切问题的出发点。生活中到处可见成本：偷懒的成本是失去工作；规范的成本是创新；因上大学而不能工作，于是就产生了机会成本。企业在生产经营中会因各种需要而使用不同的成本概念，通过本项目的学习，我们将对成本有一个清晰的认识。

任务1　认知成本

一、成本的概念

成本是商品经济的价值范畴，是商品价值的主要组成部分。在小商品生产下，人们将多余的产品拿到市场上交换，要交换就必须对产品进行估价和定价，也就必须考虑产品在生产过程中的耗费，即成本问题。因此，成本概念的产生与商品交换密不可分，是商品定价的需要。

在小商品生产下，由于手工劳动的生产规模十分有限，人们在交换时主要考虑物质资料消耗，常常忽视活劳动补偿。彼时，成本还局限于物质资料消耗的补偿，是一个不完整的概念。

进入工业社会以后，机器代替了手工劳动，工厂制度取代了手工作坊，生产规模迅速扩大，人工费用占生产耗费的比重较大。对于工厂主来说，生产过程中的一切耗费都必须补偿，只有这样，简单再生产才可能顺利进行。因此，进入工业社会以后，在社会化大生产方式下，成本既包括物质资料消耗的补偿，又包括人工费用的补偿，形成了较为完整的内涵。

知识链接

成本趣解

"成"就是成功、完成，即完成我们事先设想的预期目标。"成"字左边是个"人"，一条腿是跪着的，右边是个“戈”，这说明只有人拿着武器去战斗才可能成功，不做出牺牲不可能成功。当然，这里的牺牲不是指去杀人，而是借用战争术语，其实质是指我们要付出艰苦努力和辛勤汗水。

“本”是指资本、本钱、投入。“本”字上面是个“木”字，代表树干和果实；下面是个“一”字，代表土地，象征事物下面有个根。这说明什么？说明万法归一。学佛的人说“菩萨畏因，众生畏果”，即众生只关注结果、关注成功，而菩萨却关注原因、关注根本。根本的问题解决了，果报便是自然而然的。这就是随顺道，是天人合一。道家的“道德”二字是这样，儒家的“知行”也是这个意思。

成本，是指为了达成目标，通过人的努力所付出的代价。从前文我们可以看到，成功需要人们拿起武器，做出牺牲。提到武器，我们不得不提到《孙子兵法》。孙子说：“攻城为下，攻心为上。”仅靠投入来获得成功不是好办法，而开动脑筋，研究事物的成因，以最低的投入来获得成功，这才是根本。

制造业企业的日常生产经营活动是围绕着产品的生产和销售进行的。它的生产过程，既是产品的制造加工过程，又是物化劳动和活劳动的消耗过程，包括从原材料投入生产到产品产出整个制造过程的各种耗费，概括地说，包括劳动资料与劳动对象等物化劳动耗费和活劳动耗费两大部分。其中，房屋、机械设备等作为固定资产的劳动资料，在生产过程中长期发挥作用，直至报废也不改变其实物形态，但其价值随着固定资产的磨损，通过计提折旧的方式逐渐地、部分地转移到所制造的产品中去，构成产品成本的一部分；原料及主要材料、辅助材料、燃料等劳动对象，在生产过程中或者被消耗掉，或者改变其实物形态，其价值也随之一次性地全部转移到新产品中去，构成产品成本的一部分；以工资形式支付给劳动者的部分也构成产品成本的一部分。

因此我们可以看出，所谓成本，是指特定主体为了达到特定目的所做出的“牺牲”。这种“牺牲”通常用耗费或放弃的经济资源来计量或计算。在市场经济条件下，做什么事情都必须有所耗费。换句话说，成本是市场交易的结果，是“为了得到自己所需要的有价值的东西而放弃的自己所拥有的有价值的东西”。当然，从计算盈亏的角度来看，不同的主体使用不同的成本概念。在这里，主体是指耗费或放弃经济资源的个人或组织。个体工商户日常并不领取工资，工资当然也不计入成本，而是包括在年终分红当中。更有甚者，大街上卖冰棍的老太太每天收摊后计算盈亏时，通常既不对运载冰棍的手推车计提折旧，也不计算自己的工资。主体的多样化必然导致成本概念的多样化。

我们知道，凡是资金耗费归属于某一特定对象后都可以称之为该对象的成本，如为购买材料而发生的价款、运费等构成材料采购成本；为购买机器设备而发生的价款、运费、安装费等构成固定资产成本，为生产一定种类和一定数量的产品所耗费的各种生产费用构成生产成本，为销售一定种类和一定数量的产品所支出的各种费用构成销售成本等。这种反映企业生产经营各个环节上的对象化的费用就是广义的成本概念。

狭义上的成本通常是指生产过程中物化劳动和活劳动耗费的货币体现。制造业企业则表现为在制造加工一定种类和一定数量的产品过程中所承担的实际消耗，主要包括直接材料、直接人工和制造费用。

知识链接

马克思关于成本内涵的表述

马克思政治经济学理论认为，成本属于价值范畴。马克思指出："按照资本主义方式生产的每一个商品 W 的价值，用公式来表示是 $W=c+v+m$。如果从这个产品价值中减去剩余价值 m，那么，在商品中剩下的，只是一个在生产要素上耗费的资本价值 $c+v$ 的等价物或补偿价值……商品价值的这个部分，即补偿所消耗的生产资料价格和所使用的劳动力价格的部分，只是补偿商品使资本家自身耗费的东西，所以对资本家来说，这就是商品的成本价格。"马克思这里所说的"商品的成本价格"，指的就是产品成本，即产品成本的经济内容包括物化劳动 c 和生产者必要的活劳动 v 两部分。物化劳动 c 是指生产过程中所耗费的原材料等劳动对象和磨损的劳动工具等的价值，生产者必要的活劳动 v 是指相当于一定生产力水平下劳动力再生产所需平均生活资料的价值。劳动者在进行生产时，要耗费一部分必要劳动以保证劳动力自身再生产，对于生产者必要的活劳动 v，主要是以职工薪酬的形式向职工支付。马克思还指出："不论生产的社会形式如何，劳动者和生产资料始终是生产的因素。"这说明，不论是在资本主义市场经济条件下，还是在社会主义市场经济条件下，成本的经济内容应该是一样的，都包括物化劳动 c 和生产者必要的活劳动 v 两部分。这一成本概念主要有两个特征：(1) 成本是商品价值中的 $c+v$ 部分；(2) 成本是企业为生产产品和提供劳务而发生的各种耗费。在我国，一般将马克思对成本的论述称为"理论成本"。

综上所述，将成本的经济实质概括为：生产经营过程中所耗费的生产资料转移的价值和劳动者为自己劳动所创造的价值的货币表现，也就是企业在生产经营中所耗费的资金的总和。

二、成本的作用

成本在企业经济活动中有着极其重要的作用。首先，成本是生产耗费的补偿尺度。企业实现的营业收入减去费用（营业成本、营业税金和期间费用）等于营业利润。企业实现的营业收入一定的情况下，费用越低，营业利润越高。费用、成本这一补偿耗费的尺度，对于正确计算企业利润有重要的意义。其次，成本是制定产品销售价格的重要依据。企业为了生存和发展，在确定产品销售价格时，必须考虑成本这一重要因素。如果单位产品的售价低于其应补偿的费用和成本，则产品的生产量和销售量越大，企业亏损越多。再次，成本是企业进行预测、决策和分析的重要依据。在市场经济条件下，企业需要通过不断提高经济效益来增强自身的竞争力。为了提高经济效益，企业必须对市场环境进行充分预测，及时进行正确的生产经营决策，而成本分析是进行预测、决策的重要依据。最后，成本是综合考核企业工作质量的重要指标。企业费用的发生和成本的形成与生产经营各个环节的工作质量有着紧密联系，企业产品产量的多少、质量的好坏、原材料使用的节约与浪费、工人劳动生产率的高低、职工平均工资的增减、机器设备等固定资产的利用程度、废品率的高低以及企业生产经营管理水平的高低，都会或多或少地反映在企业的成本上。

三、成本的分类

为了系统地理解和运用成本概念，必须对成本进行分类。成本的分类方法很多，其中最重要的分类方法是按照经济内容，将制造业企业在一定时期内所发生的成本分为产品成本和期间成本。

产品成本是指与以重新销售为目的而购入或制造的产品相关的成本，一般分为直接材料、直接人工和制造费用，简称“料工费”。直接材料是指产品制造过程中耗费的原材料，通常构成完工产品的实体。例如电器公司生产电冰箱使用的薄钢板、杂志社出版杂志使用的纸张等。直接人工是指直接生产产品的员工的工资、津贴和奖金。例如计算机装配厂装配工人的工资、汽车零部件厂生产工人的工资等。制造费用是指为生产产品所发生的不能直接追溯到产品上的各项间接费用，可进一步分为间接材料、间接人工和其他制造费用。制造费用包括的内容很多，如生产车间发生的折旧费，保险费，水、气、电等公用事业费，车间管理人员工资，设备维护费，等等。

企业一定时期内所发生的成本中除了产品成本，剩余的就是期间成本（也称“期间费用”）。顾名思义，期间费用与特定期间相联系。在成本核算过程中，期间费用直接在利润表中结转，而不必追溯到特定产品之上。期间费用一般包括销售费用、管理费用和财务费用三项。其中，销售费用主要包括销售成本、配送成本和客户服务成本，管理费用主要包括研究与开发成本、设计成本和行政管理成本，财务费用主要包括利息、银行手续费和汇兑损益等。

除上述分类方法之外，按成本性态可将成本分为变动成本和固定成本，按计算时间可将成本分为实际成本和标准（计划或目标）成本，按决策权力可将成本分为可控成本和不可控成本等。

知识链接

成本形态

成本形态是指成本的各种表现形式，即成本的分类。在实务中，人们为了预测、决策、规划、控制、核算、分析的需要，可以按不同标准对成本进行分类。

按照与特定产品的关系，成本可分为直接成本和间接成本。直接成本是指与某一产品具有直接联系的成本，在它们发生时就能根据会计原始凭证确定应由哪一种产品承担；有些共同性直接费用也是直接成本，比如几种产品共同消耗原材料，这些原材料均构成产品实体，属于直接成本。间接成本是指与产品生产过程没有直接联系，在它们发生时不便于直接计入产品成本的费用，比如生产车间机器设备、厂房的折旧费用，生产车间管理人员、工程技术人员的职工薪酬，很难在发生时就确定每一种产品受益大小，为了减少这部分费用日常分配的工作量，只能先作为间接成本归集起来，期末一次性分配后计入产品成本。不管是历史上还是现实生活中，划分直接成本和间接成本始终是成本计算的一个难点，既是一种技术也是一种艺术。此种划分主要作用是便于生产费用归集分配，即直接费用直接计入，间接费用分配计入。

按照与业务量的关系，成本可分为固定成本、变动成本和混合成本。固定成本是指成本大小在一定时期和一定业务量范围内不受业务量增减变动影响的成本。变动成本是指成本大小在一定时期和一定业务量范围内会随着业务量的变动而成等比例变动的成本。等比例变动是关键。混合成本是介于固定成本和变动成本之间的一种成本，在实际生产过程中常常需要将其分解为固定成本和变动成本。将成本划分为固定成本和变动成本便于管理者做预测、决策、控制和分析。

按照可控性，成本可分为可控成本和不可控成本。可控成本是指某一责任单位职权范围内可计量、调节、约束的成本。不可控成本是指超出某一责任单位职权范围而无法进行约束、调节的成本。此种划分便于正确评价各责任单位的工作业绩。

按照与决策的关系，成本可分为相关成本和无关成本。相关成本是指与某一项决策有关联且在其中必须加以考虑的成本。无关成本是指过去已发生或虽然尚未发生，但在决策中无须考虑的成本，对决策毫无影响。此种划分有利于人们在预测、决策时抓住主要矛盾，重点关注相关成本对预测、决策的影响，无须考虑无关成本。

按照计算时间，成本可分为预计成本和历史成本。预计成本是指企业在生产经营活动发生之前根据有关资料对成本做出的估计，如计划成本、标准成本、定额成本、目标成本。历史成本是指根据已经发生的生产经营消耗而计算的成本。此种划分有助于人们对成本进行控制、分析和考核。

在成本管理中，为了满足不同的管理需要，还可以从不同角度采用不同标准对成本进行其他分类，比如还可以按成本对象性、汇总性、可比性、作用等标准对成本进行分类。

四、成本开支范围

在实际工作中，企业成本的开支范围是由国家通过有关法规、制度来加以规范的。成本是反映企业经营管理水平的一项综合性指标，企业生产过程中各项耗费是否得到有效控制、设备利用是否充分、劳动生产率的高低、产品质量的优劣都可以通过产品成本这一指标表现出来。企业的成本核算过程，也是对产品成本的监督、管理过程，因此企业的成本核算要适应企业管理的要求。

知识链接

成本开支范围

国家为了加强成本管理，正确计算成本，防止滥挤成本、乱摊费用，对计入产品成本的各项费用作了统一规定。按现行制度规定，应该计入成本的包括下列各项：(1) 生产经营过程中实际消耗的原材料，辅助材料，备品配件，外购半成品，燃料，动力，包装物的原价和运输、装卸、整理等费用；(2) 企业从事产品生产人员的职工薪酬；(3) 车间房屋建筑物和机器设备的折旧费、租赁费及低值易耗品的摊销费等；(4) 其他为组织、管理生产活动所发生的制造费用。企业发生的下列费用，不应计入成本：(1) 企业为组织、管理生产经营活动所发生的管理费用、财务费用和销售费用；(2) 购置和建造固定资产的支出、购入无形资产和其他资产的支出；(3) 对外界的投资以及分配给投资者的利润；(4) 被没收的财物以及因违反法律而支付的各项滞纳金、罚款以及企业自愿赞助、捐赠的支出；(5) 在公积金中开支的支出；(6) 国家法律、法规规定以外的各种付费；(7) 国家规定不得列入成本的其他支出。

成本开支范围是国家根据成本的客观经济内涵、国家的分配方针和企业实行独立经济核算的要求规定的，各企业必须严格遵守，以保证成本计算的正确性、可比性。

任务 2　认知费用

费用有狭义费用和广义费用之分。狭义费用是指企业在日常生产经营活动中发生的、会导致所有者权益减少、与向所有者分配利润无关的经济利益的总流出。广义费用是指除狭义费用之外的各种形式的损失。

为便于费用管理，可以按照不同标准对企业日常生产经营活动中发生的费用进行分类，主要的分类方法有以下几种：

一、按照经济内容（性质）分类

按照经济内容（性质）划分，工业企业发生的各种费用主要包括劳动对象方面费用、劳动手段方面费用和活劳动方面费用三大类。这三大类构成工业企业费用的三大要素。为了具体反映工业企业各种费用的构成和水平，还可在此基础上进一步将工业企业费用划分为以下费用要素：

（1）外购材料：企业耗用的一切从外部购进的原料及主要材料、半成品、辅助材料、包装物、修理用备件和低值易耗品等。

（2）外购燃料：企业耗用的一切从外部购进的各种燃料，包括固体、液体、气体燃料。从理论上说，外购燃料应该包括在外购材料中，但由于燃料是重要能源，需要单独考核，因此单独列作一个要素进行核算。

（3）外购动力：企业耗用的从外部购进的各种动力。

（4）职工薪酬：企业按规定支付给职工的工资、奖金、津贴，职工福利费，社会保险费，住房公积金，工会经费和职工教育经费，非货币性福利等短期薪酬，辞退福利及其他。

（5）计提折旧费：企业按照规定方法计提的折旧。

（6）利息支出：借款利息支出减去利息收入的差额。

（7）税金支出：计入税金及附加中的税金支出，而不是企业的所有税金支出。

（8）其他支出：不属于以上各项内容的日常生产经营支出，如差旅费、通信费用、保险费用、邮电费用等。

这种分类方法的优点是：便于分析费用结构，便于费用预算编制和考核。这种分类方法的缺点是：不能反映费用的具体用途，不便于分析费用与产品成本的关系，不便于计算产品成本。

二、按照经济用途分类

按照经济用途分类，是指将企业的费用按照为什么发生、用于哪些方面、起什么作用来分类。按照经济用途划分，工业企业发生的各种费用可分为计入产品成本的生产费用和不计入产品成本的期间费用。

计入产品成本的生产费用按其用途不同，还可进一步划分为若干项目，这些项目作为产品成本的构成内容，会计上称为成本项目。成本项目的内容具体可分为直接材料、直接燃料、直接动力、直接人工、废品损失、停工损失和制造费用等。但根据生产特点和管理要求，中小企业一般可简化设立如下三个成本项目：

(1) 直接材料：直接用于产品生产、构成产品实体的原材料、主要材料、燃料以及有助于产品形成的辅助材料等。

(2) 直接人工：直接从事产品生产人员的职工薪酬。

(3) 制造费用：用于产品生产，但不便于直接计入产品成本直接材料、直接人工项目的各种间接费用，因而没有专设成本项目的费用。

按照经济用途分类费用的主要作用是：(1) 反映成本在企业经营过程中的流动；(2) 便于编制财务报表。因此，在按照经济用途分类的费用与财务报表之间存在严格的对应关系(见图1-1)。

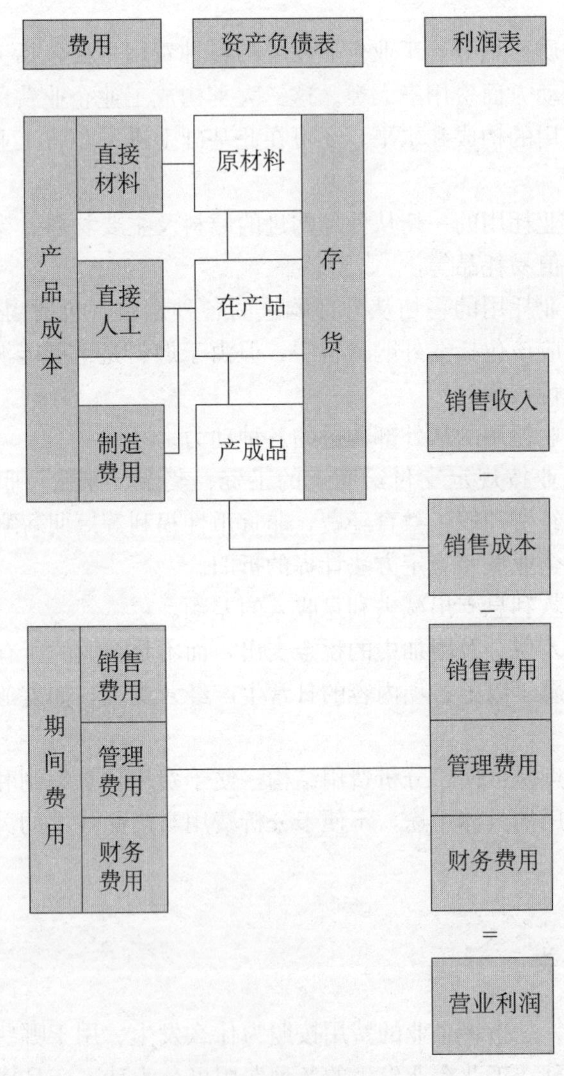

图1-1 费用与财务报表之间的关系

任务 3　认知成本、费用与支出的关系

成本、费用与支出是三个关系极为密切的概念。下面就制造业企业的成本、费用与支出，简要说明它们之间的区别与联系。

支出是指企业在经济活动中发生的一切开支与耗费。一般而言，企业的支出可分为资本性支出、收益性支出、所得税支出、利润分配性支出、投资性支出和营业外支出六大类。

（1）资本性支出是指该支出的发生不仅与本期收入有关，而且与其他会计期间的收入有关，支出效益涉及若干会计年度，且主要是为以后各期的收入取得而发生的支出，如企业购建的固定资产、无形资产以及发生的长期待摊费用等。

（2）收益性支出是指一项支出的发生仅与本期收益的取得有关，因而它直接冲减当期收益，如企业为生产经营所发生的材料、工资等开支。

（3）所得税支出是指企业在取得经营所得与其他所得的情况下，按《中华人民共和国税收征收管理法》的规定向政府缴纳的税金支出。所得税支出作为企业的一项费用，也是直接冲减当期收益。

（4）利润分配性支出是指在利润分配环节的开支，如支付股利等。

（5）投资性支出是指企业的对外投资，如长期股权投资、债权投资、其他债权投资和其他权益工具投资等金融资产。

（6）营业外支出是指与企业的生产经营活动没有直接联系的支出，如企业支付的罚款、违约金、赔偿金、非常损失等。这些支出尽管与企业的生产经营活动没有直接联系，但是与其收入的取得有关系，因而也把它作为当期损益的扣减要素。

费用是企业支出的构成部分，在企业支出中，凡是同企业的生产经营有关的部分，即可表现或转化为费用，否则不能列为费用。

生产费用和产品成本是两个既相互联系又相互区别的概念。生产费用按一定的产品加以归集和汇总，就是产品成本。因此，生产费用是产品成本的基础，产品成本则是对象化的生产费用。根据权责发生制原则，企业某一期间发生的生产费用与归属产品的期间并不完全一致，即归属于当期产品成本中的生产费用有一部分是当期发生的，有一部分则可能是以前会计期间发生的；归属于当期的生产费用也不一定就归属于当期产品成本，可能会由以后期间的产品来负担。因此，企业某一会计期间实际发生的生产费用总和，不一定等于该期产品成本的总和。成本、费用与支出的关系如图 1-2 所示。

知识链接

权责发生制

权责发生制是会计核算中确定本期收入和费用的方法。即凡属本期的收入，不论款项是否收到，均作为本期收入处理；不属本期的收入，即使是本期收到的款项也只能作为预收款项处理，而不作为本期收入。凡属本期的费用，不论款项是否支出，均作为本期费用处理；不属本期的费用，即使在本期支出，也不能列入本期费用。

权责发生制原则在企业会计处理中处处可见。例如本期销售出一批产品，期末款项尚未收到，但在会计处理中应把它作为本期营业收入。再如，企业提取固定资产折旧是符合权责发生制原则的，尽管固定资产在本期尚未损毁，不必更新，但它的一部分价值已在本期消耗

掉，因此要将这部分价值以折旧的形式提取出来，计入本期费用。

权责发生制是相对于收付实现制而言的。从会计发展史来看，权责发生制也是从收付实现制发展而来的。收付实现制核算程序比较简单，适用于商品经济发展初期业务简单、信用不发达的情况。随着商品经济发展和信用制度的产生，收付实现制不能正确计算当期收入、费用的不足之处越来越明显，因而逐渐被权责发生制取代。企业采用权责发生制，不仅能正确计算企业当期的损益，而且能向决策者提供过去发生的关于现金收付的事项和即将支付现金的义务，以及未来将要收到的现金来源的信息。

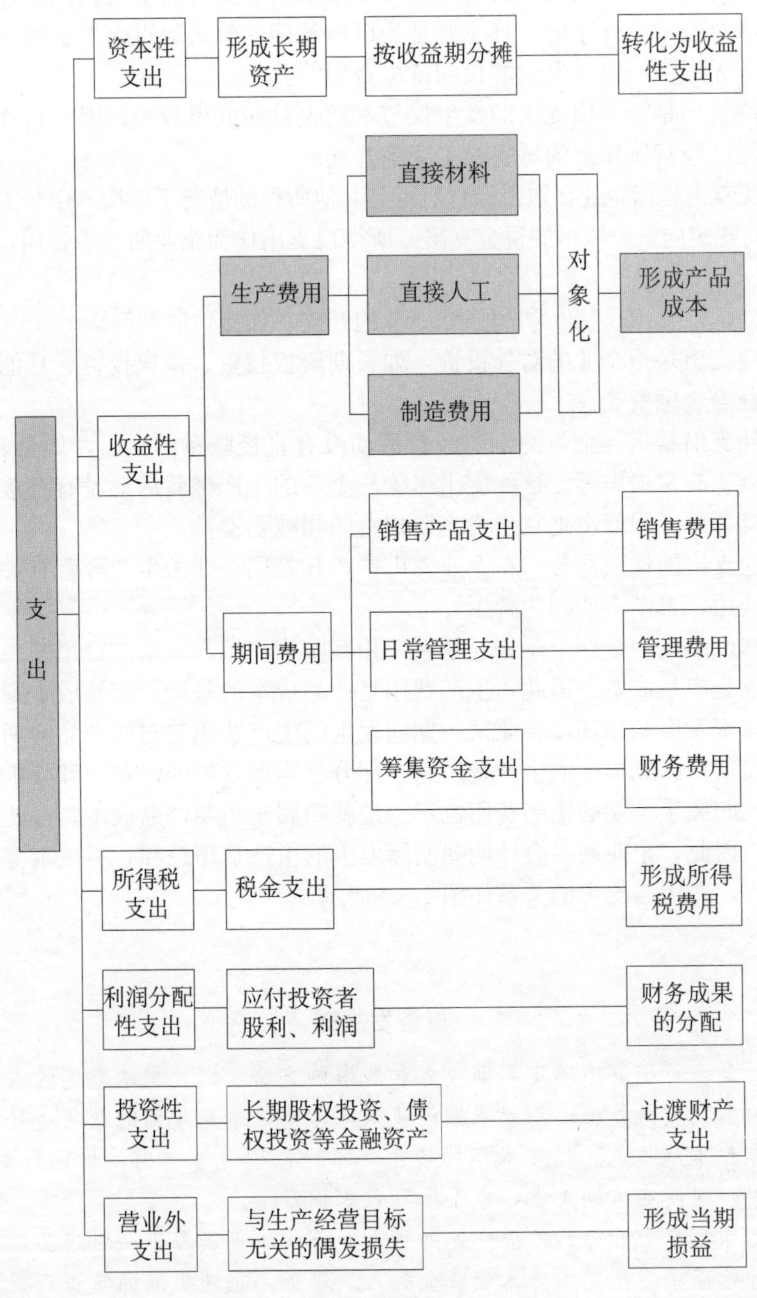

图1-2　成本、费用与支出的关系

项目小结

成本是商品经济的价值范畴，是商品价值的主要组成部分。所谓成本，是指特定主体为了达成特定目的所做出的“牺牲”。这种“牺牲”通常用耗费或放弃的经济资源来计量或计算。对企业来说，狭义上的成本通常是指生产过程中物化劳动和活劳动耗费的货币体现。

费用有狭义费用和广义费用之分。狭义费用是指企业在日常生产经营活动中发生的、会导致所有者权益减少、与向所有者分配利润无关的经济利益的总流出。广义费用是指除狭义费用之外的各种形式的损失。为便于费用管理，可以按照不同标准对企业日常生产经营活动中发生的费用进行分类：按照经济内容（性质）划分，可分为劳动对象方面费用、劳动手段方面费用和活劳动方面费用三大类；按照经济用途划分，可分为计入产品成本的生产费用和不计入产品成本的期间费用。

成本、费用与支出是三个关系极为密切的概念。费用是企业支出的构成部分，在企业支出中，凡是同企业生产经营有关的部分，即可表现或转化为费用，否则不能列为费用。生产费用和产品成本是两个既相互联系又相互区别的概念。生产费用按一定的产品加以归集和汇总，就是产品成本。因此，生产费用是产品成本的基础，产品成本则是对象化的生产费用。

项目训练

一、单项选择题

1. 从产品耗费角度来看，产品成本是指商品生产中所消耗的物化劳动和活劳动中必要劳动的价值。根据这个定义，下列不属于产品成本的是（　　）。

A. 生产设备的折旧　　B. 生产工人的工资

C. 劳动对象的消耗　　D. 向银行借款购买原材料而发生的利息支出

2. 下列各项中，不属于产品生产费用的是（　　）。

A. 制造费用　　B. 管理费用

C. 生产产品领用的原材料　　D. 支付生产工人的工资

3. 下列各项中，属于产品成本项目的是（　　）。

A. 制造费用　　B. 外购材料费用　　C. 职工工资　　D. 折旧费用

4. 下列各项中，属于费用要素的是（　　）。

A. 直接材料　　B. 辅助材料　　C. 税金　　D. 燃料及动力

5. 下列各项中，直接计入产品成本的是（　　）。

A. 辅助生产车间工人的薪酬　　B. 基本生产车间工人的薪酬

C. 车间管理人员的薪酬　　D. 生产车间的办公费用

二、多项选择题

1. 下列各项中，应计入期间费用的是(　　)。

A. 管理费用　　B. 制造费用　　C. 销售费用　　D. 财务费用

2. 下列各项中，不应计入企业生产费用的是(　　)。

A. 购置仪器设备费用　　B. 废品损失

C. 设备报废清理损失　　D. 非正常停工损失

3. 下列各项中，构成产品成本的是(　　)。

A. 直接材料　　B. 管理费用　　C. 财务费用　　D. 生产工人的工资

三、判断题

1. 产品成本是企业为生产产品而发生的各种耗费，包括管理费用。(　　)

2. 当期产品生产费用不一定都计入当期完工产品成本。(　　)

3. 直接生产费用和间接生产费用在特定情况下都可以直接计入生产费用。(　　)

4. 车间生产设备的折旧费不应计入产品成本。(　　)

5. 期间费用应当直接计入当期损益，不得计入产品成本。(　　)

6. 成本项目的具体内容在不同企业可以不同，但任何工业企业都必须至少有直接材料、直接人工、制造费用和废品损失四个成本项目。(　　)

四、案例分析题

1. 在一次学院组织的管理知识讲座上，会计系老师为同学们列举了一个案例：某公司9月购买了一台设备，支出50万元，为购买该设备支付增值税6.5万元，该设备预计使用10年，无残值；支付本月公司员工的薪酬140万元，其中生产产品的工人工资100万元，生产车间管理人员工资10万元，公司行政人员工资30万元；支付公司办公等费用10万元；支付广告费50万元，销售产品差旅费5万元；支付行政罚款10万元；本月折旧费50万元，其中公司管理部门15万元，车间35万元；本月应交所得税20万元；支付投资人利润20万元；生产领用材料300万元；购进材料500万元。

讲座结束后，同宿舍的三个同学为案例中的支出、费用、生产费用和产品成本结果争得面红耳赤。甲同学认为案例中该公司9月的支出总额为843.5万元，费用应为735万元，生产费用为445万元。乙、丙两位同学都认为甲同学的结果不对。你认为甲同学计算的结果对吗？为什么？支出、费用、生产费用、期间费用和产品成本的正确答案分别应为多少？

2. 某企业10月发生下列各项支出：

(1) 基本生产车间机器维修工人为进行设备维修所发生的费用350元；

(2) 基本生产车间为加强劳动保护领用机器安全罩的费用120元；

(3) 企业改建机修车间，改建工程开支90 000元，工程完工，结转实际成本；

(4) 职工生活困难补助300元；

(5) 基本生产车间水电费5 500元；

(6) 机修车间对本企业某项机器设备全部拆修并更换主要部件所发生的修理费用2 500元；

(7) 企业材料仓库职工的工资400元；

(8) 工人建筑本企业围墙期间的工资460元；

（9）本市采购材料所支付的运杂费 20 元；

（10）材料采购过程中发生的定额内损耗 25 元；

（11）验收材料时，发现由于铁路部门的责任所造成的材料短缺损失 600 元；

（12）台风造成的材料物资损失 1 000 元；

（13）清理已报废的固定资产所发生的费用 200 元；

（14）发放本月职工薪酬，其中基本生产车间生产工人 1 056 元，机修车间生产人员及管理人员 275 元，基本生产车间管理人员 121 元，企业管理部门人员 280 元；

（15）按月提取固定资产折旧，其中基本生产车间 6 500 元，企业管理部门 900 元，机修车间 800 元。

要求：

请将该企业 10 月发生的支出进行合理分类，准确计算支出、费用、期间费用、生产费用和产品成本，并说明理由。

认知成本会计的内容和要求

为了充分发挥成本会计的作用，正确、及时地为有关方面提供有用的成本信息，在成本核算中应贯彻以下要求：一是从管理的要求出发，做到管算结合，算为管用；二是正确划分各种费用的界限；三是正确确定财产物资的计价和价值结转方法；四是做好成本核算的基础工作；五是完善成本责任制度；六是适应生产特点和管理要求，采用适当的成本计算方法。

任务1 认知成本会计的内容

成本会计是根据会计资料和其他有关资料，运用财务会计的方法，对企业生产经营活动中的成本进行预测、决策、计划、控制、核算、分析和考核，促使企业降低成本，不断提高经济效益的一种管理活动。广义的成本会计是成本核算与管理的结合，狭义的成本会计仅指成本核算。

成本会计是企业管理的中心环节，包括成本预测、成本决策、成本计划、成本控制、成本核算、成本分析和成本考核。

（一）成本预测

成本预测是指根据与成本有关的各种数据及各种技术经济因素的依存关系，采用一定的程序、方法和模型，对未来的成本水平及其变化趋势做出科学的推测。

（二）成本决策

成本决策是指在成本预测的基础上，按照既定的要求或目标，运用专门的方法，在若干个与生产经营和成本有关的方案中选择最优方案，据以制定目标成本。

（三）成本计划

成本计划是指根据成本决策所制定的目标成本，具体规定在计划期内为完成生产任务所需支出的成本、费用，确定各种产品的成本水平，并提出为达到目标成本水平所应采用的各种措施。

（四）成本控制

成本控制是指在生产经营过程中，根据成本计划具体制定原材料、燃料、动力和工时等消耗定额和各项费用定额，对各项实际发生的费用进行审核、控制，并及时反馈实际费用与标准费用之间的差异及产生差异的原因，进而采取措施，以保证成本计划的执行。

（五）成本核算

成本核算是指对生产经营过程中实际发生的费用按照一定的对象和标准进行归集和分配，并采用适当的成本计算方法，计算各对象的总成本和单位成本。

（六）成本分析

成本分析是指根据成本核算所提供的成本数据和其他有关资料，通过与本期计划成本、上年同期实际成本、本企业历史先进成本水平，以及国内外先进企业的成本等进行比较，分析成本水平与构成的变动情况，研究导致成本变动的因素和原因，挖掘降低成本的潜力。

（七）成本考核

成本考核是指企业将计划成本或目标成本指标进行分解，制定企业内部的成本考核指标，分别下达给各内部责任单位，明确它们在完成成本指标时的经济责任，并定期对成本计划的执行结果进行评定和考核。

在成本会计的各项内容中，成本核算是最基本的职能，提供企业管理所需的成本信息资料。没有成本核算，成本的预测、决策、计划、控制、分析和考核都无法进行。同时，成本核算也是对成本计划预期目标是否实现的最后检验，因而没有成本核算就没有成本管理的基础。

随着企业经营管理要求的提高和管理科学的发展，成本会计日益重要。成本预测是成本会计的第一个环节，是成本决策的前提；成本决策既是成本预测的结果，又是制订成本计划的依据；成本计划是成本决策的具体化；成本控制是对成本计划的实施进行的监督，是实现成本决策既定目标的保证；成本分析和成本考核是实现成本决策和成本计划目标的有效手段。成本会计的各个职能是相互联系、互为条件的，并贯穿企业生产经营活动的全过程，在全过程中发挥作用。成本会计各项内容之间的关系如图 1-3 所示。

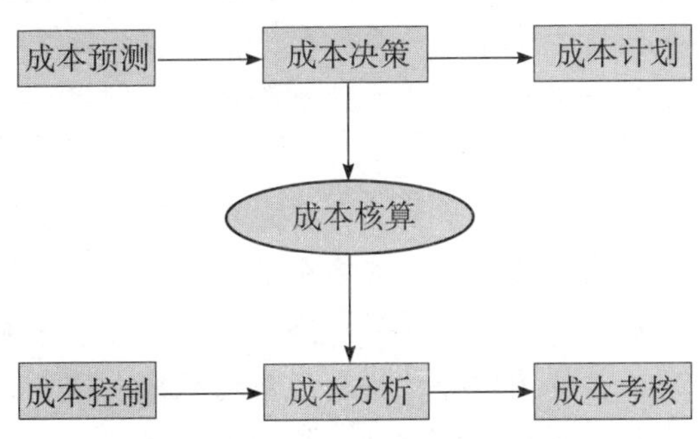

图 1-3　成本会计各项内容之间的关系

知识链接

新制造环境与成本管理核算

新的制造环境对成本会计提出的挑战主要表现在以下几个方面：

1. 产业结构的变化

近年来，随着传统支柱产业的重要性逐渐下降，经济中服务业的重要性已经上升。迅速发展起来的服务业改变了整个产业结构，这种影响随着旅游业、银行业、保险业及电信业等市场的开放而扩大。由于与制造业相比，服务业最终产出的成果难以确认；同时，许多制造业面临的问题，如质量、生产率、成本效率、顾客满意度等也开始困扰着服务业，因此，成本会计人员必须花费更多的精力和时间，寻求更精确的成本会计方法，从而估算出各项产出或服务项目的实际成本，为管理人员制定决策提供必要的信息。

2. 高科技生产技术

在高科技蓬勃发展的新形势下，随着电脑数控机床和机器人、电脑辅助设计、电脑辅助生产及弹性制造系统等高科技成果在生产中的广泛应用，企业生产组织和生产管理显示出许多根本性的变革。由于当前许多企业已利用计算机辅助方法来生产产品、推销产品或提供劳务，因此，产业状态已从过去的劳动力密集转变为资本密集与技术密集，直接人工成本在总成本中所占的比重从20世纪70年代的40%急速下降到目前的10%左右，在某些高科技产业行业中已下降到不足5%。与此同时，间接制造成本的比重大幅度提高，其构成内容也更加复杂，这就要求成本会计人员更深入地了解间接制造成本产生的原因，即成本动因，以避免因间接制造成本分配不当而导致错误的管理决策。

3. 适时生产系统

传统的制造系统是推动式系统（Push-through System），这意味着生产是沿着整个系统向前推进的，然后就得尽力将生产的产品都销售出去。如果产量大于销量，那么就产生了产成品存货。为了适应新的制造环境，需求拉动式系统（如适时生产系统）应运而生。适时生产系统（Just-in-time System，JIT）是一种严格以需求带动生产的制度。采用适时生产系统，产品只在需要时才保质保量地被生产或采购，实现零存货（zero inventory），以达到降低成本与提高质量的目的。适时生产系统制造通常将存货数量降低到远低于传统制造系统中的水平，更强调质量控制，并导致生产的组织方式和实施方式发生根本性的改变。从传统的制造系统转变到适时生产系统，能让企业会计人员在为准备外部报告而评价存货价值方面花费较少的时间，从而将较多的精力集中于质量和生产效率等问题方面，同时成本计算的准确性也大大提高，因为在适时生产系统中，成本的可溯性大为增强。

4. 全面质量管理

随着消费者自我保护意识的增强，质量成为企业在竞争中取胜的重要因素。制造优异是在当今全球激烈竞争的环境中生存的关键。许多企业已经实现了全面质量管理，这意味着整个组织要进行优化管理，最后由顾客认定质量。全面质量管理等新观念、新理论和新方法的相继形成，对作为企业管理工具的成本会计提出了新的挑战。因此，无论是制造业还是服务业，质量成本的计量和报告都是现代成本会计系统的主要特征，这就要求企业会计人员在以往质量成本核算的基础上，根据全面质量管理的要求，采用质量成本决策、最佳成本模型和质量成本综合控制等方法进行系统管理，借以全面降低质量成本，提高产品的社会效益、企业效益和用户效益。同时，这种具有激励作用的全面质量管理制度会影响企业会计人员业绩的考核，它要求他们在提供业绩评价的信息时，提供一些非财务性的相关信息，如质量成本报告、质量成本趋势报告和质量成本业绩报告等。

5. 以作业为基础的成本计算制度

以作业为基础的成本计算制度（简称ABC制度），是以生产的电脑化、自动化为基础，与全面质量管理紧密结合的一种成本计算与成本管理相结合的方法。现在，作业基础成本法正在成为广泛应用的一种产品成本计算方法，在竞争激烈和直接人工成本较低的行业更是如此。作业基础成本法要求先将作业成本追溯到各项作业，诸如质量检验、机器维修、产品设计以及销售等活动，再追溯到消耗这些作业的产品或顾客。与传统的成本计算方法相比，作业基础成本法更详细也更复杂，但它大大提高了成本分配的准确性，也有助于管理人员确定不增加价值但耗费资源的作业活动。ABC 制度对正确进行经营决策、加强成本控制、促进成本降低都具有重要意义。

任务 2　认知成本会计的要求

为了充分发挥成本会计的作用，正确、及时地为有关方面提供有用的成本信息，成本会计应贯彻以下要求：

一、从管理的要求出发，做到管算结合，算为管用

成本核算是加强企业管理，特别是加强成本管理的重要手段，成本核算应该从满足企业管理的要求出发，与加强企业管理相结合，并为企业管理和企业决策所用。因此，成本核算不仅要对企业生产费用进行事后的记录和计算，还要在生产费用发生之前进行审核和控制，审核费用支出是否符合会计法规和会计制度，是否符合企业成本计划和费用计划。同时，如何进行成本核算、计算什么成本、设置哪些会计科目等都要考虑管理的需要，既要防止片面的简单化，不能满足成本管理要求，又要防止脱离成本管理的要求，为算而算，使成本计算过程过分烦琐。因此，必须从管理的要求出发，在满足管理需要的前提下，做到管算结合，算为管用。

二、正确划分各种费用的界限

企业的经济活动是多方面的，费用的用途也是多种多样的，不同用途的费用，其列支的项目也不相同。在企业支出中，只有与正常生产经营活动有关的支出，才能称为生产经营费用。为了正确计算产品成本和期间费用，企业首先应当正确划分应计入产品成本和期间费用的生产经营费用和不应计入产品成本和期间费用的其他各种支出的界限。企业必须严格遵守国家统一的会计准则和会计制度规定的成本开支范围，任意扩大或缩小成本开支范围，多计或少计成本都会导致成本失真，从而不利于企业的经营管理。

为了加强各种费用的控制，正确计算产品成本和期间费用，必须正确划分以下各种费用的界限：

（一）正确划分产品成本和期间费用的界限

企业在日常经营活动中所发生的费用包括生产费用和期间费用。企业的生产费用应计入产品成本，并在产品销售后作为产品销售成本计入企业损益。用于产品生产的直接材料、直接人工和制造费用等成本项目都应该计入产品成本。用于产品销售、组织和管理企业生产经营活动以及筹集生产经营资金所发生的费用属于期间费用，分别归集为销售费用、管理费用和财务费用，计入当期损益，从当期利润中扣除。

应当注意的是，当月投入的在产品不一定当月全部完工，当月完工的产品也不一定在当月全部销售，当月销售的产品也不一定是当月完工的产品。因此，当月的生产费用并不等于计入当月损益的产品销售成本。在计算成本时，既要防止将应计入产品成本的费用计入期间费用，又要防止将应计入期间费用的费用计入产品成本，人为地调节各期产品成本和各期损益的错误做法。

（二）正确划分各个会计期间费用的界限

为了按月分析和考核产品成本和期间费用计划完成的情况，每个企业都必须按月结算费用，计算产品成本和期间费用。按照权责发生制原则，对应计入产品成本的费用，应进一步分清是由本期产品成本负担，还是由以后各期产品成本负担。凡是应由本期产品成本负担的费用，应全部计入本期产品成本，不应由本期产品成本负担的费用，则不应计入本期产品成本。

（三）正确划分各种产品成本的界限

为了正确计算各种产品的成本，可以计入本期产品成本的各项生产费用还必须在各种产品之间进行划分。凡属某种产品单独发生，能够直接计入该种产品成本的生产费用，则直接计入该种产品的成本；凡属几种产品共同发生，不能直接计入各种产品成本的生产费用，则要采用适当的方法，按照受益原则，采用合理的分配标准，分配计入这几种产品的成本。

（四）正确划分本期完工产品成本与期末在产品成本之间的界限

月末，将各项生产费用计入各种产品之后，如果该种产品全部完工，那么计入这种产品的生产费用就是该种产品的完工产品成本。如果该种产品全部没有完工，那么计入这种产品的生产费用就是该种产品的在产品成本。如果该种产品既有完工产品又有未完工的在产品，那么计入这种产品的生产费用还应当采用适当的方法在完工产品和月末在产品之间进行分配，以便计算完工产品成本和月末在产品成本。企业期末计算产品成本时，应当注意核实期末在产品的数量和完工程度，正确计算本期完工产品的实际总成本和单位成本。企业不得以计划成本、估计成本或定额成本代替实际成本，不得任意压低或提高本期完工产品成本和期末在产品成本。

上述各种费用界限的划分如图1-4所示。

<table>
<tr><td colspan="7">制造业企业本期发生的支出</td></tr>
<tr><td colspan="6">生产经营费用</td><td rowspan="5">其他支出</td></tr>
<tr><td colspan="5">本期生产经营费用</td><td rowspan="4">非本期承担费用</td></tr>
<tr><td colspan="4">本期生产成本</td><td rowspan="3">期间费用</td></tr>
<tr><td colspan="2">A产品成本</td><td colspan="2">其他产品成本</td></tr>
<tr><td>完工产品成本</td><td>在产品成本</td><td>完工产品成本</td><td>在产品成本</td></tr>
</table>

图1-4 各种费用界限的划分

三、正确确定财产物资的计价和价值结转方法

企业在生产经营过程中消耗的生产资料的价值要转移到产品成本和期间费用中去，因而

财产物资的计价和价值结转方法是否合适都会影响成本和费用计算的准确性。对于企业的财产物资，应该选择科学合理又简便易行的计价和价值结转方法，国家有规定的，应采用国家统一规定的方法。各种方法一经确定就不得随意变动，要保持相对稳定，以保证成本信息的可比性。

四、做好成本核算的基础工作

为了进行成本核算，正确计算产品成本和期间费用，必须做好以下各项基础工作：

（一）建立和健全原始记录工作制度

原始记录是反映生产经营活动的原始资料，是进行成本核算的依据。与成本核算有关的原始记录主要有：

（1）产品生产方面的原始记录：生产任务通知书（工作令号）、停工通知书、废品通知书、完工产品入库单、自制半成品入库单、在产品转移交接单、在产品盘存报告单等。

（2）生产经营过程中材料、物资方面耗费的原始记录：领料单、限额领料单、退料单、收料单等。

（3）企业生产经营过程中发生的直接人工方面的原始记录：职工考勤记录、工时记录、产量记录、停工记录、工资结算单等。

（4）企业固定资产方面的原始记录：设备移交单、设备报废单、设备事故单、固定资产卡片等。

（5）财务会计方面的原始记录：各种收付款凭证、转账通知、汇总表、分配计算表等。

正确的原始记录是进行成本核算的前提，对于劳动工资、设备动力、生产技术管理等方面，以及有关的计划统计工作有重要意义。企业要根据生产经营特点，结合成本管理的需要，制定既科学又简便易行的原始记录工作制度，并组织有关人员认真贯彻执行，做好各项原始记录的登记、传递、交接和保管工作，保证原始记录的真实正确、内容完整、手续完备，为成本核算和其他方面的管理提供需要的原始资料。

（二）做好定额的制定和修订工作

定额是指企业结合本单位的生产技术条件，充分考虑人的能动性，对生产过程中消耗的人、财、物所做的规定和应达到的数量标准。例如劳动方面的定额有工时定额、产量定额等，物资消耗方面的定额有原材料、燃料的消耗定额等，设备利用方面的定额有设备单位时间生产定额、有效作业时间定额等。

产品的消耗定额是编制成本计划、进行成本分析和考核成本水平的依据，也是审核和控制耗费的标准。企业应该根据当前设备条件和技术水平，充分考虑企业职工的积极性，制定和修订先进可行的原材料、燃料、动力和工时等消耗定额，并且应随着企业生产条件、技术水平和管理要求的变化及时修订。

（三）建立和健全计量验收制度

企业的生产需要大量的财产物资，财产物资管理的好坏关系到企业财产物资的安全与否，关系到成本核算的正确与否。因此，企业应配备齐全各种计量器具，建立和健全财产物资的计量、收发、领退和盘点制度。对财产物资的收发、领退，半成品的内部转移和产成品的验收入库等，均应填制相应的凭证，经过一定的审批手续，并经过计量、验收或交接，防止任意领发和转移。库存的材料、半成品和产成品，车间的在产品和半成品，均应按照规定定期进行盘点，防止丢失、积压、毁损、变质或被贪污、盗窃。这些工作也是进行生产管理、物资管理和资金管理所必需的。

（四）建立和健全内部结算价格制度

内部结算价格是指企业对原材料、自制零部件、半成品和内部各生产单位相互提供的劳务（修理、运输、动力等）制定的在企业内部各部门、各生产单位之间进行结算的价格。采用内部结算价格，可以明确各自的经济责任，促使各车间、各部门进行经济核算，增产节约。内部结算价格应尽可能接近实际并保持相对稳定，年度内一般不作变动。

五、完善成本责任制度

为了提高成本核算质量，保证各部门单位成本的考核水平，企业必须完善成本责任制度，以进一步降低产品成本，提高经济效益。

（一）建立和健全责任成本制度

建立和健全责任成本制度，应把各责任单位作为成本核算对象的责任单位，责任成本的计算与产品成本的计算应结合进行。在产品成本的计算过程能反映每一个责任单位的工作业绩，并将其单位成本的高低直接与应承担的责任和经济效益相联系，在满足产品成本核算需要的前提下，为成本考核与成本分析创造条件。

（二）建立和健全内部成本管理体系

内部成本管理体系是一个涉及企业所有部门和全体职工的复杂系统，它的设立是否完善、运行是否合理，直接关系到责任成本制度实施与运行的顺利与否，因此，只有建立和健全一个运行自如、合理完善的内容成本管理体系，才能保证责任成本制度的顺利推行。

（三）建立和健全成本考核制度

企业在计算成本的同时，还要对每一种产品成本的升降水平以及各责任单位的成本情况进行必要的考核与分析，对成本的考核，应注重诸如成本指标、定额、消耗量的制定等方面的基础工作，建立和健全一整套成本考核资料的收集、整理、对比、计算等方法和程序，使成本考核形成制度。

（四）建立和健全成本责任奖惩制度

成本责任奖惩制度，是指将成本会计工作的好坏直接与各责任单位、个人的经济利益挂钩，以起到鼓励先进、鞭策后进的激励作用。在计算出产品成本及责任成本后，应对各责任单位的可控成本进行深入分析，以此作为主要责任考核指标，实行规范、严格的奖惩制度，充分调动各部门不断降低产品成本的积极性，使企业经济效益不断提高。

六、适应生产特点和管理要求，采用适当的成本计算方法

产品成本是在生产过程中形成的，因而采用什么方法计算成本，必须适应生产特点，包括生产组织特点和生产工艺过程特点。计算产品成本是为了向管理者提供数据资料，因而采用什么方法计算成本，还应考虑管理要求。总之，只有同时考虑生产特点和管理要求，确定所应采用的成本计算方法，才能切合实际地为企业进行成本管理提供有用的信息。

知识链接

责任成本管理

责任成本管理是指将直接发生成本和费用的各生产单位和业务部门划分成若干责任中心，然后根据各中心的责任范围，依据统一的编制办法编制各中心的责任预算，并采取合同的形式逐级进行承包的管理方法。

从浅层次看，项目的责任成本管理是依据各项规定和格式把完成这个项目的软硬要素通过反复优化固定下来，进而计算出完成这个项目的最低总成本，并以此作为总目标再进行目标的分解、责任的划分和奖惩的约定，最终实现两个确保。一是要确保将项目整个活动过程的费用控制在总成本范围之内，并通过责任的锁定实现责任利润。二是要确保总收入与总支出之差足额上交企业，企业再根据事先约定按一定的比例返还给项目负责人，项目负责人按贡献比例分配给各责任人。责任成本管理就是围绕这样一个工作思路开展的活动过程。

责任成本管理是企业全员管理、全过程管理、全环节管理和全方位管理，是商品使用价值和商品价值结合的管理，是经济和技术结合的管理。它既与企业财务管理密切结合，又是企业管理系统的一个子系统，是一项涉及面广且较为复杂的系统工程。因此，构建一个完善的责任成本管理体系，对指导责任成本管理工作的开展、规范责任成本管理行为、突出责任成本管理的工作效果都具有十分重要的作用。

1. 划分责任单位

责任单位是企业内部独立存在的，可以在一定的权责范围内自行控制成本发生、收益实现和资金使用的组织单位。实施责任成本管理，首先应根据企业经营管理工作和行政管理体制的特定需要，在组织上确定对所辖生产经营活动承担完全经济责任的责任层次，明确划分若干责任单位。

2. 规定权责范围

在企业内部，被划定为责任成本中心的部门和单位都应有其相对独立的经济利益。为了切实维护各责任单位的特定经济利益，必须明确规定它们各自所应承担的经济责任和各自所必然拥有的经济权力。

3. 确定责任目标

责任目标是有关责任单位在其权责范围内，预定应当完成的生产经营任务，是企业未来一定期间内经营总目标的分解与具体化。必须按照层层分解、落实的原则，为每一责任单位确定相应的责任目标，分配一定的责任成本指标，以使各责任单位了解它们在实现企业总体

目标上所应完成的具体工作任务。

4. 建立数据系统

为把成本、费用数值同经济责任紧密联结起来，力求实现经济责任的制度化和数量化，必须建立和健全一整套记录、计算、考核、评价责任目标（责任预算）执行情况的数据与指标体系。只有建立和健全了科学的数据系统，才能有效地实施过程跟踪与控制，及时了解各责任单位生产活动的真实情况，从而为评价、考核各责任成本中心的工作业绩提供可靠依据，为实现成本数值同经济责任的有机结合创造条件。

5. 考评工作绩效

为了保证责任成本管理制度的正确贯彻和实施，必须在计量、分析有关责任单位预算实际执行情况的基础上，对它们的工作成绩和经营效果进行严格的考核和恰当的评价。只有通过工作绩效的考评，才能充分肯定各责任单位的成绩，及时发现问题，并有针对性地制定修正措施，强化成本控制，促使各责任单位做好各项经营管理工作。

6. 编制责任成本报告

责任成本报告即责任成本绩效报告，是有关责任单位在一定期间内从事生产经营活动的集中反映，也是各责任单位预定责任（责任预算）执行过程和执行结果的概括说明。通过编制责任成本报告，各责任单位可以根据自身特点和其他条件，按照实现企业总体目标的要求，相应调节和控制自身权责范围内的生产经营活动，不断提高经济效益。

项目小结

成本会计是企业管理的中心环节，成本会计的内容，实际上是由其职能界定的，包括成本预测、成本决策、成本计划、成本控制、成本核算、成本分析和成本考核。在成本会计的各项内容中，成本核算是最基本的职能，提供企业管理所需的成本信息资料。没有成本核算，成本的预测、决策、计划、控制、分析和考核都无法进行。同时，成本核算也是对成本计划预期目标是否实现的最后检验，因而没有成本核算就没有成本管理的基础。

为了充分发挥成本会计的作用，正确、及时地为有关方面提供有用的成本信息，成本会计应贯彻以下要求：一是从管理的要求出发，做到管算结合，算为管用；二是正确划分各种费用的界限；三是正确确定财产物资的计价和价值结转方法；四是做好成本核算的基础工作；五是完善成本责任制度；六是适应生产特点和管理要求，采用适当的成本计算方法。

项目训练

一、单项选择题

1. 成本会计各个环节的基础是（　　）。

A. 成本核算　　B. 成本决策　　C. 成本分析　　D. 成本考核

2. 关于费用界限的划分，下列说法中不正确的是（　　）。

A. 收益性支出应计入产品成本

B. 为组织和管理生产活动而发生的费用应计入生产费用

C. 制造费用应计入生产费用

D. 凡为生产某种产品发生的费用应直接计入该产品的成本

二、多项选择题

1. 成本会计的内容主要包括(　　)。

A. 成本预算和成本计划　　B. 成本决策和成本核算

C. 成本分析和成本控制　　D. 成本考核

2. 为了保证成本核算的正确性，必须正确划分(　　)。

A. 收益性支出与资本性支出的界限

B. 产品成本与期间费用的界限

C. 本期产品成本和期初在产品成本的界限

D. 各种产品成本的界限

3. 下列账户中，期末结转后一定没有余额的是(　　)。

A. 生产成本　B. 制造费用　C. 管理费用　D. 销售费用

4. 成本核算是成本管理的基础，为了保证成本核算工作的质量，要做好成本核算的基础工作，具体包括（　　）等。

A. 原始记录工作制度　　B. 定额管理制度

C. 计量验收制度　　D. 内部结算价格制度

二、判断题

1. 成本核算是基础，没有成本核算，其他各项职能都无法进行。(　　)

2. 由几种产品共同负担的生产费用，应当按照受益原则，在这几种产品之间进行分配。(　　)

四、案例分析题

某企业 8 月有关费用资料如下：生产耗用原材料 80 000 元，辅助材料 1 000 元，燃料2 000元，电费 5 000 元，生产工人工资 10 000 元，车间管理人员工资 5 000 元，车间办公费 500 元，生产用机器修理费 500 元，企业管理人员工资 40 000 元，电话费 1 000 元，支付购买原材料所借款项 10 万元的利息 5 000 元，支付购买车间用设备所借款项 50 万元的利息30 000元，固定资产报废清理损失 1 000 元。企业成本会计人员将以上费用的分类项目列示如下：

生产经营管理费用　190 000 元

生产费用　15 000 元

产品成本　104 000 元

期间费用　55 000 元

要求：

请根据成本会计的要求评价该企业成本会计人员的费用分类项目的数额是否正确，并说明原因。

认知成本会计的程序和工作组织

通过前面内容的学习，我们知道了在成本会计岗位的工作内容中，成本核算是成本管理的基础和最重要的组成部分。要进行成本核算，首先必须准确地确定成本计算对象；其次根据成本计算对象，对各项费用进行审核和控制，再将生产费用在各个对象之间进行归集和分配；最后将各对象归集的生产费用在完工产品与月末在产品之间进行分配，计算出本月完工产品成本。要完成成本会计的这一重要工作，企业必须建立和健全相应的组织机构，配备相关人员，制定和完善配套的核算与管理制度。

任务1　认知成本核算的基本流程

成本核算是指根据一定的成本计算对象，采用适当的成本计算方法，按照规定的成本项目，通过费用要素的归集和分配，计算出各成本计算对象的总成本和单位成本。成本核算既是对生产经营过程中发生的生产耗费进行如实反映的过程，也是进行反馈和控制的过程。通过成本核算可以反映成本计划的完成情况，为进行成本预测、编制下期成本计划提供可靠的资料，同时为以后的成本分析和成本考核提供必要的依据。成本核算的基本流程如下：

一、确定成本计算对象

所谓成本计算对象，是指成本发生后所达到的目的。“目的”是一个非常宽泛的概念，如购买一辆轿车、使用一台钻床、执行一套流程、印刷一份杂志等，都属于“目的”的范畴。这里所说的成本计算对象是指生产费用的承担者，即归集和分配生产费用的对象。确定成本计算对象是计算产品成本的前提。由于企业的生产特点、管理要求、规模大小、管理水平的不同，企业成本计算对象也不相同。对制造业企业而言，产品的成本计算对象包括产品品种、产品批别和产品生产步骤三种。企业应根据自身特点选择合适的产品成本计算对象。

二、归集和分配生产费用

确定成本计算对象后，将发生的生产费用按成本项目区分为直接成本和间接成本，然后按照“直接成本直接计入成本计算对象，间接成本先分门别类地归集起来再分配计入成本计算对象”的原则计算成本计算对象的成本。制造业企业的成本计算对象是产品，计算产品成本就是计算产品所耗费的直接材料、直接人工和制造费用。因此，对制造业企业来说，一旦选定成本计算对象，其成本计算过程实际上就是将直接材料和直接人工直接按成本计算对象进行归集，将制造费用先分门别类地归集起来再分配到成本计算对象上。图1－5以印刷厂为例说明了生产费用归集和分配的思路。

在图 1-5 中，成本计算对象为印刷的杂志。成本有两类：一类是直接成本，包括印刷杂志直接耗用的纸张（直接材料）和排版、印刷、装订等工人的工资（直接人工）等，这些成本直接归集到杂志上；另一类是间接成本，如机器折旧、设备租金、照明费用等，这些费用首先要按照折旧、租金和水电费归集，然后分配到杂志上。其中，间接成本的分类归集与直接成本的直接归集并没有本质的区别，只是多了一个“分门别类”的步骤。但是，将归集起来的每一类间接成本分配到相关的成本计算对象上，则是完全不同的处理过程。

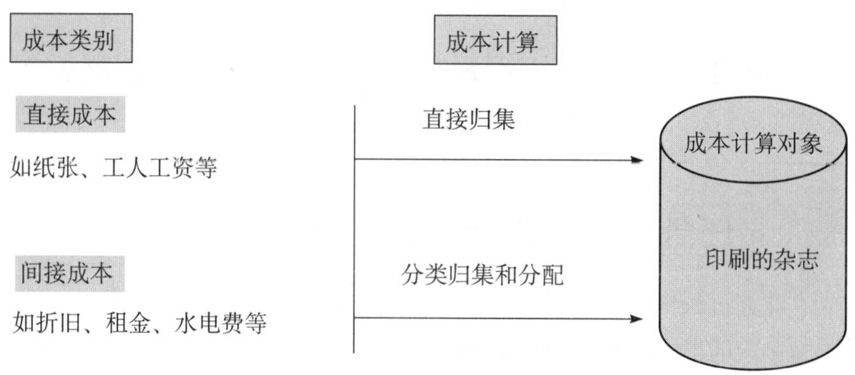

图 1-5　成本计算的基本思路

为了分配间接成本项目，还必须首先根据成本分配基础和已知的间接成本项目数额计算间接成本（或制造费用）分配率，然后分配成本。间接成本分配率计算公式如下：

某间接成本项目分配率 =该成本项目的数额÷成本分配基础

典型的制造业企业有五类部门：基本生产部门（如汽车制造厂的零部件加工车间、装配车间等)、辅助生产部门（如水、气、电供应车间等）和采购、销售及职能科室。制造费用一部分发生在基本生产部门内部，另一部分发生在基本生产部门以外的辅助生产部门。间接成本的分配就是先按选定的成本分配基础所计算的部门分配率，将发生在基本生产部门之外的辅助生产部门的成本分配到各生产部门；然后按选定的成本分配基础所计算的产品分配率，将基本生产部门本身发生的制造费用与从外部分配来的辅助生产成本一并分配到该部门生产的各种产品上。图 1-6 简要地说明了成本分配的部门分配方法。

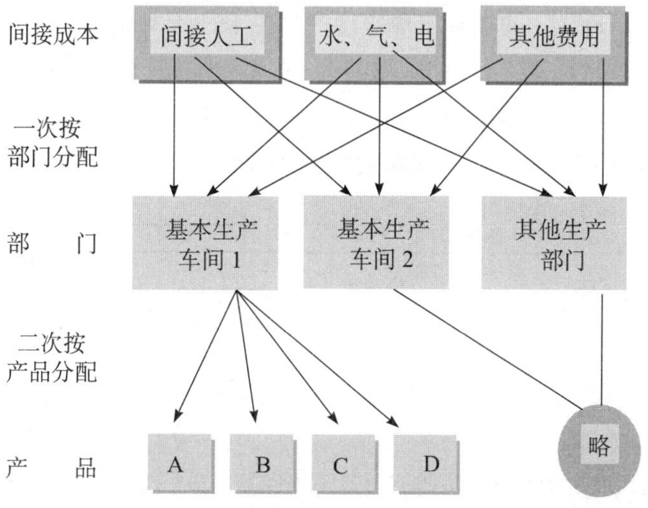

图 1-6　成本分配的部门分配方法

三、计算完工产品成本与月末在产品成本

对既有完工产品又有月末在产品的产品，应将计入该产品的生产费用，在其完工产品和月末在产品之间采用适当的方法进行划分，求得完工产品与月末在产品成本。期末成本计算关系如图1-7所示。

期初在产品成本 + 本期生产费用 = 本期完工产品成本 + 月末在产品成本

图1-7 期末成本计算关系

任务2 认知成本核算的账务处理程序

在产品成本计算过程中，要将发生的生产费用按一定的产品成本计算对象进行归集和分配，最终确定完工产品成本，就必须设置相应的总账账户与必要的明细账户。制造业企业的产品成本计算账户包括“生产成本”账户与“制造费用”账户等。

一、“生产成本”账户

“生产成本”账户用来核算企业进行产品生产（包括完工产品、自制半成品生产和提供劳务等）、自制材料、自制工具、自制设备等所发生的各项生产费用，下设“基本生产成本”和“辅助生产成本”两个二级账户，分别用来核算企业发生的基本生产成本与辅助生产成本。

（一）“基本生产成本”二级账户

制造业企业的基本生产是指本企业用于对外销售产品的生产。企业在生产产品过程中发生的生产费用，通过设置“基本生产成本”二级账户进行归集。为了反映不同的成本计算对象所发生的生产费用，在该二级账户下应当按产品成本计算对象分户设置明细分类账，称为基本生产成本明细账或产品成本计算单。基本生产成本明细账采用多栏式账页，基本格式如表1-1所示。

表1-1　　基本生产成本明细账

总第　　页

成本计算对象：　　基本生产车间：　　投产时间：　　字第　　页

年		凭证		摘要	产量（ ）	借方发生额	成本项目			
月	日	字	号				直接材料	直接人工	制造费用	

基本生产成本明细账的登记方法与其他明细账的登记方法基本相同，主要区别是“借方发生额”栏不同于其他明细账的“余额”栏，不是反映本账户的累计数，而是反映本行次成

本项目的合计数。

（二）“辅助生产成本”二级账户

制造业企业的辅助生产是指为本企业基本生产车间及其他部门提供产品或劳务的生产，如工具、模具、修理用备件等产品的生产和修理、运输等劳务的供应等。辅助生产提供的产品和劳务有时也对外销售，但这不是主要目的。企业在进行辅助生产过程中所发生的生产费用，通过设置“辅助生产成本”二级账户进行归集。企业同时设有若干辅助生产车间时，应当按不同的辅助生产车间分户设置辅助生产成本明细账。辅助生产成本明细账的格式与基本生产成本明细账的格式基本相同（见表1-2），登记方法亦同。

表1-2　　　　辅助生产成本明细账

总第　　页

辅助生产车间：　　　　　　产品或劳务：　　　　　　字第　　页

年		凭证		摘　要	借方发生额	成本项目			
月	日	字	号			直接材料	直接人工	制造费用	

表1-1和表1-2所示的格式只是生产成本明细账的基本格式，在实际工作中还会有其他不同的格式，本书有关项目中将会有所列示。

二、“制造费用”账户

为了归集和分配发生的制造费用，应设置“制造费用”总账账户。制造费用是指企业生产车间为生产产品所发生的应计入产品成本，但没有专设具体成本费用项目的各项间接生产费用，如物料消耗、车间管理及技术人员薪酬、车间折旧费、水电费、劳动保护费等。由于制造费用的内容较多，因此不宜在“生产成本”账户中分别设置成本项目，需要通过设置“制造费用”账户进行归集，再按一定的标准分配计入各受益的产品成本计算对象。为了反映不同生产车间所发生的制造费用，应当按不同的生产车间分户设置制造费用明细账。对制造费用发生额较少的辅助生产车间，或生产单一产品的基本生产车间，可以不设置制造费用明细账。制造费用明细账一般采用多栏式账页，格式如表1-3和表1-4所示。

表1-3　　　　制造费用明细账（1）

总第　　页

生产车间：　　　　　　　　　　　　　　　字第　　页

年		凭证		摘要	借方	贷方	借或贷	余额	（借）方项目			
月	日	字	号						职工薪酬	折旧费	水电费	（略）

表1-4　　制造费用明细账（2）

总第　　页

生产车间：　　字第　　页

年		凭证		摘要	合计	机物料	职工薪酬	劳保费	折旧费	办公费	水电费	（略）
月	日	字	号									

为了归集和结转发生的期间费用，应设置“销售费用”“管理费用”“财务费用”账户；企业如果单独核算废品损失和停工损失，还可以增设“废品损失”“停工损失”账户。

产品成本核算账务处理程序（见图1-8），实际上表现为整个产品成本形成过程的会计核算步骤，内容非常广泛，因而需要在讲述成本核算时具体阐述。

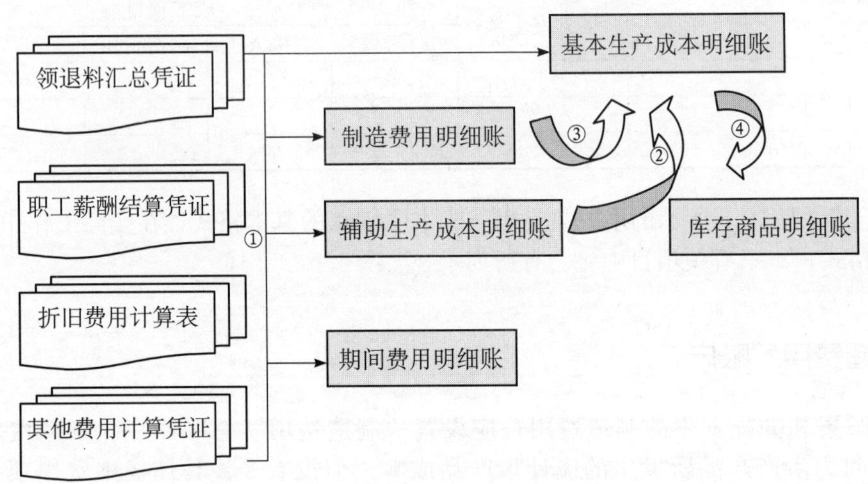

注：①分配各项要素费用；②分配辅助生产成本；③分配制造费用；④结转完工产成品成本。

图1-8　成本核算账务处理程序

任务3　认知成本核算的工作组织

为了完成成本核算岗位的工作内容，企业应当合理设置成本会计机构，配备好核算与管理人员，并且严格按照与成本有关的法律、规章、制度等进行工作。实际工作中通常按以下步骤实施。

一、建立成本核算组织机构

成本会计机构是处理成本会计工作的职能单位。它是根据企业规模和成本管理要求来考虑在专设的会计机构中是单独设置成本会计科、室或组等，还是只配备成本核算人员来专门处理成本会计工作。建立成本核算的组织机构，必须考虑符合企业生产的特点，适应成本会计工作的内容，贯彻落实经济责任制，做到技术与经济相结合、核算与管理相结合，核算为管理服务，同时有利于群众。

成本会计工作在企业成本职能部门与企业内部各单位之间可采用两种不同的工作方式。

（一）集中工作方式

集中工作方式是指企业成本会计中的成本核算和成本分析等方面的工作，主要由总部成本会计机构集中进行。采用这种方式，分厂、车间等生产单位一般不设置专门的成本会计机构，只配备专职或兼职的成本核算人员，负责有关原始凭证的填写、审核、整理和汇总，为总部成本核算和成本分析工作提供资料。

采用集中工作方式，不但可以减少成本会计机构的层次和成本会计人员的数量，而且有利于企业总部集中使用电子计算机对成本数据进行处理，及时掌握企业有关成本的全面信息。但在大中型企业中，采用这种方式不便于直接从事产品生产和劳务供应的各生产单位及时掌握本单位的成本信息，不利于调动生产单位和生产工人在节约费用、控制成本方面的积极性，并且可能影响成本管理经济责任制的实施。

（二）分散工作方式

分散工作方式是指企业成本会计中的成本核算和成本分析等方面的工作，由各分厂、车间等生产单位、其他有关部门和企业总部的成本会计机构或人员分别进行。企业总部成本会计机构负责对各生产单位和有关部门的成本会计机构和人员进行业务上的指导和监督，并对企业成本进行综合的预测、决策、计划、控制、核算、分析、考核和检查。

采用分散工作方式，虽然增加了成本会计工作的时间和费用，但有利于成本费用的分级管理和责任成本的核算，有利于调动企业上下各个方面和全体职工增产节约、降低成本的积极性。具体可从方便成本工作的开展和及时准确地提供成本信息的需要出发，按成本要素划分为材料成本组、人工成本组和间接费用成本组核算。

（1）材料成本组：一般由企业厂部成本会计人员与仓库材料管理人员共同负责，主管材料物资和低值易耗品的采购、入库、领用、结存的明细分类核算，定期盘点清查，计算材料成本费用，并对全过程进行控制和监督。

（2）人工成本组：主管应付职工的工资、奖金的计算与分配的明细分类核算，并对全过程进行严格的控制和监督。

（3）间接费用成本组：间接费用的核算一般由厂部成本会计人员负责进行，这部分费用可按成本习性分为变动费用和固定费用，变动费用以弹性预算进行控制，固定费用则以固定预算进行控制。

企业应当根据自身的生产经营特点和成本管理要求，确定企业内部各级成本会计机构的分工。一般来说，大中型企业宜采用分散工作方式，小型企业宜采用集中工作方式。企业也可以将两种方式结合应用，如重要生产单位采用分散工作方式，其他部门和单位采用集中工作方式。

二、配备成本会计人员

成本会计人员是指在会计机构或专设成本会计机构中所配备的工作人员，对企业日常的成本工作进行处理。成本核算是企业成本工作的核心，成本指标是企业一切工作质量的综合表现，为了保证成本信息质量，企业对成本会计人员的业务素质要求比较高。成本会计人员应具备：一是会计知识面广，有较好的成本理论和实践基础；二是熟悉企业的生产经营流程（工艺过程）；三是有刻苦学习和任劳任怨的工作态度；四是有良好的职业道德。

为了提高成本会计工作效率，保证成本会计信息质量，在成本会计机构内部和会计人员中应当建立岗位责任制，定岗、定编、定责，明确分工，各司其职。企业应当重视和加强成本会计人员的职业道德教育和业务培训，让每一个成本会计人员都明确自己的职责和权限，胜任自己的工作。成本会计人员的工作职责包括：

（1）严格遵守国家和公司的成本开支范围和费用开支标准，结合公司生产经营特点和管理要求，制定成本核算办法。

（2）根据公司生产经营计划编制成本、费用、利润等计划，并将指标分解落实，确保计划实现。

（3）按照成本核算办法的规定，确定成本计算对象，正确归集和分配生产费用。

（4）按时编制产品成本、费用报表，对照成本计划找出成本升降的原因，提出降低成本、费用的途径，加强成本管理。

（5）协助有关部门定期对产成品进行盘库，核对产成品库存情况。

（6）开展班组群众性核算，落实经济责任制。

知识链接

会计人员职业道德

中华人民共和国财政部1996年6月发布的《会计基础工作规范》规定，会计人员职业道德主要包括以下六个方面：

1. 爱岗敬业

会计人员应当热爱本职工作，努力钻研业务，使自己的知识和技能适应所从事工作的要求。爱岗敬业是做好一切工作的出发点。

2. 熟悉法规

会计工作不只是单纯的记账、算账、报账工作，会计工作时时、事事、处处涉及执法守规方面的问题。会计人员应当熟悉财经法律、法规和国家统一会计制度，做到自己在处理各项经济业务时知法依法、知章循章，依法把关守口，同时要进行法规的宣传，提高自身的法制观念。

3. 依法办事

一方面，会计人员应当按照会计法律、法规和国家统一会计制度规定的程序和要求进行会计工作，保证所提供的会计信息合法、真实、准确、及时、完整。另一方面，依法办事要求会计人员树立自己的职业形象和人格尊严，敢于抵制歪风邪气，同一切违法乱纪的行为做斗争。

4. 客观公正

会计信息的正确与否，不仅关系到微观决策，而且关系到宏观决策。做好会计工作，不仅要有过硬的技术本领，而且需要实事求是的精神和客观公正的态度，否则就会把知识和技能用错地方，甚至参与弄虚作假或者通同作弊。

5. 搞好服务

会计工作是经济管理工作的一部分，把这部分工作做好对所在单位的经营管理至关重要。会计工作的这一特点，决定了会计人员应当熟悉本单位的生产经营和业务管理情况。因此，会计人员应当积极运用所掌握的会计信息和会计方法，为改善单位的内部管理、提高经济效益服务。

6. 保守秘密

会计的工作性质决定了会计人员有机会了解本单位的财务状况和生产经营情况，有可能了解或者掌握重要商业机密。这些机密一旦泄露给竞争对手，会给本单位的经济利益造成重大的损害，这对被泄密的单位既不公正又很不利。泄露本单位的商业秘密是一种很不道德的违法行为，因此，作为会计人员，应当确立泄密失德的观念，对于自己知悉的内部机密，不管在何时何地都要严守秘密，不得为一己私利而泄露机密。

会计从业资格考试的必考科目之一——《财经法规与会计职业道德》中，将会计人员职业道德归纳为爱岗敬业、诚实守信、廉洁自律、客观公正、坚持准则、提高技能、参与管理、强化服务八个方面。

三、健全成本会计制度

成本会计制度是指从事成本会计工作必须遵循的规范和具体依据。正确制定和执行成本会计制度，是做好成本会计工作的重要前提。企业成本会计机构和会计人员必须严格按照有关法律、行政法规和规章制度的规定组织成本核算，实行会计监督。与成本会计工作有关的法律、行政法规和规章制度可以分为以下三个层次：

（一）《中华人民共和国会计法》

《中华人民共和国会计法》（以下简称《会计法》）是我国会计工作应遵循的基本法律，是制定会计方面其他法律、行政法规和规章制度等的依据。

企业成本会计机构会计人员必须依照《会计法》处理会计事务。例如：《会计法》第二十五条规定，公司、企业必须根据实际发生的经济业务事项，按照国家统一的会计制度的规定确认、计量和记录资产、负债、所有者权益、收入、费用、成本和利润。第二十六条规定，公司、企业进行会计核算不得随意改变费用、成本的确认标准或者计量方法，虚列、多列、不列或者少列费用、成本。这些都是企业在进行成本核算时应当严格遵守的。

（二）《企业会计准则》《企业财务通则》

2006 年 2 月 15 日，中华人民共和国财政部对《企业会计准则》（1992 年发布）进行了修订，并以《企业会计准则——基本准则》重新发布，自 2007 年 1 月 1 日起施行。到 2009 年，中国所有的企业均执行这套企业会计准则体系。

目前，新企业会计准则体系包括《企业会计准则——基本准则》《企业会计准则第 1 号——存货》等 42 项具体准则和《企业会计准则——应用指南》等，属于法规体系的组成部分。

《企业会计准则》是指导企业进行会计核算的统一规范，企业进行成本核算、组织成本监督、设置成本会计机构和配备成本会计人员等，都应当遵循《会计法》和《企业会计准则》的规定。

《企业财务通则》要求企业应当建立成本控制系统，强化成本预算约束，推行质量成本控制办法，实行成本定额管理、全员管理和全过程控制。

（三）企业内部成本会计制度

企业内部成本会计制度应贯穿成本管理系统的全过程。成本会计制度的内容包括成本预测、决策、计划、控制、计算、分析和考核所做出的有关规定，指导着成本会计工作的全过程，这也称作广义的成本会计制度。具体的成本会计制度有：关于成本预测、决策的制度，关于计划成本（或标准成本）编制的制度，关于成本核算的制度，关于成本控制的制度，关于成本分析、考核的制度，关于企业内部价格制定和结算的制度，其他有关成本管理的规定。

成本核算制度是企业组织费用和成本的核算、处理各项具体成本会计业务的直接依据，企业制定的内部成本核算办法必须符合《会计法》和《企业会计准则》的要求，必须符合企业生产经营活动和业务活动的特点，必须满足企业加强成本管理和成本监督的要求。

项目小结

成本核算是一项复杂的工作，为保证这项工作的顺利进行，首先要确定成本计算对象和成本项目，其次将生产耗费进行横向和纵向分配，最后确定完工产品和在产品成本。

成本核算是通过设置和运用账户来进行的，为了方便成本核算，企业一般设置“生产成本——基本生产成本”账户、“生产成本——辅助生产成本”账户和“制造费用”总账账户。在“生产成本——基本生产成本”账户下，再按成本计算对象如产品品种等进行明细分类核算；在“生产成本——辅助生产成本”账户下，再按辅助生产车间和生产的产品或劳务分设明细账进行明细分类核算。

为了完成成本会计的任务，企业应当合理设置成本会计机构，配备好成本会计人员，并且严格按照与成本有关的法律、规章、制度等进行工作。

项目训练

一、单项选择题

1. 期末，企业应将（　　）在完工产品和期末在产品之间进行分配。

A. 本期发生的生产费用

B. 期初在产品成本加上本期发生的生产费用

C. 期初在产品成本

D. 本期发生的生产费用减去期初在产品成本

2. 成本核算的一般程序不包括（　　）。

A. 将期间费用在各个成本计算对象之间的分配

B. 将生产费用在各个成本计算对象之间的分配

C. 费用的审核和控制

D. 将生产费用在本期完工产品和期末在产品之间的分配

3. 应当按照受益原则分配计入各成本计算对象的费用是指(　　)。

A. 管理费用　　B. 财务费用

C. 销售费用　　D. 产品生产费用中的间接计入费用

4. 集中工作方式和分散工作方式是指(　　)。

A. 企业内部成本会计对象　　B. 企业内部成本会计职能

C. 企业内部各级成本会计机构　　D. 企业内部成本会计任务

二、多项选择题

1. 成本会计的组织分工应考虑(　　)。

A. 企业规模的大小　　B. 企业业务的多少

C. 企业管理体制　　D. 对外报告的要求

2. 下列各项中，属于企业内部成本会计制度的有(　　)。

A. 成本计划编制方法的规定　　B. 成本分析要求的规定

C. 成本项目的规定　　D. 成本报表种类和格式的规定

3. 下列各项中，属于核算产品成本的会计科目的是(　　)。

A. 生产成本　　B. 废品损失　　C. 制造费用　　D. 财务费用

4. 成本核算的一般程序包括(　　)。

A. 费用的审核和控制

B. 将生产费用和期间费用归属于恰当的期间

C. 将生产费用在各个成本计算对象之间进行归集和分配

D. 将生产费用在完工产品和期末在产品之间进行分配

三、判断题

1. 一般来说，大中型企业适合采用分散工作方式，小型企业适合采用集中工作方式，有的企业也可以将两种方式结合起来使用。(　　)

2. 企业必须按照国家有关法律、规章和内部成本会计制度的要求，组织成本核算工作。(　　)

四、案例分析题

某小型生产企业因为考虑成本与效益的关系，所以在成本核算工作中存在一些不足之处：材料消耗根据实际领用数量进行核算，没有考核标准，因而不仅各个月之间的成本波动较大，而且领用材料计量不够准确；对于不能点数的材料采用目测的方法估算。鉴于存在的问题，企业经理决定进行整改。

要求：

请根据目前所学的内容提出相关整改建议。

成本核算的基本技能训练

【学习目标】

通过本单元的学习，要求学生掌握企业生产过程中费用的归集和分配，能计算完工产品与月末在产品成本。重点掌握每一环节发生的费用的归集和分配，能熟练地根据企业实际情况，选择适合企业特点的标准，计算和分配各项费用，登记生产成本明细账。本单元是成本核算的基本技能训练，涉及的分配方法较多，技术性较强，涉及不同的岗位。在学习过程中，学生要培养严谨的作风，注重方法的学习和技能的训练，树立全局观念和团队合作精神，提高分析问题与解决问题的能力。

【单元导航】

在第一单元，我们认知了成本、费用与支出之间的关系。企业在一定时期发生的费用，经过归集和分配后，最终要由具体受益对象来承担，形成生产费用和期间费用。生产费用再经过归集和分配，最终要落实到受益的各种产品中去，形成产品成本。那么，企业发生的这些费用，有多少、又是怎样归集和分配到产品成本中去的呢？如何形成产品成本项目？最终完工产品成本又是如何计算出来的？实际上，生产费用的归集和分配可以分为三类：第一类是要素费用的归集和分配，如原材料、燃料及动力、职工薪酬、固定资产折旧等，其特点是直接根据原始凭证上确定的金额和注明的用途进行归集和分配；第二类是综合费用的归集和分配，如辅助生产费用、制造费用、生产损失等，其特点是选择相对合理的标准进行分配；第三类是基本生产费用的归集和分配，其特点是根据企业的生产类型，选择适当的成本计算方法，把生产成本中归集的费用总数在本月完工产品与月末在产品之间进行分配，以便分别计算出完工产品与月末在产品成本。

本单元我们将按上述结构顺序展开学习，通过五个项目来介绍生产费用的归集和分配的基本方法和基本技能：项目一是归集和分配要素费用，项目二是归集和分配辅助生产费用，项目三是归集和分配制造费用，项目四是归集和分配生产损失，项目五是计算完工产品与月末在产品成本。相信通过本单元的学习，大家一定会有很清晰的思路，能顺利地完成生产费用到产品成本计算的整个过程。

【学习建议】

本单元主要介绍要素费用、辅助生产费用、制造费用和生产损失的归集和分配，以及完工产品与月末在产品成本的计算，是进行成本核算的基本技能。

在学习材料、动力费用的归集和分配时，应重点把握材料费用分配方法的实际运用及相关的会计处理；在学习职工薪酬的归集和分配时，应结合应付职工薪酬核算的相关内容；辅助生产费用的归集和分配是本单元的重点和难点内容之一，应理解辅助生产与基本生产的区别，在学习各种分配方法时，不能死记硬背，应通过对几种方法的对比来加强学习和理解；生产损失的归集和分配是本单元的主要内容之一，应重点掌握生产损失包括的内容，熟练掌握废品损失和停工损失的归集和分配方法；生产费用在完工产品与月末在产品之间的分配，既是本单元的重点内容也是难点内容，在学习时应结合不同行业、产品、企业规模等因素理解不同的分配方法，能根据不同企业的实际情况，合理选择适当的方法在完工产品与月末在产品之间进行生产费用的分配；要特别掌握好约当产量法和定额比例法，透彻理解其内涵，在计算约当产量时，注意“直接材料”项目按照投料程度确定完工程度，“直接人工”和“制造费用”项目按照加工程度确定完工程度。

【案例导入】

小范在熟悉了成本岗位的工作流程后，发现成本核算工作还是很有意思的，又深感自己专业知识的不足，于是他回到自己的母校，找到会计系的张老师，想让张老师帮助他尽快地掌握成本核算的基本技能。张老师没有立即答应，而是首先带着他来到实习基地——某牛奶公司参观学习。他们在一个密闭的车间生产线上看到新鲜牛奶从高约 20 米的巨大圆柱体容器经过进料管进入灌装工序，灌装后的成品源源不断地进入输送轨道，经检验合格后，工人进行产品包装，随后运送到市区各大超市和订奶用户手中。张老师向小范介绍说，该公司每天生产盒装、袋装、瓶装等八大规格的鲜奶、酸奶，给市区及周边地区提供最新鲜、最有营养的奶制品，要想计算出它们的生产成本，就要知道各种各样的奶制品在生产过程中会发生哪些费用，这些费用是如何进行归集和分配的，各种奶制品的成本又是如何计算出来的。这需要系统的学习，希望本单元的知识能够对小范有所帮助。

归集和分配要素费用

制造业企业发生的费用，按照经济内容（性质）划分，主要有劳动对象方面费用、劳动手段方面费用和活劳动方面费用三大类。为了具体反映制造企业各种费用的构成和水平，进一步划分为外购材料、外购燃料、外购动力、职工薪酬、计提折旧费、利息支出、税金支出、其他支出等具体要素费用。

发生的各要素费用需要按照产品成本计算对象进行归集。生产费用处理方法与生产车间生产产品的品种多少直接相关。无论是基本生产车间还是辅助生产车间，如果一个车间只生产一种产品，则该车间发生的全部生产费用都应当由该产品负担，在费用发生时直接计入该产品成本；如果一个生产车间同时生产几个品种的产品，发生在该车间的生产费用，有的费用可以在发生时就明确是用于何种产品，有的费用则是几种产品共同承担的，一般通过编制生产费用分配表的方法进行，首先确定各种费用的受益对象（成本计算对象或受益部门）的分配标准，然后确定被分配费用的金额，再计算费用分配率，最后计算每一个生产费用受益对象应负担的费用金额。

任务1　归集和分配材料、动力费用

材料、动力费用是企业在产品生产过程中消耗材料和动力所发生的生产费用。材料费用的发生会使“直接材料”成本项目增加。在单设“燃料及动力”成本项目的企业，燃料与动力费用的发生会引起“燃料及动力”成本项目的增加。在不单独设置“燃料及动力”成本项目的企业，通常将燃料费用记入“直接材料”账户，将动力费用记入“制造费用”账户，再分配计入产品成本。

任务1.1　归集和分配材料费用

※ 工作任务 ※

清安公司是一家机械制造企业，共设置一个基本生产车间（分别生产甲、乙两种产品）、两个辅助生产车间（机修车间、供电车间）、厂部管理部门和销售部门。会计人员李凡负责材料核算，王强负责成本核算，我们跟随李凡、王强一起完成20××年6月材料费用的归集和分配工作。

※ 知识准备 ※

企业的材料费用包括在生产经营过程中经加工改变其形态或性质并构成产品主要实

体的各种原料及主要材料、辅助材料、修理用备件、外购半成品、燃料、周转材料等的费用。企业的各种材料可以通过采购、接受投资、接受捐赠、进行债务重组、进行非货币性交易等方式取得。发生的材料费用通常列入“生产成本”账户的“直接材料”成本项目。

一、材料的组成

原料及主要材料是指从企业外部通过采购或其他方式取得的，用于产品生产并形成产品实体的物品，如用于纺纱的棉花、纺织的棉纱、冶炼的矿石、加工机械的钢材等。

辅助材料是指从企业外部购进或通过其他方式取得的，用于产品生产但不形成本产品实体，而有助于产品形成的物品，如催化剂、润滑剂、染色剂等。

修理用备件是指为维护生产设备正常运行或日常修理而购入备用的各种零件与配件，如齿轮、三角皮带、螺丝螺帽等。

外购半成品是指从外部企业购入直接用于装配产品，成为产品组成部分的物品，如装配在洗衣机上的微型电动机等。

燃料是指从企业外部购入能产生热能的各种物品，如煤炭、柴油、天然气等。

周转材料主要包括低值易耗品、包装物。低值易耗品是指从企业外部购入、企业自制或委托加工等方式形成，不能作为固定资产的各种用具物品，如工具、管理用具、玻璃器皿、在经营过程中周转使用的包装容器等；包装物是指从企业外部购入、企业自制或委托加工等方式形成，为了包装本企业产品而储备的各种包装容器，如桶、箱、瓶、坛、袋等。

二、材料费用的分配方法

材料费用的分配方法主要有重量（体积、产量）比例分配法、材料定额耗用量分配法、材料定额费用分配法、材料实际耗用量分配法等。

（一）重量（体积、产量）比例分配法

重量（体积、产量）比例分配法是指以各种耗用材料所生产出产品的重量（体积、产量）为标准来分配材料费用的方法。如果各种产品共同耗用某种材料，其耗用量又与各产品的重量（体积、产量）有直接的关系，适宜采用这种方法。运用此方法时，产品应分配的材料费用计算公式如下：

$$材料费用分配率=\frac{耗用该材料的实际费用}{各受益产品重量(体积、产量)之和}$$

某受益产品应分配的材料费用＝该受益产品重量（体积、产量）×材料费用分配率

（二）材料定额耗用量分配法

材料定额耗用量是指企业生产一定数量的产品按事先核定的单位产品材料定额耗用量计算确定的理论材料耗用数量。

材料定额耗用量分配法是指以各种材料费用受益产品的材料定额耗用量为分配标准，以单位材料定额耗用量应负担的材料费用为材料费用分配率，据以分配材料费用的方法。该方

法适用于材料消耗比较单一、单位产品材料定额耗用量比较准确的产品。运用此方法时，产品应分配的材料费用计算公式如下：

受益产品材料定额耗用量＝受益产品产量×单位产品材料定额耗用量

$$材料费用分配率＝\frac{被分配的材料费用}{各受益产品材料定额耗用量之和}$$

某受益产品应分配的材料费用＝该受益产品材料定额耗用量×材料费用分配率

（三）材料定额费用分配法

材料定额费用是指企业生产一定数量的产品按事先核定的单位产品定额费用计算确定的理论材料费用。

材料定额费用分配法是指以各种材料费用受益产品的材料定额费用为分配标准，以实际消耗的材料费用占各受益产品材料定额费用之和的比例为材料费用分配率，据以分配材料费用的方法。该方法适用于产品生产过程中消耗的材料品种较多，不宜按品种确定材料定额耗用量，但有比较合理的材料定额费用的产品。运用此方法时，产品应分配的材料费用计算公式如下：

受益产品材料定额费用＝受益产品产量×单位产品材料定额费用

$$材料费用分配率＝\frac{被分配的材料费用}{各受益产品材料定额费用之和}$$

某受益产品应分配的材料费用＝该受益产品材料定额费用×材料费用分配率

（四）材料实际耗用量分配法

材料实际耗用量是指企业在生产产品过程中所记录的各种产品的材料消耗数量。材料实际耗用量分配法是指以各种产品的材料实际耗用量为分配标准，以材料的实际单价为材料费用分配率，据以分配材料费用的方法。该方法适用于能分清材料消耗对象，并有健全的材料消耗记录的产品。运用此方法时，产品应分配的材料费用计算公式如下：

$$材料费用分配率＝\frac{被分配的材料费用}{各受益产品材料实际耗用量之和}$$

某受益产品应分配的材料费用＝该受益产品材料实际耗用量×材料费用分配率

※ 工作过程 ※

材料费用的归集和分配主要通过如图2-1所示的步骤完成：

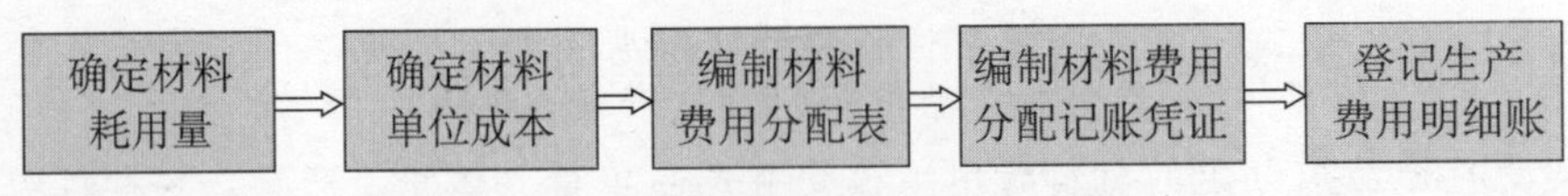

图2-1　材料费用的归集和分配步骤

一、确定材料耗用量

李凡将本月的领料凭证进行汇总，编制材料耗用量汇总表。

清安公司领料单的格式如表2-1所示。

表 2－1　　**领料单**

材料类别：原材料

领料部门：基本生产车间（甲产品）　　20××年 6 月 2 日　　领料单号：060002

材料名称	规　格	单　位	数量（千克）		备　注
			请领	实发	
A 材料		套	550	550	
B 材料		套	350	350	

【提示】 材料发出应根据领料单、限额领料单、领料登记表等领料凭证进行。会计部门应对领料凭证所列材料的种类、数量等进行审核，检查所领材料的种类和用途是否符合企业内部控制制度的要求，数量是否超过限额。生产所剩材料应编制退料单，据以退回仓库。对于企业已领未用、下月生产继续耗用的材料，为简化核算工作，可以采用"假退料"的办法，即实际实物不动，只是填制一份当月的退料单，表示该项余料已经退料，从当月领用数量中扣除，同时编制一份下月的领料单，表示该项余料又作为下月的领料出库。

李凡月末编制的清安公司材料耗用量汇总表如表 2－2 所示。

表 2－2　　**材料耗用量汇总表**

20××年 6 月 30 日　　计量单位：千克

领料凭证张数	耗用部门		A 材料	B 材料	C 材料	D 材料	E 材料
	基本生产车间	甲产品	2 400	4 000		3 000	
		乙产品			1 000		
		一般耗用					600
	辅助生产车间	机修车间			600		
		供电车间				400	
	管理部门						400
	销售部门						500
	合计		2 400	4 000	1 600	3 400	1 500

二、确定材料单位成本

材料发出的计价取决于收入材料的入账价值，材料的计价可以按实际成本计价时发出材料的价值或计划成本计价时发出材料的价值确定。

该企业采用实际成本计价方法的加权平均法确定发出材料的单价。李凡根据有关材料明细账计算本月 A 材料的加权平均单价和实际成本：

本月 A 材料加权平均单价＝（10 000＋30 000）÷（1 000＋3 000）＝10（元/千克）

本月发出 A 材料实际成本＝2 400×10＝24 000（元）

月末结存 A 材料实际成本＝1 600×10＝16 000（元）

本月 A 材料明细账如表 2－3 所示。

表 2-3

A材料明细账

材料类别：原材料　　　　单位：千克，元

材料编号：　　　　最高存量：

材料名称及规格：A材料　　　　最低存量：

20××年		凭证		摘要	收入			发出			结存		
月	日	种类	号码		数量	单价	金额	数量	单价	金额	数量	单价	金额
6	1			月初结存							1 000	10.00	10 000
6	2			生产领用				550			450		
6	8			外部购入	2 000	9.00	18 000				2 450		
6	12			生产领用				1 000			1 450		
6	22			生产领用				850			600		
6	25			外部购入	1 000	12.00	12 000				1 600		
6	30			合计	3 000		30 000	2 400	10.00	24 000	1 600	10.00	16 000

使用同样的方法，李凡分别计算出本月B材料、C材料、D材料和E材料的单位成本分别为4元/千克、20元/千克、12元/千克和25元/千克，并编制清安公司本月材料费用汇总表（见表2-4）。

表 2-4

材料费用汇总表

20××年6月30日

金额单位：元

耗用部门		A材料	B材料	C材料	D材料	E材料
基本生产车间	甲产品	24 000	16 000		36 000	
	乙产品			20 000		
	一般耗用					15 000
辅助生产车间	机修车间			12 000		
	供电车间				4 800	
管理部门						10 000
销售部门						12 500
合计		24 000	16 000	32 000	40 800	37 500

三、编制材料费用分配表

李凡根据材料费用汇总表，确定A材料、B材料、C材料和E材料能直接确定归属对象，属于直接计入的材料费用，可以直接记入产品成本明细账的“直接材料”成本项目或有关费用明细账的相关成本项目；但D材料为甲、乙两种产品共同耗用，属于间接计入的材料费用，这就需要根据企业实际，采用既合理又简便的分配方法分配记入各产品成本明细账的“直接材料”成本项目。

采用重量（体积、产量）比例分配法、材料定额耗用量分配法、材料定额费用分配法和材料实际耗用量分配法编制材料费用分配表的过程如下：

（一）重量（体积、产量）比例分配法

假设清安公司甲产品的产量为2 400千克，乙产品的产量为1 200千克，则D材料费用按产量比例分配法分配如下：

$$\text{D材料费用分配率}=\frac{36\ 000}{2\ 400+1\ 200}=10\ (\text{元/千克})$$

甲产品应分配的D材料费用＝2 400×10＝24 000（元）

乙产品应分配的D材料费用＝1 200×10＝12 000（元）

在实际工作中，通过编制D材料费用分配表（见表2-5）来完成甲、乙产品的D材料费用分配。

表2-5　D材料费用分配表［重量（体积、产量）比例分配法］

20××年6月30日　　金额单位：元

应借账户			成本项目	分配标准（千克）	费用分配率（元/千克）	分配金额
总账账户	二级账户	明细账户				
生产成本	基本生产成本	甲产品	直接材料	2 400		24 000
生产成本	基本生产成本	乙产品	直接材料	1 200		12 000
合 计				3 600	10	36 000

（二）材料定额耗用量分配法

假设清安公司本月甲、乙两种产品的产量分别为2 400千克、1 200千克，单位产品D材料定额耗用量分别为1千克、0.5千克，则D材料费用按材料定额耗用量分配法分配如下：

甲产品D材料定额耗用量＝2 400×1＝2 400（千克）

乙产品D材料定额耗用量＝1 200×0.5＝600（千克）

$$\text{D材料费用分配率}=\frac{36\ 000}{2\ 400+600}=12\ (\text{元/千克})$$

甲产品应分配的D材料费用＝2 400×12＝28 800（元）

乙产品应分配的D材料费用＝600×12＝7 200（元）

在实际工作中，通过编制D材料费用分配表（见表2-6）来完成甲、乙产品的D材料费用分配。

表2-6　D材料费用分配表（材料定额耗用量分配法）

20××年6月30日　　金额单位：元

应借账户			成本项目	分配标准（千克）	费用分配率（元/千克）	分配金额
总账账户	二级账户	明细账户				
生产成本	基本生产成本	甲产品	直接材料	2 400		28 800
生产成本	基本生产成本	乙产品	直接材料	600		7 200
合 计				3 000	12	36 000

（三）材料定额费用分配法

假设清安公司本月甲、乙两种产品的产量分别为2 400千克、1 200千克，单位产品D材料定额费用分别为10元、5元，则D材料费用按材料定额费用分配法分配如下：

甲产品D材料定额费用＝2 400×10＝24 000（元）

乙产品D材料定额费用＝1 200×5＝6 000（元）

$$\text{D材料费用分配率}=\frac{36\ 000}{24\ 000+6\ 000}=1.2$$

甲产品应分配的D材料费用＝24 000×1.2＝28 800（元）

乙产品应分配的D材料费用＝6 000×1.2＝7 200（元）

在实际工作中，通过编制D材料费用分配表（见表2-7）来完成甲、乙产品的D材料费用分配。

表2-7 **D材料费用分配表（材料定额费用分配法）**

20××年6月30日

金额单位：元

应借账户			成本项目	分配标准	费用分配率	分配金额
总账账户	二级账户	明细账户				
生产成本	基本生产成本	甲产品	直接材料	24 000		28 800
生产成本	基本生产成本	乙产品	直接材料	6 000		7 200
合计				30 000	1.2	36 000

（四）材料实际耗用量分配法

假设清安公司本月甲、乙两种产品共同耗用D材料3 000千克，其中，甲产品耗用2 000千克，乙产品耗用1 000千克，则D材料费用按材料实际耗用量分配法分配如下：

$$\text{D材料费用分配率}=\frac{36\ 000}{2\ 000+1\ 000}=12\ \text{（元/千克）}$$

甲产品应分配的D材料费用＝2 000×12＝24 000（元）

乙产品应分配的D材料费用＝1 000×12＝12 000（元）

在实际工作中，通过编制D材料费用分配表（见表2-8）来完成甲、乙产品的D材料费用分配。

表2-8 **D材料费用分配表（材料实际耗用量分配法）**

20××年6月30日

金额单位：元

应借账户			成本项目	分配标准（千克）	费用分配率（元/千克）	分配金额
总账账户	二级账户	明细账户				
生产成本	基本生产成本	甲产品	直接材料	2 000		24 000
生产成本	基本生产成本	乙产品	直接材料	1 000		12 000
合计				3 000	12	36 000

在实际工作中，清安公司是以甲、乙两种产品的产量作为分配共同耗用的D材料费用的标准，因此，月末编制的本月材料费用分配表如表2-9所示。

表2-9 **材料费用分配表**

20××年6月30日

金额单位：元

耗用部门		A材料	B材料	C材料	D材料	E材料	合计
基本生产车间	甲产品	24 000	16 000		24 000		64 000
	乙产品			20 000	12 000		32 000
	一般耗用					15 000	15 000

续前表

耗用部门		A材料	B材料	C材料	D材料	E材料	合　计
辅助生产车间	机修车间			12 000			12 000
	供电车间				4 800		4 800
管理部门						10 000	10 000
销售部门						12 500	12 500
合　计		24 000	16 000	32 000	40 800	37 500	150 300

四、编制材料费用分配记账凭证

对发生的材料费用进行分配后，要编制材料费用分配表来反映分配结果，以便进行会计核算。在实际工作中，材料费用分配的过程是与材料费用分配表的编制结合在一起进行的。操作时，由仓储部门依据领料凭证（领料单、限额领料单、领料登记表等）及余料退回凭证、废料交库凭证等确定实际的材料发出数量，填制发出材料明细表；财会部门根据仓储部门提供的发出材料明细表，结合产量记录、定额资料或投料记录等分配材料费用，编制材料费用分配表；根据材料费用分配表和发出材料明细表等原始凭证，编制记账凭证，登记有关账簿。

根据材料费用分配表，材料核算员李凡编制的材料费用分配记账凭证（见表2-10）。

表2-10　　**材料费用分配记账凭证**

20××年6月30日　　转字第×号

摘　要	一级科目	二级科目	明细科目	借方金额	贷方金额	记　账
分配材料费用	生产成本	基本生产成本	甲产品	64 000		
			乙产品	32 000		
		辅助生产成本	机修车间	12 000		
			供电车间	4 800		
	制造费用	一车间		15 000		
	销售费用			12 500		
	管理费用			10 000		
	原材料				150 300	
合　计				150 300	150 300	

五、登记生产费用明细账

成本核算员王强根据分配材料费用的转字第×号记账凭证，登记在甲、乙产品生产成本明细账中的“直接材料”成本项目中。

学习延展

1. 燃料费用的归集和分配

燃料费用的归集和分配，与材料费用的归集和分配基本相同。如燃料费用发生额较大，企业需要对其加强管理，可以单设“燃料”成本项目进行核算；发生的燃料费用也可以与动力费用一起，单设“燃料及动力”成本项目予以反映。

在单设“燃料”成本项目进行核算时，对领用燃料所发生的燃料费用，比照材料费用的分配方法进行处理：能分清受益对象的燃料费用可以直接记入有关受益对象的成本费用项目，不能分清受益对象的燃料费用按一定的分配标准分配后记入有关受益对象的成本费用项目。

2. 包装物费用的归集和分配

企业在生产经营过程中使用包装产品的包装物成本形成包装物费用。根据包装物品领用的发生环节及价值确认方式的不同，包装物费用的归集和分配亦有所不同：在生产过程中领用的包装物品，作为产品成本的构成部分直接记入“生产成本——基本生产成本——×产品”账户的“直接材料”成本项目。在产品销售时领用，随同产品出售的包装物品，区分是否单独计价，做不同处理。对不单独计价的包装物品，作为产品销售费用，记入“销售费用”账户的“包装费”成本项目；对单独计价的包装物品，取得的销售收入作为企业的“其他业务收入”，结转的包装物成本作为“其他业务成本”处理。

3. 低值易耗品费用的归集和分配

低值易耗品费用是指低值易耗品在使用过程中磨损的价值。由于低值易耗品的价值较低且容易磨损，使用期较短，因此对低值易耗品费用可以按规定的摊销方法进行归集和分配。现行的低值易耗品费用的摊销方法有两种：一次摊销法和分次摊销法。企业根据各种低值易耗品的实际情况，确定适用的摊销方法。采用一次摊销法时，将领用的低值易耗品价值一次计入有关的成本费用，报废低值易耗品的残料价值作为当月低值易耗品摊销额的减少，冲减有关的成本费用；采用分次摊销法时，将领用的低值易耗品价值先记入有关账户，再在预计的受益期内，分期均衡地进行摊销并计入各期的成本费用，报废处理与上述方法相同。

当期发生的低值易耗品费用，按低值易耗品的用途确定成本费用的项目。为生产产品直接耗用的，记入“生产成本——基本生产成本”账户的“直接材料”成本项目；属于辅助生产车间耗用的，记入“生产成本——辅助生产成本”账户的“直接材料”成本项目；属于车间管理部门耗用的，先记入“制造费用”账户，再分配计入有关产品的成本。

任务 1.2　归集和分配动力费用

※ 工作任务 ※

清安公司生产的甲、乙两种产品共耗用外购电力 60 000 度，每度电 2.4 元，计 144 000 元。甲产品机器工时 4 000 小时，乙产品机器工时 2 000 小时，由于未按产品安装电表，要求按机器工时比例分配，请计算甲、乙两种产品应分配的动力费用。

※ 知识准备 ※

企业的动力费用是指企业在生产经营过程中消耗电力、热力等形成的费用。外购动力的性质类似于材料的购进，不同之处是没有实际形态，因而动力费用分配与材料费用分配相比具有特殊性，主要表现在三个方面：

（1）核算比较简单，不存在收、付、存业务，没有领发料过程。

（2）动力消耗通常采用仪表记录，分配标准明确。

（3）费用分配期与外购动力付款期不一致，通常是先使用动力，后支付价款，因此动力费用分配在月末进行，而外购动力款在次月月初支付，对当月应付的外购动力款项，通过“应付账款”账户核算。

动力费用的分配方法，基本同于多种产品共同消耗材料费用的分配方法，即在明确被分配的动力费用额与分配标准的基础上，确定动力费用分配率，进而确定每一受益对象应分配的动力费用。动力费用的分配标准通常为仪表记录。如果没有仪表记录，可以把产品实际或定额消耗工时、机器工时、机器功率时数（机器功率×机器运转小时数）、定额动力耗用量等作为分配标准。分配后直接由产品成本负担的动力费用，记入“燃料及动力”成本项目，在不单设“燃料及动力”成本项目的企业，先记入“制造费用”账户，经过分配后再记入产品成本中的“制造费用”成本项目。

※ 工作过程 ※

动力费用的具体分配过程与材料费用分配过程基本相同，步骤如下：

一、确定动力费用的分配去向

（一）基本生产车间耗用的动力

基本生产车间耗用的动力，按用途可分为直接用于产品生产工艺的动力用电和一般照明用电。

（1）直接用于产品生产工艺的动力用电属于直接燃料及动力，应记入“生产成本——基本生产成本”相应产品的基本生产成本明细账的“燃料及动力”成本项目。

（2）基本生产车间一般照明用电则记入“制造费用”总账和所属明细账进行归集，月末分配记入“生产成本——基本生产成本”总账和相应产品的基本生产成本明细账的“制造费用”成本项目。

（二）辅助生产车间耗用的动力

辅助生产车间耗用的动力，也可按用途分为直接用于辅助产品生产（或劳务）的生产工艺动力用电和照明用电两部分。

（1）直接用于辅助产品生产（或劳务）的生产工艺动力用电，应记入“生产成本——辅助生产成本”相应产品（或劳务）的明细账的“燃料及动力”成本项目。辅助生产车间照明用电应先记入“制造费用”总账和所属明细账进行归集，月末分配记入“生产成本——辅助生产成本”总账和所属明细账的“制造费用”成本项目。这种处理方法与基本生产车间耗用动力的处理方法类似。

（2）如果辅助生产不对外提供产品，且辅助生产车间规模较小、辅助产品（或劳务）单一，为了简化核算工作，可不设辅助生产的“制造费用”成本项目，辅助生产车间耗用的所有动力费用直接全部记入“生产成本——辅助生产成本”总账和相应的明细账。

（三）销售部门、管理部门耗用的动力

销售部门、管理部门耗用的动力不计入产品成本，而应分别记入“销售费用”“管理费用”总账和所属明细账，作为期间费用转入“本年利润”账户，冲减当期损益。

二、分配动力费用中的间接计入费用

企业各车间、部门通常都装有仪表，在有仪表记录的情况下，应根据仪表所示耗电量及单价计算各车间、部门应分配的动力费用。但是，车间内的生产工艺动力用电，一般无法按产品分别安装电表，因而生产工艺动力用电费用属于间接计入费用，需要在各种产品之间进行分配。

清安公司计算甲、乙两种产品应分配的动力费用如下：

（1）甲、乙两种产品的机器工时：甲产品 4 000 小时，乙产品 2 000 小时，共计 6 000 小时。

（2）计算动力费用分配率：

动力费用分配率＝144 000÷6 000＝24（元/小时）

（3）计算甲、乙两种产品应分配的动力费用：

甲产品应分配的动力费用＝4 000×24＝96 000（元）

乙产品应分配的动力费用＝2 000×24＝48 000（元）

三、编制动力费用分配表，并进行相应的账务处理

清安公司动力费用分配表如表 2－11 所示。

表 2－11　　动力费用分配表

20××年 6 月 30 日

应借账户		成本项目	分配计入		金额（元）
			机器工时（费用分配率：24 元/小时）	度数（费用分配率：2.4 元/度）	
基本生产成本	甲产品	燃料及动力	4 000		96 000
	乙产品	燃料及动力	2 000		48 000
	小　计		6 000	60 000	144 000
辅助生产成本	供电车间	机物料消耗		15 000	36 000
	供水车间	机物料消耗		20 000	48 000
	小　计			35 000	84 000
制造费用	基本生产车间	机物料消耗		20 000	48 000
管理费用		其　他		8 000	19 200
销售费用		包装费		3 000	7 200
合　计				126 000	302 400

根据动力费用分配表，编制动力费用分配会计凭证，其会计分录如下：

借：生产成本——基本生产成本——甲产品　　96 000

　　　　　　　　　　　　　　——乙产品　　48 000

　　生产成本——辅助生产成本——供电车间　　36 000

　　　　　　　　　　　　　　——供水车间　　48 000

制造费用——基本生产车间　　48 000
管理费用　　19 200
销售费用　　7 200
贷：应付账款（或银行存款）　　302 400

任务 2　归集和分配职工薪酬

※ 工作任务 ※

清安公司会计人员李樊负责职工薪酬核算，王强负责成本核算，我们将跟随李樊、王强一起完成 20××年 6 月职工薪酬的归集和分配工作。

※ 知识准备 ※

职工薪酬是指企业为获得职工提供的服务或解除劳动关系而给予的各种形式的报酬或补偿。职工薪酬包括短期薪酬、离职后福利、辞退福利和其他长期职工福利。企业提供给职工配偶、子女、受赡养人、已故员工遗属及其他受益人等的福利，也属于职工薪酬。

（1）短期薪酬。指企业在职工提供相关服务的年度报告期间结束后 12 个月内需要全部予以支付的职工薪酬，因解除与职工的劳动关系给予的补偿除外。短期薪酬具体包括：职工工资、奖金、津贴和补贴，职工福利费，医疗保险费、工伤保险费和生育保险费等社会保险费，住房公积金，工会经费和职工教育经费，短期带薪缺勤，短期利润分享计划，非货币性福利以及其他短期薪酬。其中：

1）短期带薪缺勤。指企业支付工资或提供补偿的短期职工缺勤，包括年休假、病假、伤残、婚假、产假、丧假、探亲假等。

2）短期利润分享计划。指因职工提供服务而与职工达成的基于利润或其他经营成果提供短期薪酬的协议。

（2）离职后福利。指企业为获得职工提供的服务而在职工退休或与企业解除劳动关系后，提供的各种形式的报酬和福利，短期薪酬和辞退福利除外。

（3）辞退福利。指企业在职工劳动合同到期之前解除与职工的劳动关系，或者为鼓励职工自愿接受裁减而给予职工的补偿。

（4）其他长期职工福利。指除短期薪酬、离职后福利、辞退福利之外所有的职工薪酬，包括长期带薪缺勤、长期残疾福利、长期利润分享计划等。

※ 工作过程 ※

一、工资费用的归集和分配

职工工资费用的归集和分配主要通过图 2－2 所示的步骤完成：

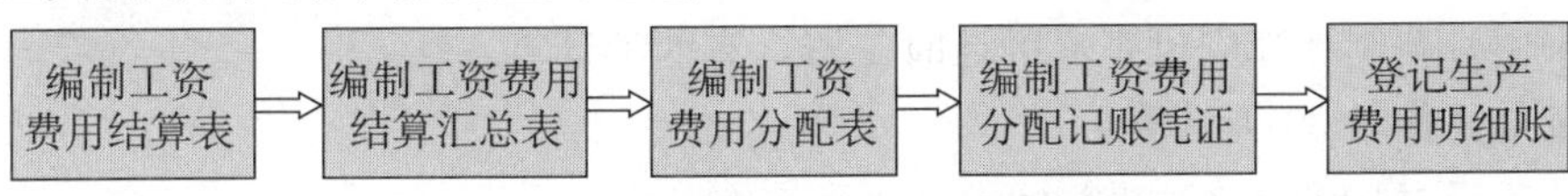

图 2－2　工资费用的归集和分配步骤

（一）编制工资费用结算表

我们与李樊一起来计算有关人员的工资，并编制各部门的工资费用结算表。

张亚为办公室文员，工龄7年，采用计时工资计算，工资标准为月标准工资1 680元。考勤记录显示，本月共有5个双休日，张亚实际工作15天，请事假4天、病假2天，病、事假期间没有双休日，计算应付张亚的计时工资。

知识链接

计时工资的计算方法

目前，我国企业计时工资的计算方法主要有月薪制和日薪制两种。

1. 月薪制

按月薪制计算计时工资，不考虑当月的实际日历天数，职工只要出全勤，就可以得到固定的月标准工资。如有缺勤，按规定标准扣薪，故称“扣缺勤法”，又称“倒扣法”。计算公式如下：

应付计时工资＝月标准工资－缺勤应扣工资

缺勤应扣工资＝缺勤天数×日工资×应扣比例

日工资＝月标准工资÷月工作天数

月工作天数通常有两种计算方法：

（1）按月平均日历天数计算，即每月30天。按月工作日30天计算日工资时要注意：1）出勤期间的双休日和节假日均做出勤处理；2）缺勤期间的双休日和节假日均做缺勤处理。

（2）按月平均实际工作天数计算，即每月20.83［＝（365－104－11）÷12］天。按月工作日20.83天计算日工资时，无论出勤还是缺勤，均不再考虑双休日和节假日的因素。

缺勤包括旷工、事假、6个月以内的短期病假和超过6个月的长期病假。缺勤应扣发工资的比例为：旷工扣发比例由企业根据管理需要自行确定，事假工资全扣（100%扣发），病假扣发比例如表2-12所示。

表2-12 企业职工病假工资扣发比例一览表

项目	连续病假在6个月以内（短期病假）					连续病假在6个月以上（长期病假）		
工龄	2年以下	2～4年	4～6年	6～8年	8年及以上	不满1年	1～3年	3年及以上
扣发比例（%）	40	30	20	10	0	60	50	40
应发比例（%）	60	70	80	90	100	40	50	60

2. 日薪制

采用日薪制计算计时工资，按职工的出勤天数和日标准工资计算应付计时工资，如有病假，按病假期间应发工资比例加计应付计时工资，故称“出勤工资累计法”，又称“顺算法”。计算公式如下：

应付计时工资＝出勤天数×日工资＋病假应发工资

病假应发工资＝病假天数×日工资×病假应发工资比例

如果采用月薪制计算应付张亚的计时工资，有两种计算方法：

（1）按月工作日30天计算：

日工资＝1 680÷30＝56（元）

应付计时工资＝1 680－4×56－2×56×10%＝1 444.80（元）

（2）按月工作日 20.83 天计算：

日工资＝1 680÷20.83＝80.65（元）

应付计时工资＝1 680－4×80.65－2×80.65×10%＝1 341.27（元）

如果采用日薪制计算应付张亚的计时工资，同样可计算如下：

（1）按月工作日 30 天计算：

应付计时工资＝56×（15＋10）＋2×56×90%＝1 500.80（元）

（2）按月工作日 20.83 天计算：

应付计时工资＝15×80.65＋2×80.65×90%＝1 354.92（元）

【提示】对计时工资，采用不同的计算方法计算出的结果可能不同，但就全年而言，最终结果是相同的。企业可以根据自身实际情况确定计时工资的计算方法，一经确定，不得随意变动。

清安公司采用月薪制（月工作日 30 天）分别计算出管理部门每个职工的应付计时工资，并根据加班情况和工作实际计算出应付工资和各种代扣款项，编制管理部门工资费用结算表（见表 2－13）。

表 2－13　　**管理部门工资费用结算表**

部门：管理部门　　20××年 6 月　　金额单位：元

姓名	基本工资	加班加点工资	奖金	岗位津贴	应扣工资		应付工资	代扣款项					实发工资	领款人签章
					病假	事假		个税	社会保险	公积金	……	伙食费		
张亚	1 680.00	120.00	260.00	50.00	11.20	224.00	1 874.80	0.00	386.00	212.00	36.80	100.00	1 140.00	
江山	1 180.00	200.00	600.00	30.00			2 010.00	0.50	400.00	241.20	43.20	160.80	1 165.10	
……														
合计	55 620.00	2 480.00	10 870.00	2 450.00	800.00	620.00	70 000.00	462.00	11 074.00	3 964.00	1 500.00	3 000.00	50 000.00	

【提示】工资结算表一般一式三份：一份交给人力资源管理部门；一份裁成工资条发给每个职工；一份在发工资时由职工个人签名后交给会计部门，作为编制工资费用结算汇总表的依据。

李樊接着为基本生产部门的工人计算工资。基本生产车间的工人王红仁、李光义、成洪伟三人为第四生产小组，根据本月的产量记录和产品检验记录，结合本月工资标准进行计时工资的计算，第四小组本月共同生产甲零件 2 000 只，全部为合格品，生产乙零件 1 200 只，其中合格品 1 175 只，料废品 15 只，工废品 10 只。核定的单位计件工资为甲零件 0.8 元、乙零件 1.5 元。三人的计时工资经计算为王红仁 495 元、李光义 588.5 元、成洪伟 609 元。计算每人应得的计件工资。

知识链接

计件工资的计算方法

计件工资是指按照工人生产的产品数量、产品质量和单位计件工资标准计算的劳动报酬。企业计算计件工资的依据是产量记录和单位计件工资标准。计算计件工资的产品数量包括合格品数量和生产过程中因材料质量问题形成的废品（料废品）数量，不包括在产品生产过程中因工人的过失而产生的废品（工废品）数量。计件工资的计算包括个人计件工资的计算和集体计件工资的计算。

1. 个人计件工资的计算

个人计件工资是指按个人完成的产品数量和单位计件工资标准计算的工资。个人计件工资的计算公式为：

个人计件工资＝∑［（合格品数量＋料废品数量）×单位计件工资］

2. 集体计件工资的计算

对需要两人以上共同生产产品的计件工资，要采用集体计件工资的方法进行计算。集体计件工资的计算程序及相关公式如下：

（1）计算集体计件工资：集体计件工资的计算公式与个人计件工资的计算公式相同。

（2）计算集体计时工资：集体计时工资等于各个人计时工资之和，计时工资的计算公式如前文所述。

（3）计算计件工资分配率：

计件工资分配率＝集体计件工资÷集体计时工资总额

（4）计算每人应得计件工资：

某人应得计件工资＝该人计时工资×计件工资分配率

三人应得计件工资的计算如下：

集体计件工资＝2 000×0.8＋（1 175＋15）×1.5 ＝ 3 385（元）

集体计时工资＝495＋588.5＋609＝ 1 692.5（元）

计件工资分配率＝3 385÷1 692.5＝2

王红仁应得计件工资＝495×2＝990（元）

李光义应得计件工资＝588.5×2＝1 177（元）

成洪伟应得计件工资＝609×2＝1 218（元）

据此，编制第四生产小组计件工资分配表（见表2-14）。

表2-14　第四生产小组计件工资分配表　金额单位：元

姓　名	工资等级	计时工资	分配率	计件工资
王红仁	4	495.00		990.00
李光义	5	588.50		1 177.00
成洪伟	6	609.00		1 218.00
合　计		1 692.50	2	3 385.00

用同样的方法，根据具体情况分别计算出基本生产车间每个生产工人的应付工资，并根据加班情况和工作实际计算出应付工资和各种代扣款项，编制基本生产车间生产工人工资费用结算表（见表2-15）。

表2-15　基本生产车间生产工人工资费用结算表

车间：基本生产车间生产工人　　20××年6月　　金额单位：元

姓名	基本工资	加班加点工资	奖金	岗位津贴	应扣工资		应付工资	代扣款项					实发工资	领款人签章
					病假	事假		个税	社会保险	公积金	……	伙食费		
王红仁	990.00			40.00			1 030.00	0.00	100.00	120.00	30.00	40.00	740.00	
李光义	1 177.00			30.00			1 147.00	0.00	120.00	130.20	27.00	40.00	829.80	
成洪伟	1 218.00			80.00			1 298.00	0.00	130.00	142.00	28.00	40.00	958.00	
……														
合　计	370 000	2 000	220 000	9 000	750	250	600 000	8 200	125 474	7 296	2 230	4 800	452 000	

【提示】基本生产车间工人工资的计算，应根据企业的生产特点、组织方式及管理要求的实际情况确定，可以采用计时工资、计件工资及其他方式计算。

（二）编制工资费用结算汇总表

工资核算员李樊继续根据各车间、部门的工资费用结算表，编制清安公司职工工资费用结算汇总表（见表2－16）。

表2－16　　职工工资费用结算汇总表

20××年6月　　金额单位：元

车间及部门		人数	基本工资		加班加点工资	奖金	岗位津贴	应扣工资		应付工资	代扣款项					实发工资
			计时工资	计件工资				病假	事假		个税	社保	公积金	……	伙食费	
基本生产车间	生产人员	400	50 000	320 000	2 000	220 000	9 000	750	250	600 000	8 200	125 474	7 296	2 230	4 800	452 000
	管理人员	30	50 000		1 550	6 500	2 000		50	60 000	738	4 898	2 262	2 602	1 500	48 000
辅助生产车间	机修人员	60	80 000		2 000	6 520	1 600	120		90 000	254	15 447	3 126	1 973	1 200	68 000
	供电人员	40	54 000			4 400	1 680		80	60 000	112	5 176	2 262	1 450	1 000	50 000
厂部		30	55 620		2 480	9 340	3 980	800	620	70 000	462	11 074	3 964	1 500	3 000	50 000
销售部门		150	90 000		2 000	306 000	2 500	500		400 000	1 500	30 540	6 280	8 180	3 500	350 000
合计		710	379 620	320 000	10 030	552 760	20 760	2 170	1 000	1 280 000	11 266	192 598	25 190	17 946	15 000	1 018 000

【提示】在实际工作中，发放本月职工工资与本月的工资分配是错开一个月的，本月的工资费用结算汇总表是下月发放职工工资的依据。

（三）编制工资费用分配表

工资核算员李樊依据工资费用结算汇总表，并根据清安公司的产量记录、考勤记录和工时记录，编制工资费用分配表。清安公司本月基本生产车间的甲产品全部采用计件工资，因此本月发生320 000元的计件工资全部记入甲产品的“直接人工”成本项目；计时工资50 000元，为甲、乙两种产品共同形成，要采用一定的方法在甲、乙两种产品之间进行分配。本月工时记录显示甲、乙两种产品耗费工时6 250小时，其中甲产品耗费5 000小时，乙产品耗费1 250小时。此外，生产乙产品的工人的加班加点工资为2 000元，岗位津贴为1 000元，奖金为8 000元，应扣病假工资为750元，应扣事假工资为250元。据此，李樊编制的甲、乙两种产品计时工资费用分配表如表2－17所示。

表2－17　　甲、乙两种产品计时工资费用分配表

项目	成本项目	生产工时（小时）	分配率（元/小时）	计时工资（元）
甲产品	直接人工	5 000		40 000
乙产品	直接人工	1 250		10 000
合计		6 250	8	50 000

在此基础上，李樊编制的清安公司职工工资费用分配表如表2－18所示。

表2-18　　工资费用分配表

20××年6月30日　　金额单位：元

应借账户			成本项目	应付职工薪酬——工资
总账账户	二级账户	明细账户		
生产成本	基本生产成本	甲产品	直接人工	580 000
		乙产品	直接人工	20 000
		小　计		600 000
生产成本	辅助生产成本	机修车间	直接人工	90 000
		供电车间	直接人工	60 000
		小　计		150 000
制造费用		一车间		60 000
销售费用				400 000
管理费用				70 000
合　计				1 280 000

（四）编制工资费用分配记账凭证

根据清安公司职工工资费用分配表，李樊编制的工资费用分配记账凭证如表2-19所示。

表2-19　　工资费用分配记账凭证

20××年6月30日　　转字第×号

摘 要	一级科目	二级科目	明细科目	借方金额	贷方金额	记账
分配工资	生产成本	基本生产成本	甲产品	580 000		
			乙产品	20 000		
		辅助生产成本	机修车间	90 000		
			供电车间	60 000		
	制造费用	一车间		60 000		
	销售费用			400 000		
	管理费用			70 000		
	应付职工薪酬	短期薪酬			1 280 000	
合 计				1 280 000	1 280 000	

知识链接

工资费用的分配方法

在计时工资制的工资计算中，将发生在基本生产车间的生产工人工资计入产品成本有两种方法：只生产单一产品的车间，将生产工人工资直接记入该产品成本计算单中的“直接人工”成本项目；同时生产两种或两种以上产品的车间，将生产工人工资分配后记入各种产品成本计算单中的“直接人工”成本项目。工资费用的分配标准如前所述，一是定额工时，二是实际工时。以实际工时为标准分配的结果比较合理，可以将产品分配的工资费用与劳动生产率相联系。劳动生产率提高，实际工时下降，分配的工资费用相对减少；劳动生产率下降，实际工时增多，分配的工资费用相对增加。在同时生产几种产品时，准确取得实际工时记录比较困难，也可以按产品的定额工时分配工资费用。

分配工资费用的公式如下：

$$工资费用分配率=\frac{被分配的生产工人工资费用}{各种产品实际(定额)工时之和}$$

某产品应分配的工资费用=该产品实际（定额）工时×工资费用分配率

在计件工资制的工资计算中，由于计件工资制只适用于产品生产工人的工资计算，因此计件工资的分配只涉及基本生产车间生产工人的工资费用分配。无论是个人计件工资还是集体计件工资，都可以分清受益产品，可以将计件工资直接记入各该产品成本计算单中的“直接人工”成本项目。对生产工人的奖金、补贴、津贴及特殊情况下支付的工资，比照计时工资的分配方法进行分配后，再计入各产品的成本之中。计件工资制下的工资费用分配及会计处理类似于计时工资制下的工资费用分配及会计处理。

(五) 登记生产费用明细账

成本核算员王强根据李樊编制的工资费用分配记账凭证，分别登记有关生产费用明细账，各账户对应关系如图 2-3 所示。

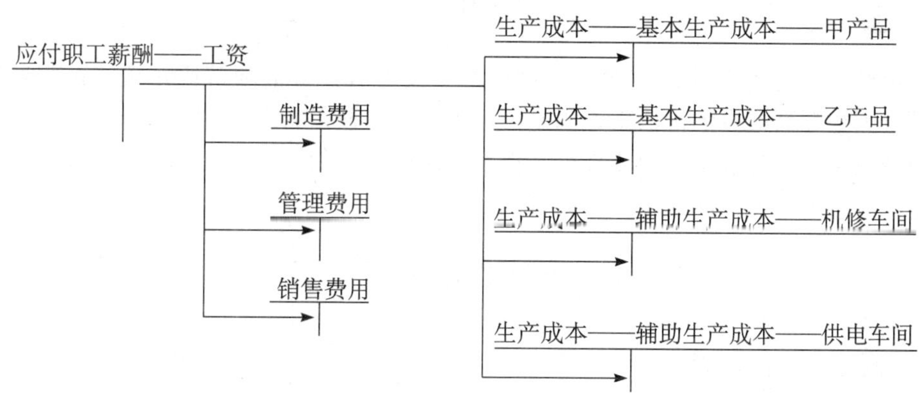

图 2-3 各账户对应关系图

二、其他职工薪酬的归集和分配

月末工资费用应按薪酬的用途分别记入有关成本、费用账户。其中，生产工人的薪酬记入“生产成本——基本生产成本——××产品”账户的“直接人工”成本项目的借方，车间管理人员的薪酬记入“制造费用”账户的借方，辅助生产部门的职工薪酬记入“生产成本——辅助生产成本——××车间（产品）”账户的借方，行政管理人员的薪酬记入“管理费用”账户的借方，专设销售机构人员的薪酬记入“销售费用”账户的借方，基本建设工程人员的薪酬记入“在建工程”账户。

职工福利费、社会保险费、住房公积金等其他职工薪酬的归集和分配方法与工资费用的归集和分配方法原理类似，不再做进一步讲解。

任务3　归集和分配折旧费用及其他费用

※ 工作任务 ※

清安公司20××年5月计提固定资产折旧费用19 000元，其中，基本生产车间为9 000元，辅助生产部门供电车间为2 300元、机修车间为400元，行政管理部门为6 500元，销售部门为800元。当月固定资产变动情况如下：基本生产车间新增流水线一套投入生产，入账价值为150 000元，预计可使用年限为10年，预计净残值率为4%；报废设备一台，每月应计提折旧200元。辅助生产部门供电车间购进设备一台交付使用，原值60 000元，预计工作台班为3 000班次，6月实际使用32台班；机修车间报废设备一台，每月应计提折旧100元。专设销售机构5月新增小货车一辆，价值50 000元，预计行驶里程200 000千米，6月实际行驶里程4 000千米。清安公司6月应如何按固定资产的使用部门和用途对折旧费用进行分配。

※ 知识准备 ※

固定资产在长期使用过程中保持实物形态不变，但其价值随着固定资产的损耗逐渐减少，这部分因损耗而减少的价值就是固定资产折旧，应该以折旧费用计入产品成本和期间费用。折旧费用也是产品成本的组成部分，按照固定资产的使用车间、部门进行汇总，然后与其他费用一起分配计入产品成本和期间费用。

※ 工作过程 ※

一、折旧费用的归集和分配

固定资产折旧费用的归集和分配主要通过如图2-4所示的步骤完成：

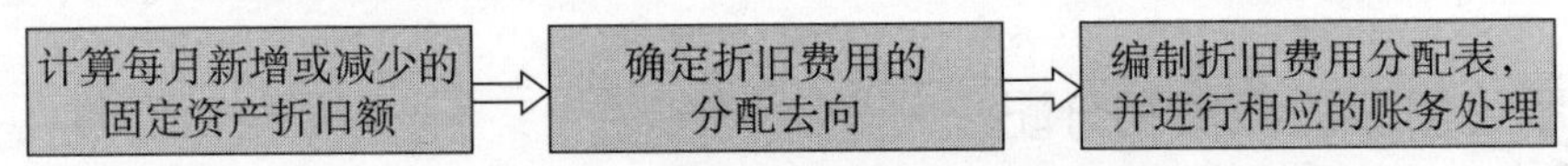

图2-4　折旧费用的归集和分配步骤

（一）计算每月新增或减少的固定资产折旧额

企业车间（部门）每月应计提的固定资产折旧额可按下列公式计算：

某部门本月固定资产折旧额＝该部门上月固定资产折旧额＋该部门上月增加固定资产应提折旧额－该部门上月减少固定资产应提折旧额

（1）基本生产车间5月新增投入使用的流水线，5月不计提折旧，从6月开始计提折旧，应计提折旧额采用平均年限法计算：

年折旧额＝150 000×（1－4%）÷10＝14 400（元）

月折旧额＝14 400÷12＝1 200（元）

（2）辅助生产部门供电车间 5 月交付使用的设备，同样从 6 月开始计提折旧，应计提折旧额采用工作台班法计算：

$$单位台班应计提折旧额=\frac{应计提固定资产折旧额}{预计工作台班总量}=\frac{60\ 000}{3\ 000}=20\ （元/台班）$$

6 月应计提折旧额＝20×32＝640（元）

（3）专设销售机构 5 月新增小货车，从 6 月开始计提折旧，应计提折旧额采用行驶里程法计算：

$$单位行驶里程应计提折旧额=\frac{应计提固定资产折旧额}{预计行驶总里程}=\frac{50\ 000}{200\ 000}=0.25\ （元/千米）$$

6 月应计提折旧额＝4 000×0.25＝1 000（元）

（4）6 月应减提的折旧为基本生产车间 200 元、辅助生产部门机修车间 100 元。

（二）确定折旧费用的分配去向

1. 基本生产车间固定资产折旧费用

现行会计制度规定，基本生产车间固定资产折旧费用作为间接费用先按使用地点归集于制造费用中，月末随同其他制造费用一起分配计入产品成本。

2. 辅助生产部门固定资产折旧费用

辅助生产部门固定资产折旧费用同基本生产车间固定资产折旧费用一样，也应计入辅助生产部门的制造费用，月末随同其他制造费用一起分配计入相应辅助生产成本。如果辅助生产部门不单独核算制造费用，则其固定资产折旧费用直接计入辅助生产成本。

3. 行政管理部门、专设销售机构固定资产折旧费用

行政管理部门固定资产折旧费用计入管理费用，专设销售机构固定资产折旧费用计入销售费用。

（三）编制折旧费用分配表，并进行相应的账务处理

折旧费用的分配是通过编制折旧费用分配表进行的，并据此编制会计分录，登记有关总账及所属明细账。清安公司的折旧费用分配表如表 2－20 所示。

表 2－20　　**折旧费用分配表**

20××年 6 月　　金额单位：元

应借账户	车间或部门	上月固定资产折旧额	上月增加固定资产应计提折旧额	上月减少固定资产应计提折旧额	本月固定资产折旧额
制造费用	基本生产车间	9 000	1 200	200	10 000
生产成本——辅助生产成本	供电车间	2 300	640		2 940
	机修车间	400		100	300
管理费用	行政管理部门	6 500			6 500
销售费用	专设销售机构	800	1 000		1 800
合计		19 000	2 840	300	21 540

根据折旧费用分配表，编制会计分录如下：

借：制造费用　　10 000

生产成本——辅助生产成本——供电车间 2 940
——机修车间 300
管理费用 6 500
销售费用 1 800
贷：累计折旧 21 540

二、其他费用的归集和分配

其他费用是指除了前文所述各要素以外的费用，包括差旅费、邮电费、劳动保护费、运输费、办公费、水电费、技术转让费、业务招待费等。这些费用有的是产品成本的组成部分，有的则是期间费用等的组成部分，即计入产品成本的其他费用，也没有专设成本项目。因此，这些费用发生时，根据有关付款凭证，按照费用的用途进行归类，分别记入“制造费用”“生产成本”“管理费用”“销售费用”账户的借方，“银行存款”等账户的贷方。

项目小结

企业的各种要素费用通过分配，按费用的用途分别记入“生产成本——基本生产成本”“生产成本——辅助生产成本”“制造费用”“销售费用”“管理费用”“财务费用”等账户的借方进行归集。其中，记入“生产成本——基本生产成本”账户借方的费用，还分别记入有关产品成本明细账的“直接材料”或“燃料及动力”“直接人工”成本项目。

项目训练

一、单项选择题

1. 用于生产产品、构成产品实体的材料费用，应记入（　　）账户。
A. 生产成本　B. 制造费用　C. 废品损失　D. 销售费用
2. 直接用于产品生产的燃料，应直接记入或者分配记入产品成本的（　　）账户。
A. 制造费用　B. 管理费用　C. 财务费用　D. 生产成本
3. 为了提高产品成本计算的正确性，生产工人的薪酬应（　　）。
A. 在整个企业内统一分配　B. 按车间分别进行分配
C. 按计划进行分配　D. 按实际进行分配
4. 基本生产车间计提的固定资产折旧费用应借记（　　）账户。
A. 生产成本　B. 管理费用　C. 制造费用　D. 销售费用
5. 企业行政管理部门计提的固定资产折旧费用应借记（　　）账户。
A. 生产成本　B. 财务费用　C. 管理费用　D. 制造费用
6. 下列各项中，不属于产品成本材料费用要素的是（　　）。
A. 产品消耗的原材料　B. 材料保管过程中消耗的物料
C. 产品消耗的备件　D. 直接装配在产品上的外购半成品

7. 甲、乙两种产品的重量不同，单位产品材料耗用量基本相同。企业没有制定单位产品材料定额耗用量，材料领用时未能区分每种材料的耗用量，则对甲、乙产品共同消耗的材料费用，可以用(　　)作为分配标准。

A. 产品的重量　　B. 完工产品的数量

C. 每种产品的材料定额耗用量　　D. 每种产品的材料实际耗用量

8. 某企业基本生产车间本月归集制造费用 15 000 元，本月该车间生产了 A、B 两种产品，产量分别为 200 件和 300 件。本月该车间为生产 A、B 产品共耗用生产工时 8 000 小时，其中 A 产品 3 000 小时，B 产品 5 000 小时。则该车间的制造费用分配率为(　　)。

A. 30　　B. 5　　C. 3　　D. 1.875

9. 下列各项中，不属于工资总额的是(　　)。

A. 生产工人的工资　　B. 管理人员的工资

C. 退休人员的生活费　　D. 福利机构人员的工资

10. 张某工龄正好为 6 年，已连续请病假 5 个月，按规定张某的病假工资扣发比例是(　　)。

A. 40%　　B. 30%　　C. 20%　　D. 10%

11. 王某去年 9 月参加工作，月标准工资为 4 180 元。本月日历天数为 30 天，双休日 8 天，王某出勤 19 天，请病假 4 天（含双休日 1 天）。若按月薪制计算，月工作日按 20.9 天计算，则本月应付王某的计时工资为(　　)元。

A. 3 860　　B. 3 940　　C. 3 960　　D. 4 180

12. 李某本月生产甲零件 2 000 只，其中合格品 1 950 只，工废品 30 只，料废品 20 只。本月李某计算计件工资的甲零件数量是(　　)只。

A. 2 000　　B. 1 980　　C. 1 970　　D. 1 950

13. 分配基本生产车间工人工资费用时，采用（　　）作为分配标准比较合理。

A. 实际工时　　B. 定额工时　　C. 计划工时　　D. 机器工时

二、多项选择题

1. 生产经营过程中领用的材料，按照用途进行归类，则生产产品耗用、生产车间耗用、企业行政管理部门耗用应分别记入（　　）账户。

A. 生产成本　　B. 制造费用　　C. 管理费用　　D. 销售费用

2. 材料费用的分配标准有（　　）。

A. 产品体积　　B. 材料定额耗用量

C. 材料定额费用　　D. 产品生产定额工时

3. 计入产品成本的各种材料费用，按照其用途分配，应记入（　　）账户的借方。

A. 长期待摊费用　　B. 其他应付款　　C. 制造费用　　D. 生产成本

4. 计入产品成本的各种职工薪酬，按照其用途应分别借记（　　）账户。

A. 销售费用　　B. 生产成本

C. 制造费用　　D. 管理费用

5. 经过要素费用的分配，记入“生产成本”账户借方的费用，已经分别转入各产品成本明细账的（　）成本项目。

A. 其他支出　B. 直接材料　C. 直接人工　D. 制造费用

6. 下列各项中，属于制造费用分配标准的有（　）。

A. 完工产品数量　B. 产品生产定额工时

C. 产品生产实际工时　D. 生产工人工资

E. 车间管理人员工资

7. 下列各项中，生产费用需要使用比例分配法进行分配的有（　）。

A. 甲产品直接领用材料　B. 甲、乙产品共同消耗材料

C. 供水车间发生的制造费用　D. 机修车间提供的劳务费用

E. 本月发生的动力费用

三、判断题

1. 用于几种产品生产共同耗用的、构成产品实体的材料费用，可以直接计入各种产品成本。（　）

2. 基本生产车间生产产品领用的材料，应直接记入各成本计算对象的产品成本明细账。（　）

3. 用于产品生产、照明、取暖的动力费用，应记入各种产品成本明细账的“燃料及动力”成本项目。（　）

4. 生产人员、车间管理人员和技术人员的薪酬是产品成本的重要组成部分，应直接计入各种产品成本。（　）

5. 企业全部人员的职工薪酬，都应计入产品成本，因为职工薪酬是企业产品成本的组成部分。（　）

6. 在采用计件工资的情况下，如果是生产多种产品，则应采用一定的分配标准分配工资费用后再记入各种产品成本明细账的“工资及福利费”成本项目。（　）

7. 在采用计时工资的情况下，如果只生产一种产品，生产人员工资及福利费直接计入该种产品成本。（　）

8. 生产人员的薪酬直接计入各种产品成本，其他各部门人员的薪酬，应分别记入“制造费用”“管理费用”和“销售费用”账户。（　）

9. 固定资产折旧费用是产品成本的组成部分，应全部计入产品成本。（　）

10. 固定资产折旧费用是产品成本的组成部分，由于不单设成本项目，因此按照固定资产的使用部门汇集，然后与车间、部门的其他费用一起分配计入产品成本及期间费用。（　）

四、案例分析题

1. 某公司20××年3月的领料单如表2-21至表2-34所示。该公司生产甲、乙、丙三种产品共耗用D材料1 250千克，每千克15元，共计18 750元。该公司生产甲产品300件，单位产品定额耗用量为4千克；生产乙产品200件，单位产品定额耗用量为3千克；生产丙

产品75件，单位产品定额耗用量为1千克。甲、乙、丙产品按材料定额耗用量分配法分配D材料费用。低值易耗品采用一次摊销法，在领用时全部计入有关的成本费用。

表2-21　　　　**领料单（1）**

领料单位：生产车间　　　　20××年3月2日　　　　发料仓库：

编　号	材料名称	规　格	计量单位	数　量		计划单价（元/千克）	金　额（元）
				请领	实发		
	A		千克	1 100	1 100	20	22 000
用　途	甲产品耗用			备　注			

表2-22　　　　**领料单（2）**

领料单位：生产车间　　　　20××年3月2日　　　　发料仓库：

编　号	材料名称	规　格	计量单位	数　量		计划单价（元/千克）	金　额（元）
				请领	实发		
	B		千克	900	900	30	27 000
用　途	乙产品耗用			备　注			

表2-23　　　　**领料单（3）**

领料单位：生产车间　　　　20××年3月2日　　　　发料仓库：

编　号	材料名称	规　格	计量单位	数　量		计划单价（元/千克）	金　额（元）
				请领	实发		
	C		千克	900	900	30	27 000
用　途	丙产品耗用			备　注			

表2-24　　　　**领料单（4）**

领料单位：生产车间　　　　20××年3月3日　　　　发料仓库：

编　号	材料名称	规　格	计量单位	数　量		计划单价（元/千克）	金　额（元）
				请领	实发		
	D		千克	1 250	1 250	15	18 750
用　途	甲、乙、丙产品共用			备　注			

表2-25　　　　**领料单（5）**

领料单位：供电车间　　　　20××年3月5日　　　　发料仓库：

编　号	材料名称	规　格	计量单位	数　量		计划单价（元/千克）	金　额（元）
				请领	实发		
	E		千克	250	250	5	1 250
用　途	机物料消耗			备　注			

表 2-26　　领料单（6）

领料单位：供水车间　　20××年3月6日　　发料仓库：

编　号	材料名称	规　格	计量单位	数　量		计划单价（元/千克）	金　额（元）
				请领	实发		
	F		千克	100	100	20	2 000
用　途	低值易耗品			备　注			

表 2-27　　领料单（7）

领料单位：供水车间　　20××年3月6日　　发料仓库：

编　号	材料名称	规　格	计量单位	数　量		计划单价（元/千克）	金　额（元）
				请领	实发		
	E		千克	100	100	5	500
用　途	机物料消耗			备　注			

表 2-28　　领料单（8）

领料单位：供电车间　　20××年3月18日　　发料仓库：

编　号	材料名称	规　格	计量单位	数　量		计划单价（元/千克）	金　额（元）
				请领	实发		
	F		千克	200	200	20	4 000
用　途	低值易耗品			备　注			

表 2-29　　领料单（9）

领料单位：生产车间　　20××年3月19日　　发料仓库：

编　号	材料名称	规　格	计量单位	数　量		计划单价（元/千克）	金　额（元）
				请领	实发		
	E		千克	200	200	5	1 000
用　途	机物料消耗			备　注			

表 2-30　　领料单（10）

领料单位：供水车间　　20××年3月22日　　发料仓库：

编　号	材料名称	规　格	计量单位	数　量		计划单价（元/千克）	金　额（元）
				请领	实发		
	A		千克	50	50	20	1 000
用　途	生产用			备　注			

表 2-31　　领料单（11）

领料单位：供电车间　　20××年3月22日　　发料仓库：

编　号	材料名称	规　格	计量单位	数　量		计划单价（元/千克）	金　额（元）
				请领	实发		
	B		千克	50	50	30	1 500
用　途	生产用			备　注			

表 2－32　　**领料单（12）**

领料单位：管理部门　　20××年 3 月 26 日　　发料仓库：

编　号	材料名称	规　格	计量单位	数　量		计划单价	金　额
				请领	实发	（元/千克）	（元）
	G		千克	200	200	10	2 000
用　途	修理用			备　注			

表 2－33　　**领料单（13）**

领料单位：生产车间　　20××年 3 月 26 日　　发料仓库：

编　号	材料名称	规　格	计量单位	数　量		计划单价	金　额
				请领	实发	（元/千克）	（元）
	F		千克	150	150	20	3 000
用　途	低值易耗品			备　注			

表 2－34　　**领料单（14）**

领料单位：管理部门　　20××年 3 月 28 日　　发料仓库：

编　号	材料名称	规　格	计量单位	数　量		计划单价	金　额
				请领	实发	（元/千克）	（元）
	F		千克	100	100	20	2 000
用　途	低值易耗品			备　注			

要求：

（1）根据领料单，编写领料凭证汇总表（见表 2－35）；

（2）根据领料凭证汇总表，编写材料费用分配表（见表 2－36）；

（3）编写材料费用分配的会计分录；

（4）计算结果保留两位小数。

表 2－35　　**领料凭证汇总表**

20××年 3 月　　金额单位：元

用途＼材料名称		A	B	C	D	E（辅助材料）	F（低值易耗品）	G（辅助材料）	合计
基本生产车间产品	甲产品								
	乙产品								
	丙产品								
	甲、乙、丙共用								
	一般耗用								
辅助生产车间	供水车间								
	供电车间								
管理部门									
合　计									

表 2-36　　　　材料费用分配表

20××年3月　　　　金额单位：元

应借账户			直接记入	分配记入		合计
总账账户	明细账户	成本项目		定额耗用量	分配金额（分配率：　）	
基本生产成本	甲	原材料				
	乙	原材料				
	丙	原材料				
	小计					
辅助生产成本	供水车间					
	供电车间					
	小计					
制造费用	生产车间	低值易耗品				
		机物料消耗				
	供水车间	低值易耗品				
		机物料消耗				
	供电车间	低值易耗品				
		机物料消耗				
	小计					
管理费用	管理部门	修理费				
		低值易耗品				
	小计					
合计						

2. 某公司20××年3月的职工薪酬结算汇总表如表2-37所示，生产工时统计表如表2-38所示。

表 2-37　　　　职工薪酬结算汇总表

20××年3月　　　　金额单位：元

部门	人员类别	职工人数	基本工资	奖金	津贴补贴		应扣工资		应付工资	代扣款项				实发工资
					岗津	夜补	病假	事假		医保	公积金	其他	小计	
生产车间	生产工人	8	8 000	1 000	100	100	10	10	9 180	350	250	50	650	8 530
	管理人员	4	3 000	500	30	20	10		3 540	50	40	10	100	3 440
	小计	12	11 000	1 500	130	120	20	10	12 720	400	290	60	750	19 970
供水车间	生产工人	3	2 500	500	30	20		10	3 040	50	40	10	100	2 940
	管理人员	2	1 000	400	10		10		1 400	25	11	4	40	1 360
	小计	5	3 500	900	40	20	10	10	4 440	75	51	14	140	4 300

续前表

部门	人员类别	职工人数	基本工资	奖金	津贴补贴		应扣工资		应付工资	代扣款项				实发工资
					岗津	夜补	病假	事假		医保	公积金	其他	小计	
供电车间	生产工人	3	250	500	30	20	10		3 040	50	40	10	100	2 940
	管理人员	2	1 000	400	10	20	10	10	2 110	30	20	10	60	2 050
	小计	5	3 500	900	40	40	20	10	5 150	80	60	20	160	4 990
管理部门		4	2 500	500	15	10	20		4 505	50	40	10	100	4 405
合　计		26	22 700	3 800	225	190	70	30	26 815	605	441	104	1 150	25 665

表 2－38　　**生产工时统计表**

20××年 3 月　　单位：工时

产品名称	生产工时
甲产品	2 500
乙产品	1 400
丙产品	1 100
合　计	5 000

要求：

（1）根据职工薪酬结算汇总表和生产工时统计表，编制职工薪酬分配表（见表 2－39）；

（2）根据职工薪酬分配表，编写相关的会计分录；

（3）分配率保留四位小数，金额保留两位小数。

表 2－39　　**职工薪酬分配表**

20××年 3 月　　金额单位：元

应借账户			直接记入	分配记入			合　计
总账账户	明细账户	成本项目		生产工时	分配率	分配金额	
基本生产成本	甲产品	直接人工					
	乙产品	直接人工					
	丙产品	直接人工					
	小　计						
辅助生产成本	供水车间	直接人工					
	供电车间	直接人工					
	小　计						
制造费用	生产车间	直接人工					
	供水车间	直接人工					
	供电车间	直接人工					
	小　计						
管理费用	直接人工						
合　计							

归集和分配辅助生产费用

※ 工作任务 ※

清河公司设有供气和机修两个辅助生产车间，20××年6月已经发生的各项生产费用为：供气车间发生燃料费用12 474元，分配动力费用16 320元，分配工资费用9 120元；机修车间发生辅助材料费用4 257元，分配动力费用4 080元，分配工资费用12 540元。两个辅助生产车间当月还发生下列有关费用：计提固定资产折旧费用2 800元，其中供气车间1 000元，机修车间1 800元；从仓库领取劳动保护用品计实际成本750元，其中供气车间300元，机修车间450元；以现金支付其他费用559元，其中供气车间286元，机修车间273元。两个车间所提供的劳务情况如表2-40所示。

表2-40　辅助生产车间提供劳务汇总表

20××年6月

受益对象		供气数量（立方米）	机修工时（小时）
辅助生产车间	供气车间		40
	机修车间	600	
基本生产车间	甲产品	3 000	1 000
	一般耗用	2 000	800
管理部门		2 300	500
合　计		7 900	2 340

根据上述有关资料归集本期发生的各项费用，选择一定的分配方法，进行辅助生产费用分配。

※ 知识准备 ※

一、辅助生产的含义

制造业企业的辅助生产是指为企业基本生产、行政管理部门等单位进行的产品生产和劳务供应。从事辅助生产活动的车间称为辅助生产车间，辅助生产车间提供的生产和劳务一般包括供电、供水、供气、供风、机修、运输和工具、模具生产等。其中，有的只提供一种劳务，如供电、供水、供气、运输等辅助生产；有的则生产多种产品，如从事工具、模具、修理用备件的制造等辅助生产。辅助生产与基本生产的最大区别是生产产品的目的不同。基本生产车间生产的产品主要是对外销售的，而辅助生产车间生产的产品或提供的劳务主要是对内服务的。辅助生产车间在生产产品或提供劳务过程中发生的生产费用，构成这些产品或劳务的成本。基本生产车间接受辅助生产车间提供的产品或劳务，成为基本生产车间生产产品的成本组成部分，其他部门接受辅助生产车间提供的产品或劳务，形成其他成本费用。辅助生产产品和劳务成本的高低，影响企业产品成本和期间费用的水平。因此，正确、及时地组织辅助生产费用的归集和分配，加强辅助生产费用的监督和控制，对于明确经济责任、节约生产费用、降低生产成本有着十分重要的意义。

对于不同类型的辅助生产车间，辅助生产费用的归集程序和分配方法，以及计算方法都不尽相同，因此，区分不同类型的辅助生产车间是正确组织辅助生产费用核算的前提。辅助生产车间按其提供劳务、作业和生产产品种类的多少，可分为以下两种类型：

(1) 只提供一种劳务或只进行同一性质作业的辅助生产车间，如供电车间、供水车间、机修车间和运输车队等，这类辅助生产车间称为单品种辅助生产车间。

(2) 生产多种产品的辅助生产车间，如机械制造厂设立的工夹模具车间，生产基本生产所需的各种工具、刃具、模具和夹具等，这类辅助生产车间称为多品种辅助生产车间。

二、辅助生产费用的归集和分配方法

因为企业进行的辅助生产是为基本生产车间和其他部门服务的，根据受益原则，其发生的费用应由各受益单位承担，即应将辅助生产发生的费用向各个受益单位进行分配。分配时有两种情况：一是生产多种产品的辅助生产车间，各种工具、模具等辅助生产明细账归集的费用，随着完工工具、模具的入库，其成本应转入低值易耗品等账户，在领用时再按照用途一次或分次计入企业的产品成本；二是只提供一种劳务或只进行同一性质作业的辅助生产车间，水、电、运输、机修等辅助生产明细账归集的费用，应按照受益的产品和部门进行分配。

辅助生产费用具体的分配方法有以下几种：

（一）直接分配法

直接分配法是指将各辅助生产成本明细账归集的费用总额，不考虑各辅助生产车间之间相互提供的产品（劳务），直接分配给辅助生产车间以外的各受益产品、车间、部门。其特点是只对外（辅助生产车间以外的各单位）进行分配，而不考虑相互之间提供的劳务，因此分配辅助生产费用比较简单，但是分配结果不够准确，一般用于辅助生产车间相互消耗的劳务量较少的企业中。

费用分配率及某受益对象应分配费用的计算公式如下：

$$费用分配率=\frac{该辅助生产车间归集的待分配费用总额}{该辅助生产车间对外提供的产品(劳务)总量}$$

某受益对象应分配的费用＝该受益对象耗用的产品（劳务）量×费用分配率

（二）交互分配法

交互分配法是指对归集的辅助生产费用先在辅助生产车间之间进行交叉分配，计算出交互分配后的辅助生产费用，再在辅助生产车间以外的受益对象之间进行分配的方法。其特点是要进行两次分配，先对内进行交互分配，再对外进行分配；计算两个费用分配率。因此分配结果更符合实际，也更准确，但工作量较大，一般用于辅助生产车间相互耗用劳务较多的企业中。

交互分配法的具体计算过程如下：

（1）对内进行交互分配：

$$辅助生产费用交互分配率=\frac{该辅助生产成本明细账分配前归集的全部费用}{该辅助生产车间提供的产品(劳务)总量}$$

该辅助生产车间费用交互分配额＝该车间对内提供的产品（劳务）量×辅助生产费用交互分配率

（2）计算交互分配后的各辅助生产车间费用：

交互分配后的费用＝交互分配前的费用＋交互分配转入的费用－交互分配转出的费用

需要指出的是：进行交互分配时，接受劳务将转入费用，提供劳务则转出费用。

（3）对外进行分配：

$$辅助生产费用对外分配率=\frac{该辅助生产车间交互分配后的费用}{该辅助生产车间对外提供的产品(劳务)量}$$

外部某受益对象应分配的辅助生产费用＝该受益对象接受的产品（劳务）量×辅助生产费用对外分配率

（三）计划成本分配法

计划成本分配法是指对辅助生产车间和基本生产车间、管理部门一律按实际耗用量和计划单位成本计算分配辅助生产费用，计划分配额与实际费用之间的成本差异直接转入管理费用，是一种“先分配费用，再调整差额”的分配方法。采用这种方法分配辅助生产费用时，也是分为两个步骤进行。首先，根据各产品、车间、部门实际耗用的产品（劳务）量和事先确定的计划单位成本分配辅助生产费用；其次，计算辅助生产车间实际成本和按计划单位成本分配出去的计划成本的差异，进行差额调整。采用计划成本分配法，由于辅助生产车间的产品（劳务）的计划单位成本有现成资料，只要有各受益单位耗用辅助生产车间的产品（劳务）量，便可进行分配，从而简化和加速了分配的计算工作。按照计划单位成本分配，不仅排除了辅助生产实际费用的高低对各受益单位成本的影响，便于考核和分析各受益单位的经济责任，还能够反映辅助生产车间产品（劳务）的实际成本脱离计划成本的差额。但是采用该种分配方法，辅助生产产品（劳务）的计划单位成本必须比较正确。

（四）代数分配法

代数分配法是指按照数学中解联立方程的方法，计算辅助生产产品（劳务）的单位成本，然后根据各受益单位（包括辅助生产车间）耗用的数量和单位成本计算分配辅助生产费用的一种方法。采用这种分配方法的计算步骤是：首先，根据各辅助生产车间相互提供的产品（劳务）量，求解联立方程式，计算辅助生产产品（劳务）的单位成本；其次，根据各受益单位（包括辅助生产车间内部、外部各单位）耗用产品（劳务）的数量和单位成本，计算分配辅助生产费用。采用该方法计算结果更准确，但计算过程比较复杂，一般应用在实现会计电算化的企业中。代数分配法的实现过程如下：

（1）设各辅助生产车间提供产品（劳务）的单位成本为未知数；

（2）列联立方程；

(3) 解联立方程；

(4) 计算各受益单位分配的辅助生产费用。

※ 工作过程 ※

辅助生产费用的归集和分配主要通过图 2-5 所示的步骤完成：

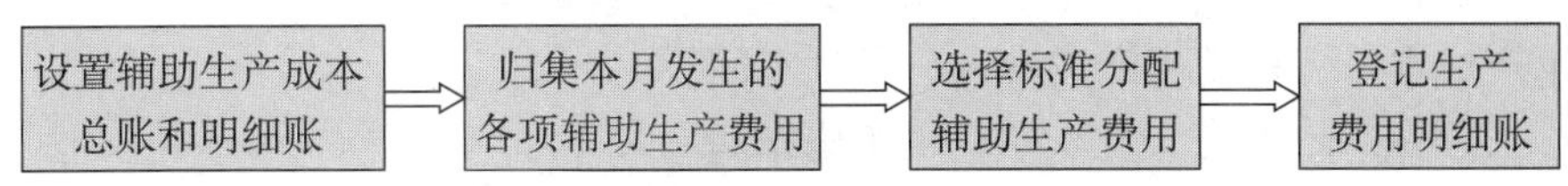

图 2-5　辅助生产费用的归集和分配步骤

一、设置辅助生产成本总账和明细账

为核算和监督辅助生产费用的归集和分配情况，企业应设置“生产成本——辅助生产成本”账户，通过该账户归集和分配辅助生产费用，计算辅助生产产品（劳务）的成本。为了反映各个辅助生产车间的费用发生情况，在“生产成本——辅助生产成本”账户下，按不同的辅助生产车间分户，账内按照成本项目或费用设置专栏，进行明细核算。

二、归集本月发生的各项辅助生产费用

通过辅助生产成本账户进行的，一般应按车间及产品（劳务）的种类设置明细账。账内按照成本项目或费用设置专栏，进行明细核算。对辅助生产车间发生的制造费用是否通过“制造费用”账户核算没有统一要求，企业可以视辅助生产车间规模的大小，制造费用额的多少，以及辅助生产车间提供产品（劳务）是否单一等情况来确定。通常情况下，对规模较大、制造费用发生较多、提供的产品（劳务）不止一种的辅助生产车间，其制造费用应当通过“制造费用”账户核算，在月末分配后计入辅助生产费用。反之，则不通过“制造费用”账户核算，对发生的制造费用直接记入“生产成本——辅助生产成本”账户。

清河公司根据辅助生产车间发生的经济业务，编制记账凭证，会计分录如下：

(1) 借：生产成本——辅助生产成本——供气车间　12 474
　　贷：原材料　12 474
借：生产成本——辅助生产成本——供气车间　16 320
　贷：应付账款　16 320
借：生产成本——辅助生产成本——供气车间　9 120
　贷：应付职工薪酬　9 120

(2) 借：生产成本——辅助生产成本——机修车间　4 257
　　贷：原材料　4 257
借：生产成本——辅助生产成本——机修车间　4 080
　贷：应付账款　4 080
借：生产成本——辅助生产成本——机修车间　12 540
　贷：应付职工薪酬　12 540

（3）借：生产成本——辅助生产成本——供气车间　　1 000
　　　　　　　　　　　　　　　——机修车间　　1 800
　　贷：累计折旧　　2 800
借：生产成本——辅助生产成本——供气车间　　300
　　　　　　　　　　　　　——机修车间　　450
　贷：原材料　　750
借：生产成本——辅助生产成本——供气车间　　286
　　　　　　　　　　　　　——机修车间　　273
　贷：库存现金　　559

根据记账凭证将各项费用登记辅助生产成本明细账，如表2-41和表2-42所示。

表2-41　　辅助生产成本明细账（1）

辅助生产车间：供气车间　　20××年6月　　单位：元

20××年		凭证号	摘　要	材料费用	动力费用	职工薪酬	折旧费用	劳保费用	其他费用	合　计
月	日									
6	30		分配燃料费用	12 474						12 474
			分配动力费用		16 320					16 320
			分配工资费用			9 120				9 120
			分配折旧费用				1 000			1 000
			劳保费用					300		300
			其他费用						286	286
6	30		本月辅助生产费用合计	12 474	16 320	9 120	1 000	300	286	39 500
6	30		结转本月辅助生产费用	12 474	16 320	9 120	1 000	300	286	39 500

表2-42　　辅助生产成本明细账（2）

辅助生产车间：机修车间　　20××年6月　　单位：元

20××年		凭证号	摘　要	材料费用	动力费用	职工薪酬	折旧费用	劳保费用	其他费用	合　计
月	日									
6	30		分配辅助费用	4 257						4 257
			分配动力费用		4 080					4 080
			分配工资费用			12 540				12 540
			分配折旧费用				1 800			1 800
			劳保费用					450		450
			其他费用						273	273
6	30		本月辅助生产费用合计	4 257	4 080	12 540	1 800	450	273	23 400
6	30		结转本月辅助生产费用	4 257	4 080	12 540	1 800	450	273	23 400

三、选择标准分配辅助生产费用

清河公司分别采用直接分配法、交互分配法、计划成本分配法和代数分配法分配辅助生产费用的过程如下：

（一）直接分配法

清河公司设有的供气和机修两个辅助生产车间6月的明细账显示，归集的辅助生产费用为供气车间39 500元、机修车间23 400元，两个车间提供的劳务总量及受益情况如表2-40所示。根据直接分配法计算如下：

供气车间费用分配率＝39 500÷(3 000＋2 000＋2 300)＝5.411（元/立方米）

基本生产甲产品应分配的气费＝3 000×5.411＝16 233（元）

基本生产车间应分配的气费＝2 000×5.411＝10 822（元）

管理部门应分配的气费＝39 500－16 233－10 822＝12 445（元）

机修车间费用分配率＝23 400÷(1 000＋800＋500)＝10.174（元/小时）

基本生产甲产品应分配的机修费＝1 000×10.174＝10 174（元）

基本生产车间应分配的电费＝800×10.174＝8 139.20（元）

管理部门应分配的电费＝23 400－10 174－8 139.20＝5 086.80（元）

在实际工作中，辅助生产费用分配是通过编制辅助生产费用分配表进行的。清河公司编制的辅助生产费用分配表如表2-43所示。

表2-43　辅助生产费用分配表（直接分配法）

20××年6月

金额单位：元

项目				供气车间	机修车间	金额合计
归集的辅助生产费用				39 500	23 400	62 900
提供给辅助生产车间以外的劳务量				7 300	2 300	
费用分配率				5.411（元/立方米）	10.174（元/小时）	
应借账户	生产成本——基本生产成本	甲产品	接受劳务量	3 000	1 000	
			应分配费用	16 233	10 174	26 407
	制造费用	基本生产车间	接受劳务量	2 000	800	
			应分配费用	10 822	8 139.20	18 961.20
	管理费用		接受劳务量	2 300	500	
			应分配费用	12 445	5 086.80	17 531.80
合计				39 500	23 400	62 900

根据辅助生产费用分配表编制记账凭证，会计分录如下：

借：生产成本——基本生产成本——甲产品　26 407

　　制造费用　18 961.20

　　管理费用　17 531.80

　贷：生产成本——辅助生产成本——供气车间　39 500

　　　　　　　　　　　　　　——机修车间　23 400

【想一想】在直接分配法下计算费用分配率时，分母要扣除辅助生产车间所耗用的劳务量，为什么？分母做了扣除后，辅助生产车间所耗用的劳务成本应由谁承担？

（二）交互分配法

清河公司采用交互分配法进行辅助生产费用的分配，具体计算过程如下：

(1) 对内进行交互分配：

供气车间交互分配率＝39 500÷7 900＝5（元/立方米）

机修车间交互分配率＝23 400÷2 340＝10（元/小时）

供气车间应分配的机修车间费用＝40×10＝400（元）

机修车间应分配的供气车间费用＝600×5＝3 000（元）

（2）计算交互分配后供气、机修车间的实际费用：

交互分配后供气车间实际费用＝39 500＋400－3 000＝36 900（元）

交互分配后机修车间实际费用＝23 400＋3 000－400＝26 000（元）

（3）对外进行分配：

供气车间对外分配率＝36 900÷(3 000＋2 000＋2 300)＝5.055（元/立方米）

基本生产车间甲产品应分配的气费＝3 000×5.055＝15 165（元）

基本生产车间一般耗用应分配的气费＝2 000×5.055＝10 110（元）

管理部门应分配的气费＝2 300×5.055＝11 625（元）

机修车间对外分配率＝26 000÷(1 000＋800＋500)＝11.304（元/小时）

基本生产车间甲产品应分配的机修费＝1 000×11.304＝11 304（元）

基本生产车间一般耗用应分配的机修费＝800×11.304＝9 043.20（元）

管理部门应分配的机修费＝26 000－11 304－9 043.20＝5 652.80（元）

在实际工作中，辅助生产费用分配是通过编制辅助生产费用分配表进行的。清河公司编制的辅助生产费用分配表如表2-44所示。

表2-44　辅助生产费用分配表（交互分配法）

20××年6月

金额单位：元

项目		供气车间			机修车间			合计
		供气数量（立方米）	分配率（元/立方米）	分配金额	机修工时（小时）	分配率（元/小时）	分配金额	
交互分配		7 900	5	39 500	2 340	10	23 400	62 900
生产成本——辅助生产成本	供气车间				40		400	400
	机修车间	600		3 000				3 000
对外分配		7 300	5.055	36 900	2 300	11.304	26 000	62 900
生产成本——基本生产成本	甲产品	3 000		15 165	1 000		11 304	26 469
制造费用		2 000		10 110	800		9 043.20	19 153.20
管理费用		2 300		11 625	500		5 652.80	17 277.80

根据辅助生产费用分配表编制记账凭证，会计分录如下：

（1）交互分配：

借：生产成本——辅助生产成本——供气车间　　400

　　　　　　　　　　　　　——机修车间　　3 000

　贷：生产成本——辅助生产成本——机修车间　　400

　　　　　　　　　　　　　　——供气车间　　3 000

（2）对外分配：

借：生产成本——基本生产成本——甲产品　　26 469

　　制造费用　　19 153.20

管理费用　17 277.80

贷：生产成本——辅助生产成本——供气车间　36 900

——机修车间　26 000

【想一想】 交互分配法与直接分配法在计算上有何区别？为什么说交互分配法比直接分配法的分配结果更准确？请比较两种分配方法在账务处理上有何不同？

（三）计划成本分配法

假设清河公司运用计划成本分配法进行辅助生产费用的分配，该企业供气车间计划单位成本为 5.05 元/立方米，机修车间计划单位成本为 11.1 元/小时，则辅助生产费用分配表如表 2－45 所示。

表 2－45　辅助生产费用分配表（计划成本分配法）

20××年 6 月　金额单位：元

项　目		供气车间（计划单位成本：5.05 元/立方米）		机修车间（计划单位成本：11.1 元/小时）		合　计
		供气数量（立方米）	分配金额	机修工时（小时）	分配金额	
生产成本——辅助生产成本	供气车间			40	444	444
	机修车间	600	3 030			3 030
生产成本——基本生产成本	甲产品	3 000	15 150	1 000	11 100	26 250
制造费用		2 000	10 100	800	8 880	18 980
管理费用		2 300	11 615	500	5 550	17 165
辅助生产计划成本合计		7 900	39 895	2 340	25 974	
本月实际发生费用			39 500		23 400	
按计划成本分配转入			＋444		＋3 030	
辅助生产实际成本			39 944		26 430	
辅助生产费用差异			49		456	505

根据辅助生产费用分配表编制记账凭证，会计分录如下：

（1）按计划单位成本分配：

借：生产成本——基本生产成本——甲产品　26 250

生产成本——辅助生产成本——供气车间　444

——机修车间　3 030

制造费用　18 980

管理费用　17 165

贷：生产成本——辅助生产成本——供气车间　39 895

——机修车间　25 974

（2）分配结转成本差异：

借：管理费用　505

贷：生产成本——辅助生产成本——供气车间　49

——机修车间　456

（四）代数分配法

假设清河公司供气车间辅助生产分配率为 x 元/立方米，机修车间辅助生产分配率为 y 元/小时，则可列方程如下：

$$\begin{cases}39\ 500+40y=7\ 900x\\23\ 400+600x=2\ 340y\end{cases}$$

解方程得：

$$\begin{cases}x=5.057\ 2\\y=11.296\ 7\end{cases}$$

据此计算清河公司各受益单位应分配的辅助生产费用，编制的辅助生产费用分配表如表2-46所示。

表2-46　　辅助生产费用分配表（代数分配法）

20××年6月　　金额单位：元

项目		供气车间		机修车间		合计
		供气数量（立方米）	分配金额	机修工时（小时）	分配金额	
分配率		5.057 2（元/立方米）		11.296 7（元/小时）		
生产成本——辅助生产成本	供气车间			40	451.87	451.87
	机修车间	600	3 034.32			3 034.32
生产成本——基本生产成本	甲产品	3 000	15 171.60	1 000	11 296.70	26 468.30
制造费用		2 000	10 114.40	800	9 037.36	19 151.76
管理费用		2 300	11 631.56	500	5 648.35	17 279.91
分配金额合计		7 900	39 951.88	2 340	26 434.28	66 386.16

根据辅助生产费用分配表编制记账凭证，会计分录如下：

借：生产成本——基本生产成本——甲产品　　26 468.30
　　生产成本——辅助生产成本——供气车间　　451.87
　　　　　　　　　　　　　　——机修车间　　3 034.32
　　制造费用　　19 151.76
　　管理费用　　17 279.91
　　贷：生产成本——辅助生产成本——供气车间　　39 951.88
　　　　　　　　　　　　　　　　——机修车间　　26 434.28

【想一想】在辅助生产费用的各种分配中，代数分配法是最准确的，你同意这种说法吗？代数分配法会计分录中贷方合计66 386.16元，与机修、供气两个辅助生产车间待分配的成本之和（62 900元）相比多出3 486.16元。你知道这是为什么吗？

四、登记生产费用明细账

根据辅助生产费用分配表和记账凭证中的会计分录，将辅助生产费用分配情况登记辅助生产成本明细账，并登记相关成本费用明细账。

项目小结

各项要素费用的分配，一般是通过编制费用分配表进行的，根据费用分配表确定的项目分别记入基本生产成本、辅助生产成本和期间费用账户。分配到辅助生产车间的各项费用，归集记入辅助生产成本明细账，形成辅助生产车间的辅助产品（劳务）费用。如果是提供辅助产品的，其核算方法与基本生产的核算方法相同；如果是提供劳务的，则在期末将辅助生产费用采用适当的方法分配给各受益单位，分配方法主要有直接分配法、交互分配法、计划成本分配法和代数分配法。通过辅助生产费用的分配后，将应计入产品成本的各项费用分别归集到“生产成本——基本生产成本”和“制造费用”账户。

项目训练

一、单项选择题

1. 辅助生产费用的交互分配法，一次交互分配是在（　　）。

A. 各受益单位之间进行分配

B. 各辅助生产车间之间进行分配

C. 辅助生产车间以外的受益单位之间进行分配

D. 各受益的基本生产车间之间进行分配

2. 辅助生产费用交互分配后的实际费用，再在（　　）。

A. 辅助生产车间以外的受益单位之间进行分配

B. 各受益单位之间进行分配

C. 各辅助生产车间之间进行分配

D. 各受益的基本生产车间之间进行分配

3. 辅助生产费用的各种分配方法中，能分清内部经济责任、有利于实行厂内经济核算的是（　　）。

A. 直接分配法　　B. 交互分配法　　C. 计划成本分配法　　D. 代数分配法

4. 按计划成本分配法分配辅助生产费用时，某辅助生产车间实际总成本的计算方法是(　　)。

A. 该车间待分配费用加上分配转入的费用

B. 该车间待分配费用减去分配转出的费用

C. 该车间待分配费用加上分配转出的费用减去分配转入的费用

D. 该车间待分配费用加上分配转入的费用减去分配转出的费用

5. 为了简化辅助生产费用的分配，在按计划成本分配法分配下的辅助生产费用差异一般全部记入（　　）科目。

A. 制造费用　　B. 管理费用　　C. 营业外支出　　D. 基本生产成本

6. 在辅助生产车间之间相互提供产品或劳务的情况下，下列各种分配方法中，分配辅助生产费用最准确的是（　　）。

A. 直接分配法　　B. 交互分配法　　C. 计划成本分配法　　D. 代数分配法

7. “辅助生产成本”科目，月末（　　）。

A. 一定没有余额　　B. 如有余额，余额一定在借方

C. 如有余额，余额一定在贷方　　　　　D. 可能有借方或贷方余额

8. 采用交互分配法分配辅助生产费用，某一辅助生产车间对外分配的费用总额是（　　）。

A. 交互分配前的费用

B. 交互分配前的费用加上交互分配转入的费用

C. 交互分配前的费用减去交互分配转入的费用

D. 交互分配前的费用加上交互分配转入的费用减去交互分配转出的费用

9. 直接分配法的特点是将辅助生产费用（　　）。

A. 直接分配给各受益车间、部门

B. 直接分配给辅助生产车间以外的各受益车间、部门

C. 直接记入“辅助生产成本”账户

D. 直接分配给受益多的车间、部门

10. 辅助生产交互分配后的实际费用，应再在（　　）。

A. 各基本生产车间之间进行分配　　　B. 辅助生产车间以外的受益单位之间进行分配

C. 各辅助生产车间之间进行分配　　　D. 各受益单位之间进行分配

11. 下列各项中，关于计划成本分配法的说法错误的是（　　）。

A. 不必单独计算费用分配率　　　　　B. 各种辅助生产费用只分配一次

C. 简化了计算工作　　　　　　　　　D. 不利于分清企业内部各单位的经济责任

12. 代数分配法是一种将辅助生产费用根据联立方程的原理，（　　）的方法。

A. 在辅助生产车间以外各受益单位之间直接进行分配

B. 先在各辅助生产车间内部进行分配，然后对外进行分配

C. 先在企业各车间、部门之间进行分配，然后对外进行分配

D. 计算辅助生产产品（劳务）的单位成本，然后根据各受益单位耗用的数量和单位成本进行分配

二、多项选择题

1. 下列方法中，属于辅助生产费用分配方法的有（　　）。

A. 直接分配法　　B. 交互分配法　　C. 计划成本分配法　　D. 代数分配法

2. 采用交互分配法分配辅助生产费用时，应该（　　）。

A. 先在企业内部各受益单位之间进行一次交互分配

B. 先在辅助生产车间内部各受益单位之间进行一次交互分配

C. 根据交互分配后的实际费用向企业外部单位进行分配

D. 根据交互分配后的实际费用向辅助生产车间以外各受益单位进行分配

3. 采用计划成本分配法分配辅助生产费用，（　　）。

A. 简化了计算工作　　　　　　　　　B. 便于考核辅助生产成本计划完成情况

C. 便于考核各受益单位的成本　　　　D. 分配结果最准确

4. 辅助生产车间不设“制造费用”账户核算的原因是（　　）。

A. 辅助生产车间规模较小、发生的制造费用较少

B. 辅助生产车间不对外销售产品

C. 为了简化核算工作

D. 没有必要

三、判断题

1. 辅助生产车间发生的各种生产费用都直接记入“生产成本——辅助生产成本”账户。(　　)

2. 所有生产车间发生的各种制造费用，一律通过“制造费用”科目核算。(　　)

3. 采用交互分配法分配辅助生产费用，交互分配后的辅助生产费用应在除辅助生产车间以外的各受益部门和车间之间进行分配。(　　)

4. 采用计划成本分配法分配辅助生产费用时，辅助生产费用差异可全部计入管理费用。(　　)

5. 采用代数分配法分配辅助生产费用，由于各种辅助生产费用都计算两个费用分配率，进行两次分配，因此计算结果更准确。(　　)

6. 采用代数分配法分配辅助生产费用时，应用代数中解联立方程的原理，直接分配各受益车间、部门应分配的费用，无须计算辅助生产产品（劳务）的单位成本。(　　)

7. 采用顺序分配法进行辅助生产费用分配时，应按照辅助生产车间受益多少的顺序排列，受益多的排列在前，受益少的排列在后。(　　)

8. 在辅助生产车间的制造费用不通过“制造费用”科目核算的情况下，辅助生产车间发生的各项生产费用均可直接记入“辅助生产成本”账户。(　　)

9. 采用计划成本分配法分配辅助生产费用时，不必在辅助生产车间之间进行交互分配。(　　)

10. 辅助生产费用在月末要全部分配转出，因而“辅助生产成本”账户月末应无余额。(　　)

四、案例分析题

某公司有供水和供电两个辅助生产车间，辅助生产车间的制造费用不通过“制造费用”科目核算。本月发生的辅助生产费用、提供的劳务量及计划单位成本如表 2－47 所示（各受益单位的水电均为一般耗用）。

表 2－47　　辅助生产费用、劳务量及计划单位成本表　　金额单位：元

项　　目		供电车间	供水车间
待分配费用		120 000	18 400
劳务供应量		50 000（度）	8 000（吨）
计划单位成本		2.20（元/度）	2.35（元/吨）
劳务耗用量	供电车间		2 000
	供水车间	10 000	
	基本生产车间	28 000	5 000
	管理部门	12 000	1 000

要求：

分别采用直接分配法、交互分配法、计划成本分配法和代数分配法分配辅助生产费用（通过辅助生产费用分配表进行），并根据辅助生产费用分配表做有关分配的会计分录（费用分配率精确到小数点后四位）。

归集和分配制造费用

※ 工作任务 ※

清河公司基本生产车间一车间20××年6月发生如下费用：根据材料费用分配表应负担消耗性材料费用1 000元，周转材料摊销800元（一次摊销）；根据动力费用分配表应负担电费2 200元；根据职工薪酬分配表应负担工资费用12 000元；根据辅助生产费用分配表应负担机修费用3 200元；根据折旧费用计提表应负担折旧费用15 000元；另应摊销本月保险费用1 200元，以现金支付办公费600元。清河公司本月生产甲、乙两种产品，发生生产工人工资费用48 000元，其中甲产品生产工人工资为36 000元，乙产品生产工人工资为12 000元；生产产品耗用工时4 800小时，其中甲产品生产工时为3 600小时，乙产品生产工时为1 200小时。根据上述资料归集本期制造费用，选择一定的标准分配本期制造费用。

※ 知识准备 ※

一、制造费用的含义和内容

制造费用是产品制造成本的重要组成部分，是指企业为生产产品或提供劳务而发生的各项间接费用。制造费用作为一种间接费用，在发生时一般无法直接判定它应归属的成本计算对象，因而不能直接计入所发生的产品成本中，只有按费用发生的地点进行归集，月度终了再采用一定的方法在各成本计算对象之间进行分配，然后才能计入各成本计算对象的成本中。制造费用主要包括以下几项：

（1）间接用于产品生产的费用，如机物料消耗，车间生产用房屋及建筑物折旧费、经营租赁费和保险费，车间生产用照明费、取暖费、运输费、劳动保护费，以及季节性停工和生产用固定资产修理期间的停工损失等。

（2）直接用于产品生产，但管理上不要求或者核算上不便于单独核算，因而没有专设成本项目的费用，如机器设备的折旧费、经营租赁费和保险费，生产工具摊销，设计制图费和试验费等。生产工艺用动力如果没有专设成本项目，也包括在制造费用中。

（3）车间用于组织和管理生产的费用，包括车间人员工资及福利费，车间管理用房屋和设备的折旧费、经营租赁费和保险费，车间管理用具摊销，车间管理用照明费、水费、取暖费、差旅费和办公费等。

二、制造费用的分配标准

企业应设置“制造费用”总账，并按车间类别、费用类别设置明细账，归集所发生的各项费用。制造费用的分配应按车间类别来进行，合理分配制造费用的关键是正确选择分配标准。选择分配标准时，一般应遵循以下原则：

（1）分配标准应具有共有性：各承担制造费用的对象都具有该分配指标的资料。

（2）分配标准应能体现比例性：分配标准与制造费用之间存在着客观的因果比例关系，以达到“多收益多承担，少收益少承担”的要求，使分配公平、合理。

（3）分配标准应具备易取得性和易计量性。

（4）分配标准应相对稳定。

为便于各期制造费用之间的比较分析，分配标准不宜经常改变。如需变更，应当在会计报表附注中予以说明。

三、制造费用的归集和分配方法

基本生产车间的制造费用是产品生产成本的组成部分，在只生产一种产品的车间，制造费用可以直接计入该种产品生产成本；在生产多种产品的车间，制造费用则应该采用既合理又较简便的分配方法，分配计入各种产品的生产成本，即记入“生产成本——基本生产成本”账户及其明细账“制造费用”成本项目。制造费用通常按照各种产品所耗用生产工时（生产工人工资、机器工时）的比例进行分配，计算公式为：

$$制造费用分配率=\frac{制造费用总额}{各种产品生产工时（生产工人工资、机器工时）总数}$$

某种产品应分配的制造费用＝该种产品生产工时（生产工人工资、机器工时）数×制造费用分配率

（一）生产工人工资比例法

生产工人工资比例法是指按照各种（批、类）产品所耗用的生产工人工资的比例分配制造费用的一种方法。由于工资费用分配表中有现成的生产工人工资的资料，因此该种分配方法很简便。生产工人工资比例法适用于各种产品生产机械化程度大致相同的情况，否则会影响费用分配的合理性。

（二）生产工时比例法

生产工时比例法是指按照各种（批、类）产品所耗用的生产工时的比例分配制造费用的一种方法。生产工时比例法是一种常用的制造费用分配方法，它能将劳动生产率的高低与产品应分配费用的多少联系起来，分配结果比较合理。由于生产工时是分配间接计入费用常用的分配标准之一，因此只有正确组织好产品生产工时的记录和核算等基础工作，才能保证生产工时的正确、可靠。

※ 工作过程 ※

制造费用的归集和分配一般通过如图2-6所示的步骤完成：

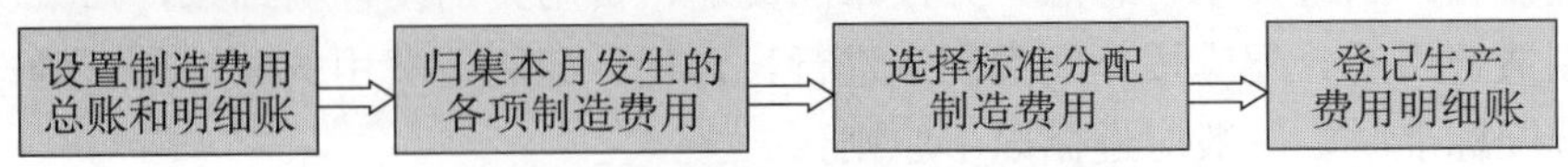

图2-6　制造费用的归集和分配步骤

一、设置制造费用总账和明细账

为了正确反映制造费用的发生和分配情况，企业要设置“制造费用”账户进行核算。该账户的借方登记发生的各项制造费用；贷方登记分配转出的制造费用，分配后一般无余额。为了反映不同生产车间发生的制造费用，要按车间分设明细账户，采用多栏式账页进行明细分类核算，按费用项目设置专栏。制造费用的明细项目一般设置为职工薪酬、折旧费、保险费、租赁费、低值易耗品摊销、水电费、取暖费、运输费、差旅费、办公费、机物料消耗、劳动保护费、设计制图费、试验检验费、在产品损耗、停工损失等，具体如表2-51所示。

二、归集本月发生的各项制造费用

企业根据有关记账凭证、各项要素费用分配表、辅助生产费用分配表、折旧费用分配表等，将发生的各项制造费用记入“制造费用”账户及各明细账户有关项目栏。

下面以清安公司折旧费用为例说明制造费用的归集方法。

折旧费用是指固定资产在使用过程中因磨损而转移到成本费用中的价值。计提固定资产折旧费用的方法通常有使用年限法、工作量法、双倍余额递减法、年数总和法等，对计提的固定资产折旧费用，通过编制固定资产折旧费用计提明细表（见表2-48）进行分配，记入有关的成本费用账户。

表2-48　固定资产折旧费用计提明细表

20××年6月　金额单位：元

使用部门	固定资产类别	固定资产月初余额	月折旧率	月折旧费用
一车间	房屋建筑物	1 200 000	0.25%	3 000
	机器、设备	2 000 000	0.60%	12 000
	小　计			15 000
供气车间	房屋建筑物	160 000	0.25%	400
	机器、设备	100 000	0.60%	600
	小　计			1 000
机修车间	房屋建筑物	240 000	0.25%	600
	机器、设备	200 000	0.60%	1 200
	小　计			1 800
管理部门	房屋建筑物	960 000	0.25%	2 400
	机器、设备	100 000	0.60%	600

续前表

使用部门	固定资产类别	固定资产月初余额	月折旧率	月折旧费用
管理部门	小　计			3 000
销售部门	房屋建筑物	624 000	0.25%	1 560
	机器、设备	40 000	0.60%	240
	小　计			1 800
合　计				22 600

根据固定资产折旧费用计提明细表编制固定资产折旧费用分配表，如表 2-49 所示。

表 2-49　　**固定资产折旧费用分配表**

20××年 6 月　　金额单位：元

应借账户			成本项目	费用金额
会计账户	二级账户	明细账户		
制造费用		一车间	折旧费用	15 000
生产成本	辅助生产成本	供气车间	制造费用	1 000
		机修车间	制造费用	1 800
管理费用			折旧费用	3 000
营业费用			折旧费用	1 800
折旧费用合计				22 600

根据固定资产折旧费用计提明细表编制记账凭证，如表 2-50 所示。

表 2-50　　**记账凭证**

20××年 6 月 30 日　　记字第×号

摘　要	一级科目	二级科目	明细科目	借方金额	贷方金额	记账
计提折旧费用	生产成本	辅助生产成本	供气车间	1 000		
			机修车间	1 800		
	制造费用	一车间		15 000		
	销售费用			1 800		
	管理费用			3 000		
	累计折旧				22 600	
合　计				22 600	22 600	

根据记账凭证和清河公司一车间 6 月发生的经济业务，可编制会计分录如下，并据以登记制造费用明细账（见表 2-51）。

（1）根据材料费用分配表：

借：制造费用——一车间——材料费用　　1 800

　贷：原材料——其他材料　　1 000

　　周转材料——低值易耗品　　800

（2）根据职工薪酬分配表：

借：制造费用——一车间——工资费用　　12 000

　贷：应付职工薪酬——工资　　12 000

（3）根据动力费用分配表：

借：制造费用——一车间——水电费用　　2 200

贷：应付账款——供电公司　　2 200

(4) 根据辅助生产费用分配表：

借：制造费用——一车间——机修费用　　3 200

贷：生产成本——辅助生产成本——机修车间　　3 200

(5) 分摊本月保险费用：

借：制造费用——一车间——保险费用　　1 200

贷：预付账款——保险费用　　1 200

(6) 以现金支付办公费：

借：制造费用——一车间——办公费　　600

贷：库存现金　　600

表 2-51　　制造费用明细账

字第×页

生产车间：一车间　　金额单位：元

20××年		凭证号	摘要	合计	职工薪酬	水电费用	折旧费用	材料费用	保险费用	机修费用	其他费用
月	日										
6		略	领用消耗性材料	1 000				1 000			
			用具摊销	800							800
			动力费用分配表	2 200		2 200					
			职工薪酬分配表	12 000	12 000						
			分摊本月保险费用	1 200					1 200		
			辅助生产费用分配表	3 200						3 200	
			折旧费用分配表	15 000			15 000				
			支付办公费	600							600
			本月合计	36 000	12 000	2 200	15 000	1 000	1 200	3 200	1 400
6	30		结转本月制造费用	36 000	12 000	2 200	15 000	1 000	1 200	3 200	1 400

【提示】季节性生产企业基本生产车间的制造费用，一般可按制造费用的全年或停工月度预算数和产品的全年计划产量计算确定计划分配率，据以进行分配。如果制造费用的实际发生数、产品的实际产量与预算数、计划产量相差较大时，应当及时调整计划分配率。年度终了，制造费用全年实际发生数与分配数的差额，除其中属于为明年开工生产做准备的可留待明年分配外，其余都应当在本年内调整产品成本：实际发生数大于分配数的差额，借记"生产成本——基本生产成本"账户，贷记"制造费用"账户；实际发生数小于分配数的差额，用红字登记。

三、选择标准分配制造费用

采用生产工人工资比例法和生产工时比例法分配制造费用的过程如下：

(一) 生产工人工资比例法

根据清河公司归集的本月制造费用明细账资料，本月共发生制造费用 36 000 元；生产工人工资费用 48 000 元，其中甲产品生产工人工资为 36 000 元，乙产品生产工人工资为12 000 元。甲、乙产品应分配的制造费用计算如下：

制造费用分配率=36 000÷48 000=0.75

甲产品应分配的制造费用=36 000×0.75=27 000（元）

乙产品应分配的制造费用=12 000×0.75=9 000（元）

根据上述计算结果编制制造费用分配表，如表 2-52 所示。

表 2-52　　制造费用分配表（生产工人工资比例法）

车间名称：基本生产车间　　20××年 6 月 30 日　　金额单位：元

应借账户			生产工人工资	分配率	分配金额
生产成本	基本生产成本	甲产品	36 000	0.75	27 000
		乙产品	12 000	0.75	9 000
合　计			48 000		36 000

根据制造费用分配表编制会计分录如下：

借：生产成本——基本生产成本——甲产品　　27 000

　　　　　　　　　　　　——乙产品　　9 000

　贷：制造费用　　36 000

（二）生产工时比例法

假设清河公司采用生产工时比例法分配制造费用，则：

制造费用分配率=36 000÷4 800=7.5（元/小时）

甲产品应分配的制造费用=3 600×7.5=27 000（元）

乙产品应分配的制造费用=1 200×7.5=9 000（元）

根据上述计算结果编制制造费用分配表，如表 2-53 所示。

表 2-53　　制造费用分配表（生产工时比例法）

车间名称：基本生产车间　　20××年 6 月 30 日

应借账户			生产工时（小时）	分配率（元/小时）	分配金额（元）
生产成本	基本生产成本	甲产品	3 600	7.5	27 000
		乙产品	1 200	7.5	9 000
合　计			4 800		36 000

学习延展

在实际工作中，有些企业生产具有季节性，并且有比较准确的定额标准和较高的计划管理水平。为使单位产品负担的制造费用相对均衡，保证产品成本计算的正确性，可采用年度计划分配率法。年度计划分配率法是指企业在正常生产经营条件下，依据年度制造费用预算数与各种产品计划产量的相关定额标准（如生产工时、机器工时等）确定计划分配率，并据以分配制造费用的方法。计算公式如下：

$$\text{某车间制造费用计划分配率}=\frac{\text{该车间年度制造费用预算数}}{\sum(\text{该车间每种产品计划产量}\times\text{标准单位定额})}$$

某产品应分配的制造费用=该产品实际产量×标准单位定额×该车间制造费用计划分配率

采用年度计划分配率法分配制造费用后，必定会产生差异。对实际制造费用和按年度计划分配率法分配的制造费用之间的差异，可在年末以12月制造费用计划分配额为标准再进行一次分配。对实际制造费用大于已分配的计划制造费用的差异额，补记入各产品生产成本；反之，则用红字冲回多记的产品生产成本。制造费用差异额分配的公式如下：

$$制造费用差异分配率=\frac{年度制造费用差异额}{当年12月制造费用计划分配额}$$

$$\begin{array}{c}某产品应分配的制\\造费用差异额\end{array}=\begin{array}{c}该产品12月分配的\\制造费用\end{array}\times\begin{array}{c}制造费用差异\\分配率\end{array}$$

清河公司基本生产车间二车间全年制造费用计划发生额为400 000元；全年各种产品的计划产量为丙产品2 500件，丁产品1 000件；单件产品定额工时为丙产品6小时，丁产品5小时。本月实际产量为丙产品200件，丁产品80件；本月实际发生制造费用33 000元，“制造费用”账户本月期初余额为借方1 000元。

（1）计算各种产品年度计划产量的定额工时：

丙产品年度计划产量的定额工时＝2 500×6＝15 000（小时）

丁产品年度计划产量的定额工时＝1 000×5＝5 000（小时）

（2）计算年度制造费用计划分配率：

计划分配率＝400 000÷(15 000＋5 000) ＝20（元/小时）

（3）计算本月各种产品实际产量的定额工时：

本月丙产品实际产量的定额工时＝200×6＝1 200（小时）

本月丁产品实际产量的定额工时＝80×5 ＝400（小时）

（4）计算本月各种产品应分配的制造费用：

本月丙产品应分配的制造费用＝1 200×20＝24 000（元）

本月丁产品应分配的制造费用＝400×20＝8 000（元）

该车间按计划分配率分配转出的制造费用为32 000（＝24 000＋8 000）元，“制造费用”账户的期末余额为借方2 000元。

假设本年度实际发生制造费用408 360元，至年末累计已分配制造费用415 000元（其中丙产品已分配311 250元，丁产品已分配103 750元），将“制造费用”账户的差额进行调整。年末，“制造费用”账户有贷方余额6 640元，应按已分配比例调整冲回，则：

丙产品应调减制造费用＝6 640÷415 000×311 250＝4 980（元）

丁产品应调减制造费用＝6 640÷415 000×103 750＝1 660（元）

调整分录：

借：制造费用　　6 640

　贷：生产成本——基本生产成本——丙产品　　4 980

　　　　　　　　　　　　　　——丁产品　　1 660

项目小结

制造费用是指企业为生产产品或提供劳务而发生，应该计入产品成本，但没有专设成本项目的各项生产费用。这些费用中，有的在发生时直接记入“制造费用”账户，有的则通过一定的费用分配方法归集到“制造费用”账户。归集到“制造费用”账户的生产费用，在期末要采用适当的方法分配到有关的产品成本中：分配的基本原则是在仅仅生产一种产品的情况下直接转入；在生产多种产品的情况下，一般可按生产工人工资比例法、生产工时比例法或年度计划分配率法等分配给不同产品。通过制造费用的分配，在企业没有生产损失或虽有但不单独核算生产损失的情况下，生产费用在各种产品之间的分配和归集程序就已经完成，下一步就可以将各产品的生产成本在完工产品与月末在产品之间进行分配，但在要求单独反映和控制生产损失的情况下，成本核算程序还包括生产损失的核算。

项目训练

一、单项选择题

1. 下列各项中，属于制造费用的是(　　)。

A. 生产工人的计时工资　　B. 企业管理人员的工资

C. 车间管理人员的工资　　D. 生产工人的计件工资

2. 下列制造费用的分配方法中，可能使“制造费用”账户出现余额的是(　　)。

A. 生产工时比例法　　B. 生产工人工资比例法

C. 机器工时比例法　　D. 年度计划分配率法

3. 某公司是季节性生产企业，且管理比较先进，该企业为正确核算产品成本，应当采用的制造费用分配方法是(　　)。

A. 生产工时比例法　　B. 生产工人工资比例法

C. 机器工时比例法　　D. 年度计划分配率法

4. 如果同一生产车间生产若干产品的机械化程度不同，则对该车间发生的制造费用宜采用的分配方法是(　　)。

A. 生产工时比例法　　B. 生产工人工资比例法

C. 机器工时比例法　　D. 年度计划分配率法

二、多项选择题

1. 下列各项中，属于制造费用的有(　　)。

A. 机器设备折旧费用　　B. 车间照明用电费用

C. 产品“三包”费用　　D. 产品包装费用

E. 车间日常消耗的材料费用

2. 企业的制造费用可分为(　　)。

A. 直接用于产品生产但未专设成本项目的费用

B. 间接用于产品生产的费用

C. 企业管理部门组织和管理生产的费用

D. 生产部门发生的产品生产管理费用

E. 对生产部门进行管理发生的费用

3. 制造费用的分配方法有(　　)。

A. 生产工时比例法　　B. 产量比例法

C. 生产工人工资比例法　　D. 机器工时比例法

E. 年度计划分配率法

4. 制造费用是指企业为生产产品或提供劳务而发生的各项间接费用，包括（　）。

A. 生产单位管理人员薪酬　　B. 生产单位固定资产折旧费用

C. 辅助生产车间无形资产摊销　　D. 基本生产车间的办公费用

5. 制造费用不应该（　）。

A. 在企业范围内统一分配　　B. 按班组分别进行分配

C. 按车间分别进行分配　　D. 在所有车间范围内统一分配

6. 按年度计划分配率法分配制造费用后，“制造费用”账户月末（　）。

A. 有余额　　B. 无余额

C. 有借方余额　　D. 有贷方余额

三、判断题

1. 无论是基本生产车间还是辅助生产车间，都必须设置“制造费用”账户核算制造费用。（　）

2. 工业企业的制造费用一定要通过“制造费用”账户核算。（　）

3. 制造费用大部分是间接用于产品生产的费用，也有一部分直接用于产品生产，但管理上不要求单独核算，又不专设成本项目，因此可以直接计入产品生产成本。（　）

4. 采用所有分配方法分配制造费用，分配后“制造费用”账户期末都没有余额。（　）

四、案例分析题

安怀纤维有限公司是一家生产纺织材料的公司，该公司为一般纳税企业，设有一个基本生产车间和一个辅助生产车间，主要生产锦纶纤维和锦纶弹力丝等纺织材料。其制造费用采用生产工时比例法分配。

20××年1月基本生产车间发生的有关制造费用的经济业务如下：

（1）购置办公用品花费1 096元；

（2）支付剪板加工费，其中加工费3 130元，增值税额406.90元；

（3）购置劳保用品花费1 156元；

（4）开出转账支票，支付本月水费共计4 098.90元（外购水费分配表如表2-54所示），其中水费3 692元，增值税额332.28元；

（5）开出转账支票，支付本月电费共计23 018.10元（外购电费分配表如表2-55所示），其中电费20 370元，增值税额2 648.10元；

（6）计提本月固定资产折旧费用（见表2-56）；

（7）根据职工薪酬结算汇总表计算本月应付职工薪酬（见表2-57）；

（8）本月耗用材料如表2-58所示；

（9）锦纶纤维和锦纶弹力丝的生产工时分别为4 250小时和2 570小时。

表 2-54 外购水费分配表

20××年1月

部 门	用水数量（吨）	分配金额（元） （分配率：2.6元/吨）
基本生产车间	1 320	3 432
管理部门	100	260
合 计	1 420	3 692

表 2-55 外购电费分配表

20××年1月

部 门	用电数量（度）	分配金额（元） （分配率：3元/度）
基本生产车间	6 190	18 570
管理部门	600	1 800
合 计	6 790	20 370

表 2-56 固定资产折旧费用计提表

20××年1月 单位：元

项 目	固定资产原值	月折旧率	折旧费用
基本生产车间	600 000	1%	6 000
管理部门	50 000	0.6%	300
合 计	650 000		6 300

表 2-57 职工薪酬费用分配表

20××年1月 单位：元

项 目	基本生产车间	辅助生产车间	管理部门	合 计
生产成本	61 270	7 500		68 770
制造费用	10 000			10 000
管理费用			12 013	12 013
合 计	71 270	7 500	12 013	90 783

表 2-58 材料耗用表

数量单位：吨

20××年1月 金额单位：元

项 目	无光切粒			油 剂			辅 料			合 计
	数量	单价（元/吨）	金额	数量	单价（元/吨）	金额	数量	单价（元/吨）	金额	
锦纶纤维耗用	110	1 200	132 000	80	1 000	80 000				212 000
锦纶弹力丝耗用	80	1 200	96 000	30	1 000	30 000				126 000
生产车间耗用							17	1 000	17 000	17 000
合 计	190		228 000	110		110 000	17		17 000	355 000

要求：

（1）根据上述经济业务编制记账凭证；

（2）登记基本生产车间制造费用明细账（见表 2-59）；

（3）编制制造费用分配表（见表2-60），分配率保留四位小数，尾差计入锦纶弹力丝中；

（4）编制分配结转制造费用的记账凭证，并登记制造费用明细账。

表2-59 **制造费用明细账**

生产车间：

20××年		摘要	合计	费用项目							
月	日			机物料消耗	职工薪酬	折旧费	办公费	水电费	运输费	差旅费	其他费用

表2-60 **制造费用分配表**

20××年1月

产品名称	生产工时（小时）	分配率（元/小时）	分配金额（元）
锦纶纤维			
锦纶弹力丝			
合 计			

归集和分配生产损失

生产损失是指企业在生产过程中不能正常生产产品所发生的耗费，包括产品生产过程中发生的正常损耗和边角废料、不符合产品质量标准的废品损失、各种原因造成的停工损失等。生产过程中发生的正常损耗和边角废料，在产品成本计算中一并考虑。这里所讲的生产损失主要是指废品损失和停工损失。

废品是指不符合规定的技术标准，不能按原定用途进行使用，或需要加工修理后才能正常使用的产品，包括在生产过程中发现的不合格的在产品、入库时发现的不合格的半成品或完工产品，但不包括可以降价销售的次品或等外品、合格品入库后因保管不善发生损坏变质的产品和在产品销售时发现的废品。

废品按照是否可以修复分为可修复废品与不可修复废品两类。可修复废品是指经过加工修理后可以按原定用途进行使用，而且在经济上是合算的废品；不可修复废品是指在技术上无法修复，或修复成本过大，在经济上不合算而放弃修复的废品。

废品损失是指在产品生产过程中因出现废品而发生的无价值的耗费。对可修复废品而言，废品损失是追加的修复成本扣除收回的废品残值及责任人赔款后的差额；对不可修复废品而言，废品损失是废品成本扣除收回的废品残值及责任人赔款后的差额。

发生的废品损失，原则上由本期完工产品负担，月末在产品通常不负担废品损失。企业对废品损失的具体处理方法有两种：废品损失不大的企业，可在“制造费用”账户中核算。废品损失数额较大的企业，为加强废品损失管理，可以增设“废品损失”账户，单独核算废品损失。“废品损失”账户的借方登记不可修复废品的生产成本和可修复废品的修复成本，贷方登记废品残料收回价值、责任人赔款及分配转出的废品损失，分配后该账户无余额。“废品损失”账户按生产车间分户设置明细账，进行明细分类核算。

停工损失是指企业发生非季节性停工所造成的损失。造成停工的主要原因是停电、待料、机器故障或大修、灾害或事故、计划减产等。停工损失由停工期间消耗的燃料及动力、工资及福利费和制造费用等构成，由过失方或保险公司支付的赔偿款冲减。为了简化核算工作，停工不足一个工作日，通常不计算停工损失。

企业发生停工时，由生产车间将停工范围、起止时间、停工原因、过失方等情况在停工单中加以记录，送财会部门审核后，作为计算停工损失的原始依据。为了单独核算停工损失，可以专设“停工损失”账户，并在产品成本计算单中增设“停工损失”成本项目。“停工损失”账户的借方归集本月发生的停工损失，贷方登记分配结转的停工损失，分配后该账户一般无余额。“停工损失”账户按生产车间分户进行明细分类核算。

不同原因产生的停工损失，采用不同的分配结转方法。由过失方或保险公司赔偿的停工损失，转作“其他应收款”；属于非常损失引起的停工损失，列为“营业外支出”；由其他原因引起的停工损失，计入产品成本。

任务1 归集和分配不可修复废品损失

废品成本是指生产过程中截至产品报废时所耗费的一切费用，扣除废品的残值和应收赔款后的净损失。由于不可修复废品的成本与合格产品的成本是同时发生、归集在一起的，因此需要采取一定的方法予以确定，将废品应负担的生产费用从全部生产费用中分离出来。具体有两种方法：按废品实际成本计算废品损失和按废品定额成本计算废品损失。

任务1.1 按废品实际成本计算废品损失

※ 工作任务 ※

20××年4月，清河公司基本生产车间生产甲产品1 000件，生产过程中发现有不可修复废品20件。本月生产甲产品的生产费用为：材料费用200 000元，人工费用49 500元，制造费用29 700元，合计279 200元。废品残料1 000元入库。分配材料费用时，废品按完工产品计算；分配其他生产费用时，废品折合为约当产量10件。请确定废品损失，并进行会计处理。

※ 知识准备 ※

按废品实际成本计算废品损失是指将在废品报废时根据废品和合格品发生的全部实际费用，按一定的分配方法在合格品与废品之间进行分配，计算出废品的实际成本，从“生产成本——基本生产成本”账户贷方转入“废品损失”账户借方。废品应分配的材料费用的计算公式如下：

$$废品应分配的材料费用=\frac{某产品的全部材料费用}{合格品产量+废品约当产量}\times 废品约当产量$$

【提示】上述公式中，用人工费用、制造费用替换材料费用后，可以计算废品应分配的人工费用与制造费用，从而确定不可修复废品的生产成本。公式中涉及的“约当产量”的计算方法，见第二单元项目五的相关阐述。值得注意的是，如果月末存在未完工产品，则上述公式的分母中还应包括月末在产品的约当产量。

※ 工作过程 ※

一、计算废品损失

不可修复废品损失的计算过程如下：

(1) 计算废品应分配的材料费用：

材料费用分配率＝200 000÷1 000＝200（元/件）

废品应分配的材料费用＝20×200＝4 000（元）

（2）计算废品应分配的人工费用：

人工费用分配率＝49 500÷(980＋10)＝50（元/件）

废品应分配的人工费用＝10×50＝500（元）

（3）计算废品应分配的制造费用：

制造费用分配率＝29 700÷(980＋10)＝30（元/件）

废品应分配的制造费用＝10×30＝300（元）

（4）计算废品实际成本：

废品实际成本＝4 000＋500＋300＝4 800（元）

（5）计算不可修复废品损失：

不可修复废品损失＝4 800－1 000＝3 800（元）

在实际工作中，通常是通过编制不可修复废品损失计算表来计算废品损失的。清河公司根据资料编制的不可修复废品损失计算表如表 2－61 所示。

表 2－61　　不可修复废品损失计算表

生产车间：基本生产车间

产品名称：甲产品　　20××年 4 月 30 日　　金额单位：元

项　目	产量（件）	直接材料	约当产量（件）	直接人工	制造费用	成本合计
生产费用	1 000	200 000	990	49 500	29 700	279 200
分配率(元/件)		200		50	30	
废品成本	20	4 000	10	500	300	4 800
残料收回		1 000				1 000
废品损失		3 000		500	300	3 800

二、编制记账凭证

根据不可修复废品损失计算表编制记账凭证，会计分录如下：

（1）结转废品实际成本：

借：废品损失——甲产品　　4 800

　贷：生产成本——基本生产成本——甲产品（直接材料）　　4 000

　　　　　　　　　　　　　——甲产品（直接人工）　　500

　　　　　　　　　　　　　——甲产品（制造费用）　　300

（2）废品残料入库：

借：原材料　　1 000

　贷：废品损失——甲产品　　1 000

（3）结转废品损失：

借：生产成本——基本生产成本——甲产品（废品损失）　　3 800

　贷：废品损失——甲产品　　3 800

三、登记基本生产成本明细账

根据资料及记账凭证登记基本生产成本明细账，“生产成本——基本生产成本——甲产品”账户如表 2－62 所示。

表 2-62　　基本生产成本明细账

总第×页

填制单位：甲产品　　字第×页

20××年		凭证		摘　要	产量（件）	成本项目				合　计（元）
月	日	字	号			直接材料（元）	直接人工（元）	制造费用（元）	废品损失（元）	
4	30		略	材料费用	1 000	200 000				200 000
				人工费用			49 500			49 500
				制造费用				29 700		29 700
				结转废品成本		4 000	500	300		4 800
				结转废品损失					3 800	3 800
				生产费用合计	9 800	196 000	49 000	29 400	3 800	278 200

任务 1.2　按废品定额成本计算废品损失

※ 工作任务 ※

清河公司加工车间生产乙产品，本月在生产过程中发现不可修复废品 10 件，原材料在生产开始时一次性投入，单件原材料费用定额为 220 元，已完成的定额工时共计 150 小时，每小时的费用定额为直接人工费 5 元、制造费用 6.2 元。回收废品残料价值为 340 元，已交原材料仓库验收。请按废品定额成本计算废品损失。

※ 知识准备 ※

按废品定额成本计算废品损失是指根据各项费用定额和不可修复废品的数量计算废品定额成本，再将废品的定额成本扣除废品残料回收价值及责任人赔偿款后确定废品损失，而不考虑废品实际发生的费用。

※ 工作过程 ※

一、计算废品损失

不可修复废品损失的计算过程如下：

废品应分配的材料费用＝220×10＝2 200（元）

废品应分配的人工费用＝150×5＝750（元）

废品应分配的制造费用＝150×6.2＝930（元）

废品定额成本＝2 200＋750＋930＝3 880（元）

不可修复废品损失＝3 880－340＝3 540（元）

二、编制废品损失计算表

清河公司编制的不可修复废品损失计算表如表 2-63 所示。

表 2-63　　不可修复废品损失计算表

车间名称：加工车间　　　　　　　　　　　　　　　　　　废品数量：10 件
产品名称：乙产品　　　　　　20××年 4 月 30 日　　　　　　金额单位：元

项　目	直接材料	定额工时（小时）	直接人工	制造费用	合 计
费用定额	220	150	5	6.2	
废品定额成本	2 200		750	930	3 880
减：残料价值	340				340
废品损失	1 860		750	930	3 540

三、编制记账凭证

清河公司根据不可修复废品损失计算表编制记账凭证，会计分录如下：

（1）结转废品实际成本：

借：废品损失——乙产品　　3 880
　贷：生产成本——基本生产成本——乙产品（直接材料）　　2 200
　　　　　　　　　　　　　——乙产品（直接人工）　　750
　　　　　　　　　　　　　——乙产品（制造费用）　　930

（2）结转废品残料价值：

借：原材料　　340
　贷：废品损失——乙产品　　340

（3）结转废品损失：

借：生产成本——基本生产成本——乙产品（废品损失）　　3 540
　贷：废品损失——乙产品　　3 540

任务 2　归集和分配可修复废品损失

※ 工作任务 ※

清河公司第二车间在生产丙产品时发现可修复废品 3 件，当即进行修复。耗用材料费用 210 元，人工费用 100 元，应分配制造费用 128 元，应向过失人索赔 75 元。请计算可修复废品损失，并进行会计处理。

※ 知识准备 ※

可修复废品损失是指对废品进行修复所支付的修复费用。经修复后，其产品成本由原生产成本和修复费用构成。如果有废品收回残值或赔偿收入，冲减可修复废品损失。可修复废品损失在进行废品修复时归集，其计算公式是：

$$\text{可修复废品损失}=\text{修复废品材料费用}+\text{修复废品人工费用}+\text{修复废品制造费用}-\text{收回的残值及赔偿收入}$$

可修复废品返修以前发生的生产费用，在“生产成本——基本生产成本”账户及有关的成本明细账中不必转出；返修时发生的修复费用，应根据直接材料、直接人工、辅助生产成本和制造费用等分配表记入“废品损失”账户借方，如有残值和应收赔款，根据废料交库凭证及其他有关结算凭证，从“废品损失”账户贷方转入“原材料”“其他应收款”等账户借方。将废品净损失（修复费用减去残值和赔款）从“废品损失”账户贷方转入“生产成本——基本生产成本”账户借方及其有关成本明细账的“废品损失”成本项目。

不单独核算废品损失的企业，不设“废品损失”账户和“废品损失”成本项目，在回收废品残料时，记入“原材料”账户借方和“生产成本——基本生产成本”账户贷方，并从所属有关产品成本明细账的“原材料”成本项目中扣除残料价值。

※ 工作过程 ※

一、计算废品损失

可修复废品损失的计算过程如下：

修复费用＝210＋100＋128＝438（元）

可修复废品损失＝438－75＝363（元）

二、编制记账凭证

编制记账凭证，会计分录如下：

（1）发生修复费用：

借：废品损失——丙产品　　438

　贷：原材料　　210

　　应付职工薪酬　　100

　　制造费用　　128

（2）过失人赔偿：

借：其他应收款　　75

　贷：废品损失——丙产品　　75

（3）结转废品损失：

借：生产成本——基本生产成本——丙产品（废品损失）　　363

　贷：废品损失——丙产品　　363

任务3　归集和分配停工损失

※ 工作任务 ※

清河公司第一车间4月由于设备大修停工6天，停工期间应支付工人工资6 000元，应负担制造费用1 000元。第三车间由于外部供电线路原因停工2天，停工期间应支付工人工资4 000元，应负担制造费用600元。根据以上资料，请计算并分配该企业停工损失。

※ 知识准备 ※

停工损失是指生产车间或车间内某个班组在停工期间发生的各项费用，包括停工期间支付的职工薪酬、耗费的燃料及动力费用，以及应负担的制造费用等。

单独核算停工损失的企业，应增设“停工损失”账户和“停工损失”成本项目，根据停工报告单和各种费用分配表、分配汇总表等有关凭证，将停工期间发生的应列作停工损失的费用记入“停工损失”账户借方进行归集，贷记“原材料”“应付职工薪酬 ”“制造费用”等账户。“停工损失”账户贷方登记应由过失单位及过失人员或保险公司支付的赔款。属于自然灾害的损失以及本月产品成本的损失，分别借记“其他应收款”“营业外支出”“生产成本——基本生产成本”账户，贷记“停工损失”账户。“停工损失”账户月末无余额。

不单独核算停工损失的企业，不设“停工损失”账户和“停工损失”成本项目。停工期间发生的属于停工损失的各项费用，分别记入“制造费用”和“营业外支出”等账户。

※ 工作过程 ※

一、计算确认停工损失

根据资料计算停工损失，编制记账凭证，会计分录如下：

借：停工损失——第一车间　　7 000
　　　　　　——第三车间　　4 600
　贷：应付职工薪酬　　10 000
　　　制造费用——第一车间　　1 000
　　　　　　　——第三车间　　600

根据记账凭证记入停工损失明细账。

二、分配停工损失

第一车间设备大修为正常停工，停工损失 7 000 元，应计入生产成本；第三车间停工为非正常停工，应计入营业外支出。假设供电局同意赔偿停工给企业造成的损失 3 000 元。根据以上资料，编制会计分录如下：

借：生产成本——基本生产成本——第一车间（停工损失）　　7 000
　　其他应收款　　3 000
　　营业外支出　　1 600
　贷：停工损失——第一车间　　7 000
　　　　　　　——第三车间　　4 600

根据记账凭证记入基本生产成本明细账和相关账户。

项目小结

生产损失是指企业在生产过程中发生的不能形成正常产出的各种耗费，主要包括废品损失和停工损失两大部分。废品损失是指产品生产过程中造成的产品质量不符合规定的技术标准而发生的报废损失和修复费用。废品损失可分为不可修复废品损失和可修复废品损失。不可修复废品损失是指废品的生产成本，如果有残值收入要将其扣除；可修复废品损失是指将废品修复成合格品而发生的修复费用。停工损失是指因机器故障及季节性、修理期间等的停工而发生的耗费。废品损失和停工损失的归集是通过专设“废品损失”和“停工损失”两个账户进行的，月末根据不同原因将其净额转入“生产成本——基本生产成本”“其他应收款”或“营业外支出”账户。

项目训练

一、单项选择题

1. 生产过程中或入库后发现的各种产品的废品损失应包括（　　）。

A. 不可修复废品报废损失　　B. 废品过失人员赔偿款

C. 实行“三包”损失　　D. 产品保管不善导致的损坏变质损失

2. 生产过程中或入库后发现的各种废品损失不包括(　　)。

A. 修复废品人员工资　　B. 修复废品领用材料

C. 不可修复废品报废损失　　D. 实行“三包”损失

3. 不可修复废品成本应按废品(　　)计算。

A. 计划成本　　B. 制造费用

C. 所耗定额费用　　D. 先进先出

二、多项选择题

1. 废品损失应包括(　　)。

A. 不可修复废品报废损失　　B. 可修复废品修复费用

C. 不合格品降价损失　　D. 产品保管不善导致的损坏变质损失

2. 不可修复废品的成本可以按(　　)计算。

A. 废品所耗实际费用　　B. 废品所耗定额费用

C. 废品售价　　D. 废品残值

3. 可修复废品的修复费用应包括(　　)。

A. 修复废品的材料费用　　B. 修复废品的工资费用

C. 修复废品的动力费用　　D. 修复废品的销售费用

4. 计算不可修复废品的净损失应包括(　　)。

A. 不可修复废品的成本　　B. 废品的残值

C. 废品的应收赔款　　D. 废品的材料费用

5.“废品损失”账户借方应反映（　　）。

A. 可修复废品成本　　　　　　B. 不可修复废品成本

C. 可修复废品工资费用　　　　D. 可修复废品动力费用

三、判断题

1. 可修复废品是指经过修复可以使用，而且在经济上合算的废品。（　　）

2. 废品损失是指废品的报废损失，即不可修复废品的生产成本扣除回收材料、废料价值后的净损失。（　　）

3. 在不单独核算废品损失的情况下，合格品的各个成本项目中均可能包括废品损失。（　　）

4. 发生废品损失以后，可能会降低产品总成本。（　　）

四、案例分析题

某企业第一车间生产乙产品，4 月投产 400 件，完工验收入库发现废品 12 件；合格品生产工时 5 820 小时，废品生产工时 180 小时。乙产品基本生产成本明细账所记合格品和废品的全部生产费用为：材料费用 16 000 元，燃料及动力费用 7 800 元，工资和福利费用 9 000 元，制造费用 4 200 元。原材料在生产开始时一次性投入，废品残料入库作价 100 元。

要求：

根据以上资料编制不可修复废品损失计算表（见表 2-64），并编制有关废品损失的会计分录（“生产成本”“废品损失”科目列示明细科目）。

表 2-64　　　　**不可修复废品损失计算表**

生产车间：

产品名称：　　　　　　年　　月　　日　　　　　　金额单位：元

项 目	产 量（件）	直接材料	生产工时（小时）	燃料及动力	直接人工	制造费用	成本合计
生产费用							
分配率							
废品成本							
残料收回							
废品损失							

计算完工产品与月末在产品成本

简单地说，在产品是指没有完成全部生产过程的产品，包括广义在产品与狭义在产品。广义在产品是指从投产开始至尚未制成最终产品入库的产品，包括正在加工过程中的在制品、正在返修过程中的废品、已完成一个或几个生产步骤还需继续加工的半成品、已完工但尚未入库的完工产品、等待返修的可修复废品等。狭义在产品仅指在某车间或某生产步骤正在加工中的那部分在产品和尚未验收入半成品库的半成品。本项目所讲的在产品是指狭义在产品。

任务1　确定月末在产品数量

※ 工作任务 ※

20××年6月，清河公司一车间在产品甲产品的账存记录为70件，乙产品的账存记录为150件，月末对一车间的在产品进行盘点清查（甲产品定额成本中的材料成本为350元，原材料的增值税税率为13%），清查结果如表2-65所示。

表2-65　　在产品盘存报告表

填制单位：一车间　　20××年6月30日

产品名称	账存数量（件）	盘存数量（件）	溢缺数量（件）		定额成本（元/件）	溢缺金额（元）	
			盘盈	盘亏		盘盈	盘亏
甲产品	70	60		10	20		200
乙产品	150	155	5		23	115	
车间意见	收发差错，请领导批示	公司意见	盘亏部分由保管人员王华赔偿100元，其他核销		溢缺原因	收发差错	

※ 知识准备 ※

要确定月末在产品成本，必须先确定月末在产品数量。在产品数量的核算是进行在产品成本计算的基础。在产品数量的核算同其他物资数量的核算一样，应同时具备账面核算资料和实际盘点资料。企业既要做好在产品收发结存的日常核算工作，又要做好在产品的盘点清查工作。企业计算在产品成本时，应当根据在产品实际盘存数量确定月末在产品结存数量，但对于在产品品种多、数量大、每月组织在产品实地盘点确有困难的企业，难以对在产品进行盘点的企业以及可实施盘点但成本费用过高的企业，从重要性原则出发，可以直接根据在产品账面核算资料中所登记的结存数来计算在产品成本。

在实际工作中，车间对在产品收发结存的日常核算，通常通过“在产品收发结存账”来进行。这种账又称为“在产品台账”，应分别以车间或生产步骤、生产工序、产品品种和在产品名称予以设立，反映车间各种在产品的收入、发出和结存情况。在产品收发结存账的基本格式如表 2－66 所示。

表 2－66 **在产品收发结存账**

车间名称：一车间

产品名称：甲产品 零件编号：002 单位：件

20××年		摘要	收入		发出			结存		备注
月	日		凭证号	数量	凭证号	合格品	废品	已完工	未完工	
6	1	结存							100	
	5	收入		200					300	
	20	发出				210	5	15	70	
	30	结存		200		210	5	15	70	

为了加强在产品数量的核算，保证在产品的安全，企业应定期对在产品进行清查，特别是在年度决算时，应当进行一次彻底全面的清查。在产品清查采用实地盘点法，清查后应根据盘点结果和账面资料，编制在产品盘存报告表，列明在产品的账面数与实存数、盘盈与盘亏数，以及盈亏原因及处理意见等；对于报废和毁损的在产品，还要登记其残值。企业的成本会计人员应对在产品盘存报告表进行认真审核，按照企业内部财务会计制度规定的审批程序报有关部门审批，并及时做出账务处理。

对于在产品的盘盈、盘亏和毁损，企业应通过“待处理财产损溢”账户进行处理。盘亏、毁损和报废的在产品价值登记在其借方，盘盈的在产品价值登记在其贷方，盘盈、盘亏、毁损及报废的在产品经批准转销后，账户应无余额。

在产品发生盘盈时，应借记“生产成本——基本生产成本”账户，贷记“待处理财产损溢”账户；批准转销时，应借记“待处理财产损溢”账户，贷记“制造费用”账户。在产品发生盘亏和毁损时，应借记“待处理财产损溢”账户，贷记“生产成本——基本生产成本”账户；毁损的在产品的残值，应借记“原材料”“银行存款”等账户，贷记“待处理财产损溢”账户。批准转销时，应区别不同的情况从“待处理财产损溢”账户贷方转入有关账户借方：应计入产品成本的损失，借记“制造费用”账户；自然灾害造成的非常损失，收到保险公司赔偿的部分，借记“银行存款”账户，赔偿不足的部分借记“营业外支出”账户；应由过失人或过失单位赔偿的部分，借记“其他应收款”账户。为了正确地归集和分配制造费用，在产品盘盈、盘亏等的账务处理，应在制造费用结算之前进行。

※ 工作过程 ※

批准前：

(1) 盘盈的处理：

借：生产成本——基本生产成本——乙产品 115

　贷：待处理财产损溢 115

(2) 盘亏的处理：

借：待处理财产损溢 206.5

　贷：生产成本——基本生产成本——甲产品 200

应交税费——应交增值税——进项税额转出　6.5

提示：

甲产品定额单位成本中材料单位成本＝350÷70＝5（元/件）

增值税进项税额转出＝10×5×13%＝6.5（元）

批准后：

（1）盘盈的处理：

借：待处理财产损溢　115

　贷：制造费用　115

（2）盘亏的处理：

借：其他应收款——王华　100

　　制造费用　106.5

　贷：待处理财产损溢　206.5

任务2　选择完工产品与月末在产品成本的分配方法

生产费用在完工产品与月末在产品之间的分配，在成本计算工作中是一个重要且比较复杂的问题。企业应当根据在产品数量的多少、各月在产品数量变化的大小、各项费用所占比重的大小，以及定额管理基础的好坏等具体条件，选择既合理又简便的分配方法。在实际工作中，完工产品与月末在产品成本的分配方法如表2－67所示。

表2－67　完工产品与月末在产品成本的分配方法

适用条件／分配方法	在产品数量的多少	在产品数量变化的大小	各项费用所占比重的大小	定额管理基础的好坏
不计算在产品成本法	很小			
在产品按固定成本计价法	较小或较大，但各月之间变动不大	变动不大		
在产品按所耗原材料费用计价法	较大	较大	直接材料费用所占比重大	
在产品按完工产品成本计算法	月末在产品已经接近完工，或者加工完毕，但尚未验收或包装入库			
约当产量法	较大	较大		
在产品按定额成本计价法	较小	变动不大	各项费用所占比重差不多	定额准确、稳定
定额比例法	较大	变动较大		定额准确、稳定

任务2.1　以不计算在产品成本法确定产品成本

※ 工作任务 ※

清河公司生产A产品，20××年6月共发生生产费用29 074元，其中直接材料费用19 036元，直接人工费用6 780元，制造费用3 258元。本月企业完工产品100千克，月末在产品数量很小。请以不计算在产品成本法确定产品成本。

※ 知识准备 ※

不计算在产品成本法，简称不计成本法，是指月末在产品不计算成本，当月归集的生产费用全部由当月完工产品负担的方法。有些行业（如采矿业、食品业等）企业生产的产品，月末虽然有在产品，但在产品数量很少，是否计算在产品成本对于完工产品成本的影响很小，此时，为了简化产品成本计算工作，可以不计算在产品成本。因此，当月归集的生产费用全部由当月完工产品负担，即每月发生的生产费用就是当月完工产品成本。

※ 工作过程 ※

以不计算在产品成本法确定产品成本的步骤如图 2－7 所示：

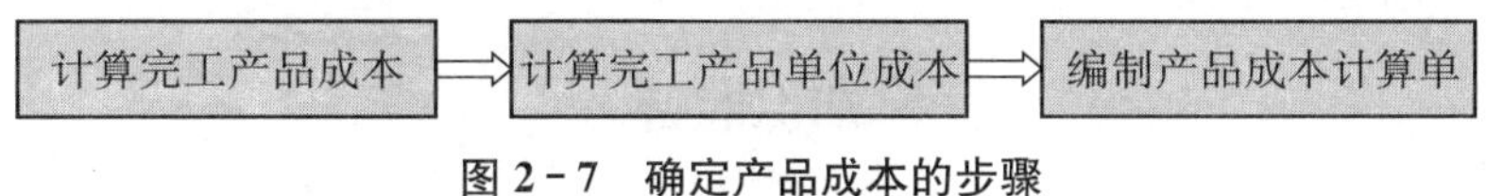

图 2－7　确定产品成本的步骤

一、计算完工产品成本

因为当月完工产品的直接材料费用为 19 036 元，直接人工费用为 6 780 元，制造费用为 3 258 元，所以：

当月完工产品成本＝19 036＋6 780＋3 258＝29 074（元）

二、计算完工产品单位成本

当月完工产品单位成本＝29 074÷100＝290.74（元/千克）

其中：

直接材料单位成本＝19 036÷100＝190.36（元/千克）

直接人工单位成本＝6 780÷100＝67.80（元/千克）

制造费用单位成本＝3 258÷100＝32.58（元/千克）

三、编制产品成本计算单

清河公司编制的产品成本计算单如表 2－68 所示。

表 2－68　产品成本计算单

产品名称：A 产品　　20××年 6 月　　金额单位：元

项　目	直接材料	直接人工	制造费用	合　计
本月生产费用	19 036	6 780	3 258	29 074
本月生产费用合计	19 036	6 780	3 258	29 074
完工产品成本	19 036	6 780	3 258	29 074
完工产品单位成本（元/千克）	190.36	67.80	32.58	290.74

任务2.2 以在产品按固定成本计价法确定产品成本

※ 工作任务 ※

清河公司一车间主要生产B产品，其生产较为稳定，各月末在产品数量稳定，变动不大，故采用在产品按固定成本计价法计算B产品成本。经测定，20××年各月末在产品总固定成本为9 800元，其中直接材料费用5 000元，直接人工费用3 200元，制造费用1 600元。6月初在产品为90件，当月投产800件，完工805件；当月发生生产费用144 900元，其中直接材料费用84 525元，直接人工费用40 250元，制造费用20 125元。请以在产品按固定产品计价法确定产品成本。

※ 知识准备 ※

有些行业（如钢铁业、化工业等）企业生产的产品，各月末在产品的数量较少，或者月末在产品的数量虽多但各月末在产品数量比较稳定，此时可以采用在产品按固定成本计价法，即各月末在产品成本按某一个固定数计算。如果各月末在产品数量较少，则月初、月末在产品成本就较小，两者的实际成本差额也较小，对于完工产品成本的计算没有太大的影响；如果月末在产品数量较多但各月数量稳定，则月初、月末在产品成本也相差不大，对于完工产品成本的计算的影响同样不大。因此，为了简化产品成本计算工作，在这两种情况下，各月在产品成本可以按某个固定数计算。采用这种方法时，由于月初、月末在产品成本一样，因此当月发生的生产费用就是该月完工产品成本。

一般情况下，为了避免在产品成本与实际成本相差过大，企业应当在每年年终时，对在产品进行实地盘点，根据盘点的在产品数量情况，重新计算确定本年末在产品成本和下一年度各月在产品成本。

※ 工作过程 ※

以在产品按固定成本计价法确定产品成本的步骤如图2-8所示：

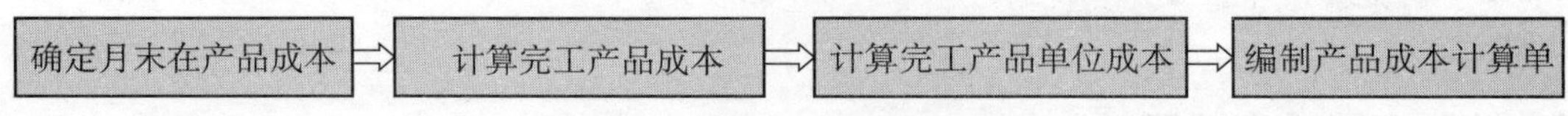

图2-8 确定产品成本的步骤

一、确定月末在产品成本

因为当月在产品的直接材料费用为5 000元，直接人工费用为3 200元，制造费用为1 600元，所以：

当月末在产品成本＝5 000＋3 200＋1 600＝9 800（元）

二、计算完工产品成本

因为当月完工产品的直接材料费用为84 525元，直接人工费用为40 250元，制造费用为 20 125 元，所以：

当月末完工产品成本＝84 525＋40 250＋20 125＝144 900（元）

三、计算完工产品单位成本

当月完工产品单位成本＝144 900÷805＝180（元/件）

其中：

直接材料单位成本＝84 525÷805＝105（元/件）

直接人工单位成本＝40 250÷805＝50（元/件）

制造费用单位成本＝20 125÷805＝25（元/件）

四、编制产品成本计算单

清河公司编制的产品成本计算单如表 2－69 所示。

表 2－69　　**产品成本计算单**

产品名称：B产品　　20××年 6 月　　金额单位：元

项　目	直接材料	直接人工	制造费用	合　计
月初在产品成本	5 000	3 200	1 600	9 800
本月生产费用	84 525	40 250	20 125	144 900
本月生产费用合计	89 525	43 450	21 725	154 700
完工产品成本	84 525	40 250	20 125	144 900
完工产品单位成本（元/件）	105	50	25	180
月末在产品成本	5 000	3 200	1 600	9 800

任务 2.3　以在产品按所耗原材料费用计价法确定产品成本

※ 工作任务 ※

清河公司二车间只生产 C 产品，此产品成本结构中原材料费用占总成本费用的 70%～80%。20××年 6 月初在产品成本为 5 150 元，当月发生生产费用 68 000 元，其中直接材料费用 54 000 元，直接人工费用 9 000 元，制造费用 5 000 元。原材料于生产开始时一次性投入。月初在产品为 100 件，当月投入 1 200 件，完工 1 000 件。请以在产品按所耗原材料费用计价法确定产品成本。

※ 知识准备 ※

在产品按所耗原材料费用计价法，简称只计材料法，是指在确定月末在产品成本时，只计算在产品所消耗的材料费用，人工费用与制造费用全部由当期完工产品负担的方法。有些行业（如酿酒业、造纸业、纺织业等）企业生产的产品，产品成本结构中材料费用在成本费用总额中所占比重较大，虽然各月末在产品数量较多，各月末在产品数量变化也较大，但由于人工费用和制造费用在成本费用总额中所占比重较小，月初、月末在产品的加工费用相差也较小，对于完工产品成本计算的影响不大，因此，月末在产品可以只计算材料费用，人工费用和制造费用全部由完工产品负担。具体的计算公式如下：

$$产品单位材料成本=\frac{该产品所耗材料费用总额}{该产品完工数量+月末在产品数量}$$

月末在产品成本=月末在产品数量×产品单位材料成本

当月完工产品成本=月初在产品成本+当月生产费用－月末在产品成本

采用这种方法，当月完工产品成本等于月初在产品成本（材料成本）加上当月发生的全部生产费用，再减去月末在产品成本（材料成本）。

※ 工作过程 ※

以在产品按所耗原材料费用计价法确定产品成本的步骤如图 2-9 所示：

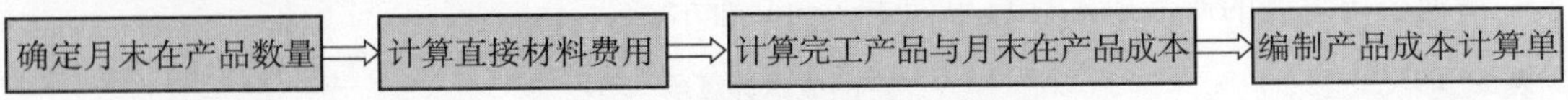

确定月末在产品数量 ⇒ 计算直接材料费用 ⇒ 计算完工产品与月末在产品成本 ⇒ 编制产品成本计算单

图 2-9　确定产品成本的步骤

一、确定月末在产品数量

月初在产品数量为 100 件，当月投入 1 200 件，完工 1 000 件，则：

月末在产品数量=100+1 200－1 000=300（件）

二、计算直接材料费用

清河公司采用在产品按原材料费用计价法确定产品成本，故 6 月初在产品成本 5 150 元为月初在产品所包含的原材料费用。所以：

当月直接材料费用=5 150+54 000=59 150（元）

三、计算完工产品与月末在产品成本

原材料于生产开始时一次性投入，故直接材料费用合计数 59 150 元应按当月完工产品数量与月末在产品数量的比例进行分配。

材料费用分配率=59 150÷(1 000+300) =45.50（元/件）

当月完工产品应分配的材料费用=45.50×1 000=45 500（元）

月末在产品应分配的材料费用=45.50×300=13 650（元）

[=59 150－45 500=13 650（元）]

当月发生直接人工费用 9 000 元、制造费用 5 000 元全部由当月完工产品负担，则：

当月完工产品成本=45 500+9 000+5 000=59 500（元）

当月完工产品单位成本=59 500÷1 000=59.50（元/件）

其中：

直接材料单位成本＝45 500 ÷1 000＝45.50（元/件）

直接人工单位成本＝9 000÷1 000＝9（元/件）

制造费用单位成本＝5 000÷1 000＝5（元/件）

四、编制产品成本计算单

清河公司编制的产品成本计算单如表 2－70 所示。

表 2－70　　**产品成本计算单**

产品名称：C 产品　　20××年 6 月　　金额单位：元

项　目	直接材料	直接人工	制造费用	合　计
月初在产品成本	5 150			5 150
本月生产费用	54 000	9 000	5 000	68 000
本月生产费用合计	59 150	9 000	5 000	73 150
材料费用分配率（元/件）	45.50			
完工产品成本	45 500	9 000	5 000	59 500
完工产品单位成本	45.50	9	5	59.50
月末在产品成本	13 650			13 650

任务 2.4　以在产品按完工产品成本计算法确定产品成本

※ 工作任务 ※

清河公司三车间生产 D 产品，20××年 6 月完工 400 件，月末有在产品 200 件，已经完工但尚未验收入库，在产品按完工产品成本计算法确定成本。有关成本资料为：本月月初在产品直接材料费用 3 000 元，直接人工费用 1 000 元，制造费用 1 500 元；本月发生生产费用 89 000 元，其中直接材料费用 48 000 元，直接人工费用 14 000 元，制造费用 27 000 元。请以在产品按完工产品成本计算法确定产品成本。

※ 知识准备 ※

在产品按完工产品成本计算法，简称完工产品法，是指月末在产品视同完工产品参与生产费用的分配，其特点是一件在产品与一件完工产品负担相同的生产费用。企业月末在产品已接近完工，或者已加工完成，但尚未包装或尚未验收入库，在这种情况下，为了简化成本计算工作，可将月末在产品视同完工产品，根据月末在产品数量与当月完工产品数量的比例来分配生产费用，以确定当月完工产品与月末在产品成本。

※ 工作过程 ※

以在产品按完工产品成本计算法确定产品成本的步骤如图 2－10 所示：

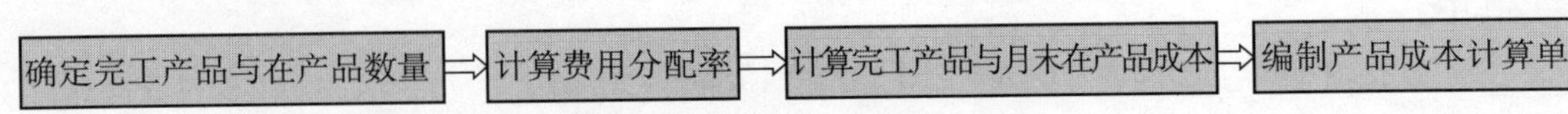

图 2-10 确定产品成本的步骤

一、确定完工产品与在产品数量

当月完工产品与在产品数量＝400＋200＝600（件）

二、计算费用分配率

(1) 计算当月生产费用合计：

当月生产费用＝5 500＋89 000＝94 500（元）

其中：

直接材料费用＝3 000＋48 000＝51 000（元）

直接人工费用＝1 000＋14 000＝15 000（元）

制造费用＝1 500＋27 000＝28 500（元）

(2) 计算当月各项费用分配率：

材料费用分配率＝51 000÷600＝85（元/件）

人工费用分配率＝15 000÷600＝25（元/件）

制造费用分配率＝28 500÷600＝47.50（元/件）

三、计算完工产品与月末在产品成本

(1) 计算当月完工产品成本：

当月完工产品应分配的直接材料费用＝85×400＝34 000（元）

当月完工产品应分配的直接人工费用＝25×400＝10 000（元）

当月完工产品应分配的制造费用＝47.50×400＝19 000（元）

当月完工产品成本＝34 000＋10 000＋19 000＝63 000（元）

(2) 计算月末在产品成本：

月末在产品应分配的直接材料费用＝85×200＝17 000（元）

月末在产品应分配的直接人工费用＝25×200＝5 000（元）

月末在产品应分配的制造费用＝47.50×200＝9 500（元）

月末在产品成本＝17 000＋5 000＋9 500＝31 500（元）

四、编制产品成本计算单

清河公司编制的产品成本计算单如表 2-71 所示。

表 2-71　　**产品成本计算单**

产品：D产品　　20××年6月　　金额单位：元

项　目	直接材料	直接人工	制造费用	合　计
月初在产品成本	3 000	1 000	1 500	5 500
本月生产费用	48 000	14 000	27 000	89 000
生产费用合计	51 000	15 000	28 500	94 500
完工产品数量（件）	400	400	400	400
月末在产品数量（件）	200	200	200	200
数量合计（件）	600	600	600	600
费用分配率（元/件）	85	25	47.50	157.50
完工产品成本	34 000	10 000	19 000	63 000
月末在产品成本	17 000	5 000	9 500	31 500

注：（1）费用分配率即单位产品成本；（2）以各成本项目的费用分配率分别乘以完工产品数量和月末在产品数量，即为各成本项目的完工产品成本和月末在产品成本，再将完工产品和月末在产品各成本项目费用数相加，即得本月完工产品成本和月末在产品成本。

任务 2.5　以约当产量法确定产品成本

约当产量法是指将月末在产品数量折合成完工产品数量参与生产费用的分配，以确定完工产品与月末在产品成本的方法。它的特点是先把月末在产品数量按材料消耗比例或完工程度折合成完工产品数量，再将归集的生产费用在月末在产品约当产量和完工产品产量之间进行分配，分别确定其成本。这种方法适用于月末在产品数量较多，各月月末在产品数量变化较大，产品中各成本项目所占比重相差不大的产品成本计算。采用约当产量法确定产品成本的步骤及运用的计算公式如下：

（1）计算月末在产品约当产量：

月末在产品约当产量＝月末在产品数量×月末在产品完工程度（投料比例）

（2）计算约当总产量：

约当总产量＝完工产品数量＋月末在产品约当产量

（3）计算费用分配率：

$$某项费用分配率=\frac{该项费用总额}{约当总产量}$$

（4）计算月末在产品应分配的生产费用：

月末在产品应分配的某项费用＝月末在产品约当产量×该项费用分配率

（5）计算当月完工产品应分配的生产费用：

$$\text{当月完工产品应分配的某项费用}=\text{该项费用总额}-\text{月末在产品应分配的该项费用}$$

（6）计算当月完工产品成本：

当月完工产品成本＝$\sum$（当月完工产品应分配的各项费用）

（7）计算当月完工产品单位成本：

$$当月完工产品单位成本=\frac{当月完工产品成本}{当月完工产品产量}$$

由于原材料的投料方式不一定与产品的完工程度同步，因此运用约当产量法计算产品成本时，要将材料费用与其他生产费用分别加以计算。通常情况下，材料费用按投料程度计算约当产量，人工费用和制造费用等按加工程度计算约当产量。

任务 2.5.1 单步骤生产以约当产量法确定产品成本

※ 工作任务 ※

清河公司四车间生产 E 产品，单工序完成，20××年 6 月完工产品数量为 400 件，月末在产品数量为 80 件，加工程度为 50%，该产品原材料于生产开始时一次性投入。6 月生产费用资料如表 2-72 所示。请以约当产量法确定产品成本。

表 2-72 生产费用资料

单位：元

项　目	直接材料	直接人工	制造费用	合　计
月初在产品成本	758	142	139	1 039
本月生产费用	8 522	2 058	3 381	13 961
生产费用合计	9 280	2 200	3 520	15 000

※ 知识准备 ※

在单步骤生产下，原材料在产品生产开始时一次性投入，使月末在产品应负担的材料费用与完工产品所耗费的材料费用相同，即一件月末在产品所耗材料与一件完工产品所耗材料相同；如逐次投料，假定产品实行均衡生产，必定使在产品也均衡地分布在整个生产过程之中，因而在产品平均消耗材料的比例通常为完工产品所耗材料的 50%，月末在产品可按材料消耗比例折合成完工产品，计算公式为：

月末在产品约当产量=月末在产品数量×在产品材料消耗比例（50%）

※ 工作过程 ※

单步骤生产以约当产量法确定产品成本的步骤如图 2-11 所示：

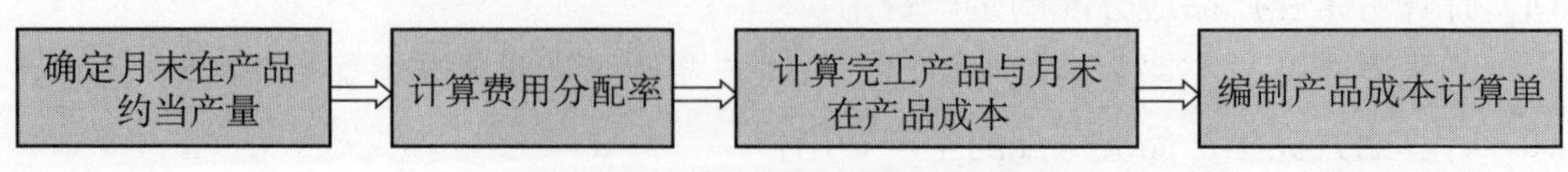

图 2-11 确定产品成本的步骤

一、确定月末在产品约当产量

（1）计算各成本项目月末在产品约当产量：

直接材料月末在产品约当产量＝80×100%＝80（件）
直接人工月末在产品约当产量＝80×50%＝40（件）
制造费用月末在产品约当产量＝80×50%＝40（件）

（2）计算各成本项目约当总产量：
直接材料约当总产量＝400＋80＝480（件）
直接人工约当总产量＝400＋40＝440（件）
制造费用约当总产量＝400＋40＝440（件）

二、计算费用分配率

材料费用分配率＝9 280÷480＝19.33（元/件）
人工费用分配率＝2 200÷440＝5（元/件）
制造费用分配率＝3 520÷440＝8（元/件）

三、计算完工产品与月末在产品成本

（1）计算当月完工产品成本：
当月完工产品应分配的直接材料费用＝400×19.33＝7 732（元）
当月完工产品应分配的直接人工费用＝400×5＝2 000（元）
当月完工产品应分配的制造费用＝400×8＝3 200（元）
当月完工产品成本＝7 732＋2 000＋3 200＝12 932（元）

（2）计算月末在产品成本：
月末在产品应分配的直接材料费用＝80×19.33＝1 548（元）
[＝9 280－7 732＝1 548（元）]
月末在产品应分配的直接人工费用＝40×5＝200（元）
月末在产品应分配的制造费用＝40×8＝320（元）
月末在产品成本＝1 548＋200＋320＝2 068（元）

四、编制产品成本计算单

清河公司编制的产品成本计算单如表 2－73 所示。

表 2－73　　**产品成本计算单**

产品：E产品　　20××年6月　　金额单位：元

项　目	直接材料	直接人工	制造费用	合　计
月初在产品成本	758	142	139	1 039
本月生产费用	8 522	2 058	3 381	13 961
生产费用合计	9 280	2 200	3 520	15 000
月末在产品约当产量（件）	80	40	40	

续前表

项　目	直接材料	直接人工	制造费用	合　计
完工产品数量（件）	400	400	400	
约当总产量（件）	480	440	440	
费用分配率（元/件）	19.33	5	8	
完工产品成本	7 732	2 000	3 200	12 932
月末在产品成本	1 548	200	320	2 068

思考练习

上述“工作任务”中，如果原材料是在生产过程中逐步投入的，应如何计算产品成本?

此时，原材料的计算比例为50%，则直接材料月末在产品约当产量为40（=80×50%）件，据此编制的产品成本计算单如表2-74所示。

表2-74　　产品成本计算单

产品：E产品　　20××年6月　　金额单位：元

项　目	直接材料	直接人工	制造费用	合　计
月初在产品成本	758	142	139	1 039
本月生产费用	8 522	2 058	3 381	13 961
生产费用合计	9 280	2 200	3 520	15 000
月末在产品约当产量（件）	40	40	40	
完工产品数量（件）	400	400	400	
约当总产量（件）	440	440	440	
费用分配率（元/件）	21.09	5	8	
完工产品成本	8 436	2 000	3 200	13 636
月末在产品成本	844	200	320	1 364

任务2.5.2　多步骤生产以约当产量法确定产品成本

※ 工作任务 ※

清河公司五车间生产F产品需经三道工序加工制成，原材料随加工进度逐步投入，在每道工序开始时一次性投入，20××年6月有关生产费用资料如表2-75所示。请以约当产量法确定产品成本。

表2-75　　生产费用资料

单位：元

项　目	直接材料	直接人工	制造费用	合　计
月初在产品成本	15 000	5 000	6 000	26 000
本月生产费用	80 000	25 000	30 000	135 000
生产费用合计	95 000	30 000	36 000	161 000

本月完工产品数量为1 000件，月末在产品数量为400件，各工序结存的月末在产品及

定额资料如表 2－76 所示。

表 2－76　　月末在产品数量及定额资料

工　序	月末在产品数量（件）	投料定额（千克）	工时定额（小时）
1	100	60	40
2	200	60	30
3	100	80	30
合　计	400	200	100

※ 知识准备 ※

一、直接材料月末在产品约当产量的计算

（一）一次性投产

在多步骤生产下，如果在产品生产的每道工序开始时一次性投入本工序所需的全部材料，使每道工序的月末在产品应负担的材料费用为截至该工序的累计投料额，月末在产品可按投料比例折合为完工产品。确定月末在产品约当产量的公式如下：

$$\text{某工序月末在产品投料比例}=\frac{\text{截至该工序累计投料额(数量)}}{\text{该产品应投料总额(数量)}}\times 100\%$$

某工序月末在产品约当产量＝该工序在产品数量×截至该工序月末在产品投料比例

（二）均衡投产

在多步骤生产下，如果在产品生产过程中均衡投入所需材料，但各道工序的材料消耗量是不同的，因此各工序在产品的材料消耗量均由前面各工序累计材料消耗量加上本工序材料消耗量的 50%构成，并据以计算各工序月末在产品约当产量，此时，确定月末在产品约当产量的公式如下：

$$\text{某工序月末在产品材料消耗比例}=\frac{\text{前面各工序累计投料额（数量）}+\text{本工序投料额（数量）}\times 50\%}{\text{该产品应投料总额（数量）}}\times 100\%$$

某工序月末在产品约当产量＝该工序在产品数量×截至该工序月末在产品材料消耗比例

二、直接人工、制造费用月末在产品约当产量的计算

直接人工、制造费用一般可以按相同的加工程度计算月末在产品约当产量。如果各道工序月末在产品数量和单位成本在各道工序的加工量相差不大，前后加工程度可互相抵补，全部月末在产品完工程度可按照 50%确定；如果各道工序月末在产品数量及加工程度相差悬殊，月末在产品完工程度应按各工序分别测定。确定月末在产品约当产量的公式如下：

$$\text{某工序月末在产品完工程度}=\frac{\text{前面各工序消耗工时}+\text{本工序消耗工时}\times 50\%}{\text{该产品应消耗总工时}}\times 100\%$$

月末在产品约当产量＝∑（各工序月末在产品数量×该工序月末在产品完工程度）

※ 工作过程 ※

多步骤生产以约当产量法确定产品成本的步骤如图2－12所示：

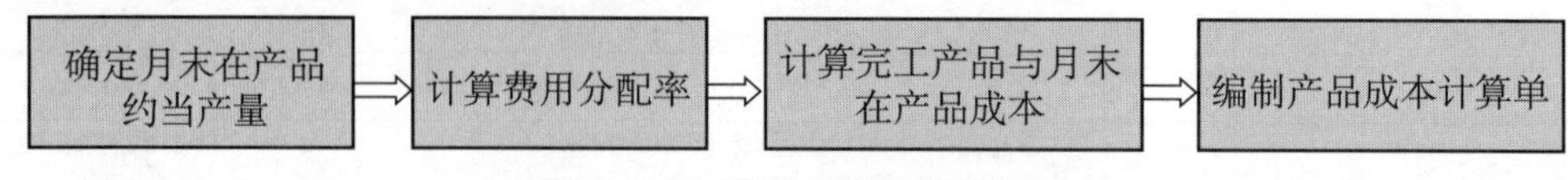

图2－12　确定产品成本的步骤

一、确定月末在产品约当产量

（1）计算各成本项目月末在产品约当产量：

直接材料月末在产品约当产量的计算如表2－77所示。

表2－77　直接材料月末在产品约当产量计算表

工　序	月末在产品数量（件）	投料定额（千克）	投料程度	月末在产品约当产量（件）
1	100	60	60÷200×100%＝30%	100×30%＝30
2	200	60	(60＋60)÷200×100%＝60%	200×60%＝120
3	100	80	(60＋60＋80)÷200×100%＝100%	100×100%＝100
合　计	400	200		250

直接人工、制造费用月末在产品约当产量的计算如表2－78所示。

表2－78　直接人工、制造费用月末在产品约当产量计算表

工　序	月末在产品数量（件）	工时定额（小时）	完工程度	月末在产品约当产量（件）
1	100	40	40×50%÷100×100%＝20%	100×20%＝20
2	200	30	(40＋30×50%)÷100×100%＝55%	200×55%＝110
3	100	30	(40＋30＋30×50%)÷100×100%＝85%	100×85%＝85
合　计	400	100		215

（2）计算各成本项目约当总产量：

直接材料约当总产量＝1 000＋250＝1 250（件）

直接人工、制造费用约当总产量＝1 000＋215＝1 215（件）

二、计算费用分配率

材料费用分配率＝95 000÷1 250＝76（元/件）

人工费用分配率＝30 000÷1 215＝24.69（元/件）

制造费用分配率＝36 000÷1 215＝29.63（元/件）

三、计算完工产品与月末在产品成本

（1）计算当月完工产品成本：

当月完工产品应分配的直接材料费用＝1 000×76＝76 000（元）

当月完工产品应分配的直接人工费用＝1 000×24.69＝24 690（元）

当月完工产品应分配的制造费用＝1 000×29.63＝29 630（元）

当月完工产品成本＝76 000＋24 690＋29 630＝130 320（元）

（2）计算月末在产品成本：

月末在产品应分配的直接材料费用＝250×76＝19 000（元）

[＝95 000－76 000＝19 000（元）]

月末在产品应分配的直接人工费用＝215×24.69＝5 310（元）

[＝30 000－24 690＝5 310（元）]

月末在产品应分配的制造费用＝215×29.63＝6 370（元）

[＝36 000－29 630＝6 370（元）]

月末在产品成本＝19 000＋5 310＋6 370＝30 680（元）

四、编制产品成本计算单

清河公司编制的产品成本计算单如表 2－79 所示。

表 2－79　　　**产品成本计算单**

产品：F产品　　　20××年6月　　　金额单位：元

项　目	直接材料	直接人工	制造费用	合　计
月初在产品成本	15 000	5 000	6 000	26 000
本月生产费用	80 000	25 000	30 000	135 000
生产费用合计	95 000	30 000	36 000	161 000
月末在产品约当产量（件）	250	215	215	
完工产品数量（件）	1 000	1 000	1 000	
约当总产量（件）	1 250	1 215	1 215	
费用分配率（元/件）	76	24.69	29.63	
完工产品成本	76 000	24 690	29 630	130 320
月末在产品成本	19 000	5 310	6 370	30 680

思考练习

上述“工作任务”中，如果原材料于每道工序开始后逐步投入，应如何计算产品成本？

直接材料月末在产品约当产量的计算如表 2－80 所示。

表 2-80　　直接材料月末在产品约当产量计算表

工　序	月末在产品数量（件）	投料定额（千克）	投料程度	月末在产品约当产量（件）
1	100	60	60×50%÷200×100%=15%	100×15%=15
2	200	60	(60+60×50%)÷200×100%=45%	200×45%=90
3	100	80	(60+60+80×50%)÷200×100%=80%	100×80%=80
合　计	400	200		185

直接人工、制造费用月末在产品约当产量的计算如表 2-81 所示。

表 2-81　　直接人工、制造费用月末在产品约当产量计算表

工　序	月末在产品数量（件）	工时定额（小时）	完工程度	月末在产品约当产量（件）
1	100	40	40×50%÷100×100%=20%	100×20%=20
2	200	30	(40+30×50%) ÷100×100%=55%	200×55%=110
3	100	30	(40+30+30×50%) ÷100×100%=85%	100×85%=85
合　计	400	100		215

据此，可编制产品成本计算单，如表 2-82 所示。

表 2-82　　产品成本计算单

产品：F产品　　20××年6月　　金额单位：元

项　目	直接材料	直接人工	制造费用	合　计
月初在产品成本	15 000	5 000	6 000	26 000
本月生产费用	80 000	25 000	30 000	135 000
生产费用合计	95 000	30 000	36 000	161 000
月末在产品约当产量（件）	185	215	215	
完工产品数量（件）	1 000	1 000	1 000	
约当总产量（件）	1 185	1 215	1 215	
费用分配率（元/件）	80.17	24.69	29.63	
完工产品成本	80 170	24 690	29 630	134 490
月末在产品成本	14 830	5 310	6 370	26 510

任务 2.6　以在产品按定额成本计价法确定产品成本

※ 工作任务 ※

江海公司生产的B产品分两道工序制成，原材料在各道工序开始时一次性投入，各道工序内月末在产品的平均加工程度为50%，月末在产品数量和消耗定额资料如表 2-83 所示。请以在产品按定额成本计价法确定产品成本。

表 2-83　　月末在产品数量和消耗定额资料

工　序	月末在产品数量（件）	材料消耗定额（千克/件）	工时消耗定额（小时/件）
1	300	25	5
2	200	15	3
合　计	500	40	8

直接材料计划单价为 1.20 元/千克，单位产品定额工时为 8 小时，计划费用分配率为直接人工 2 元/小时，制造费用 2.50 元/小时。B 产品月初在产品和本月生产费用合计为：直接材料 26 500 元，直接人工 9 480 元，制造费用 11 875 元。

※ 知识准备 ※

在产品按定额成本计价法，简称定额计算法，是指根据月末在产品数量和单位定额成本计算月末在产品成本，然后通过倒挤来确定当月完工产品成本的方法。其特点是月末在产品成本只按定额成本计算，月末在产品的实际成本与定额成本之间的差额由当月完工产品负担。这种方法适用于月末在产品定额成本比较准确、消耗定额相对稳定、数量较少的产品成本计算。以在产品按定额成本计价法确定产品成本的计算公式如下：

月末在产品直接材料定额成本＝月末在产品数量×材料消耗定额×材料计划单价

月末在产品直接人工定额成本＝月末在产品数量×工时消耗定额×计划小时工资率

月末在产品制造费用定额成本＝月末在产品数量×工时消耗定额×计划小时费用率

月末在产品定额成本＝月末在产品直接材料定额成本＋月末在产品直接人工定额成本＋月末在产品制造费用定额成本

完工产品成本＝月初在产品成本＋本月生产费用－月末在产品定额成本

※ 工作过程 ※

以在产品按定额成本计价法确定产品成本的步骤如图 2-13 所示：

图 2-13　确定产品成本的步骤

一、确定月末在产品定额成本

（1）计算月末在产品直接材料定额成本：

工序 1：300×25×1.20＝9 000（元）

工序 2：200×40×1.20＝9 600（元）

（2）计算月末在产品定额工时：

工序 1：300×5×50%＝750（小时）

工序 2：200×（5＋3×50%）＝1 300（小时）

（3）计算月末在产品直接人工定额成本：

工序 1：750×2＝1 500（元）

工序2：1 300×2=2 600（元）

（4）计算月末在产品制造费用定额成本：

工序1：750×2.50=1 875（元）

工序2：1 300×2.50=3 250（元）

二、编制月末在产品定额成本计算表

江海公司编制的月末在产品定额成本计算表如表2-84所示。

表2-84　月末在产品定额成本计算表　金额单位：元

工序	月末在产品数量（件）	直接材料定额成本	月末在产品定额工时（小时）	直接人工定额成本	制造费用定额成本	月末在产品定额成本合计
1	300	9 000	750	1 500	1 875	12 375
2	200	9 600	1 300	2 600	3 250	15 450
合计	500	18 600	2 050	4 100	5 125	27 825

三、编制产品成本计算单

江海公司编制的产品成本计算单如表2-85所示。

表2-85　产品成本计算单

产品名称：B产品　单位：元

项　目	直接材料	直接人工	制造费用	合　计
生产费用合计	26 500	9 480	11 875	47 855
月末在产品定额成本	18 600	4 100	5 125	27 825
完工产品成本	7 900	5 380	6 750	20 030

任务2.7　以定额比例法确定产品成本

※ 工作任务 ※

江海公司生产C产品，本月完工产品2 000件，原材料费用定额为5元/件，工时定额为2小时/件。月末在产品500件，原材料费用定额为4元/件，工时定额为1小时/件。生产C产品发生的生产费用资料如表2-86所示。请以定额比例法确定产品成本。

表2-86　生产费用资料　单位：元

项　目	直接材料	直接人工	制造费用	合　计
月初在产品成本	3 000	850	1 650	5 500
本月生产费用	12 600	4 100	6 000	22 700
合　计	15 600	4 950	7 650	28 200

※ 知识准备 ※

定额比例法是指在确定完工产品与月末在产品定额成本的基础上，按实际生产费用与定额总成本的比例分别确定完工产品与月末在产品实际成本的方法。其特点是按照生产费用占完工产品与月末在产品定额成本的比例进行分配后，确定各自应负担的生产费用。这种方法适用于各种产品成本定额标准比较准确、各项消耗定额比较稳定、月末在产品数量较多的产品成本计算。这种方法解决了定额计算法中将在产品实际成本与定额成本之间的差额计入完工产品成本，可能造成完工产品成本计算不正确的问题。以定额比例法确定产品成本的步骤及相关公式如下：

（1）计算完工产品与月末在产品定额成本：

完工产品直接材料（直接人工、制造费用）定额成本＝完工产品数量×单位完工产品定额材料（人工、制造）费用

月末在产品直接材料（直接人工、制造费用）定额成本＝月末在产品数量×单位月末在产品定额材料（人工、制造）费用

（2）计算定额成本分配率：

$$\text{直接材料（直接人工、制造费用）定额成本分配率}=\frac{\text{月初在产品的材料（人工、制造）费用}+\text{当月发生的材料（人工、制造）费用}}{\text{月末在产品直接材料（直接人工、制造费用）定额成本}+\text{完工产品直接材料（直接人工、制造费用）定额成本}}$$

（3）计算当月完工产品实际成本和单位成本：

完工产品应分配的材料(人工、制造)费用＝完工产品直接材料(直接人工、制造费用)定额成本×直接材料(直接人工、制造费用)定额成本分配率

＝月初在产品的材料(人工、制造)费用＋当月发生的材料(人工、制造)费用－月末在产品应分配的材料（人工、制造)费用

完工产品实际成本＝完工产品应分配的材料费用＋完工产品应分配的人工费用＋完工产品应分配的制造费用

$$\text{完工产品单位成本}=\frac{\text{完工产品实际成本}}{\text{完工产品数量}}$$

（4）计算月末在产品实际成本：

月末在产品应分配的材料（人工、制造）费用＝月末在产品直接材料（直接人工、制造费用）定额成本×直接材料（直接人工、制造费用）定额成本分配率

月末在产品实际成本＝月末在产品应分配的材料费用＋月末在产品应分配的人工费用＋月末在产品应分配的制造费用

※ 工作过程 ※

以定额比例法确定产品成本的步骤如图 2－14 所示：

计算定额成本 ⇒ 计算定额成本分配率 ⇒ 计算完工产品与月末在产品成本 ⇒ 编制产品成本计算单

图 2－14　确定产品成本的步骤

一、计算定额成本

完工产品直接材料定额成本＝2 000×5＝10 000（元）

月末在产品直接材料定额成本＝500×4＝2 000（元）

完工产品定额工时＝2 000×2＝4 000（小时）

月末在产品定额工时＝500×1＝500（小时）

二、计算定额成本分配率

$$直接材料定额成本分配率=\frac{3\ 000+12\ 600}{10\ 000+2\ 000}=1.30$$

$$直接人工定额成本分配率=\frac{850+4\ 100}{4\ 000+500}=1.10（元/小时）$$

$$制造费用定额成本分配率=\frac{1\ 650+6\ 000}{4\ 000+500}=1.70（元/小时）$$

三、计算完工产品与月末在产品成本

（1）计算当月完工产品成本：

当月完工产品应分配的材料费用＝10 000×1.30＝ 13 000（元）

当月完工产品应分配的人工费用＝4 000×1.10＝4 400（元）

当月完工产品应分配的制造费用＝4 000×1.70＝6 800（元）

当月完工产品成本＝13 000＋4 400＋6 800＝24 200（元）

当月完工产品单位成本＝24 200÷2 000＝12.10（元）

（2）计算月末在产品成本：

月末在产品应分配的材料费用＝2 000×1.30＝2 600（元）

月末在产品应分配的人工费用＝500×1.10＝550（元）

月末在产品应分配的制造费用＝500×1.70＝850（元）

月末在产品成本＝2 600＋550＋850＝4 000（元）

四、编制产品成本计算单

江海公司编制的产品成本计算单如表 2－87 所示。

表 2－87　　产品成本计算单

金额单位：元

项　目	直接材料	直接人工	制造费用	合　计
月初在产品成本	3 000	850	1 650	5 500
本月生产费用	12 600	4 100	6 000	22 700
生产费用合计	15 600	4 950	7 650	28 200

续前表

项　目		直接材料	直接人工	制造费用	合　计
定额成本（定额工时）	完工产品	10 000	4 000 小时	4 000 小时	
	月末在产品	2 000	500 小时	500 小时	
定额成本分配率		1.30	1.10（元/小时）	1.70（元/小时）	
费用分配	完工产品成本	13 000	4 400	6 800	24 200
	月末在产品成本	2 600	550	850	4 000

任务 3　结转入库的完工产品成本

※ 工作任务 ※

根据产品成本计算单（见表 2－87），对本月完工产品验收入库。

※ 知识准备 ※

完工产品是指完成全部生产过程，符合技术与质量要求，验收入库，具备对外销售条件的产品。为了反映完工产品入库情况，需要设置“库存商品”账户进行核算。“库存商品”账户是资产类账户，用来核算企业自行生产完工并入库的完工产品和从企业外部购进直接用于对外销售的商品。在制造业企业中，该账户的借方登记验收入库的外购商品或入库完工产品的实际成本，贷方登记结转的商品销售成本和由于其他原因付出商品的实际成本，余额在借方，表示企业库存商品的实际成本。企业应当按照商品的品名、规格分户设置库存商品明细账，对库存商品进行明细分类核算。

无论采用何种方法确定月末在产品成本，在计算出完工产品成本和单位成本后，都要根据编制的产品生产费用分配表或产品成本计算单，结合产成品入库单进行会计处理。

※ 工作过程 ※

结转入库的完工产品成本的步骤如图 2－15 所示：

图 2－15　结转入库的完工产品成本的步骤

一、填制产成品入库单

产成品入库单如表 2－88 所示。

表 2－88　　**产成品入库单**

交库单位：三车间　　20××年 6 月 30 日　　编号：063012

产品名称	规格型号	计量单位	交库数量	检验结果		实收数量	金额（元）
				合格	不合格		
C 产品		件	2 000	2 000		2 000	24 200

二、编制记账凭证

根据产品成本计算单和产成品入库单编制记账凭证，如表 2－89 所示。

表 2－89　　记账凭证

20××年 6 月 30 日　　记字 0638 号

摘　要	会计账户		借方金额	贷方金额	记　账
	总账账户	明细账户			
三车间产成品交库	库存商品	C 产品	24 200		√
	生产成本	基本生产成本		24 200	√
合　计			24 200	24 200	

三、登记库存商品明细账

根据记账凭证登记库存商品明细账，如表 2－90 所示。

表 2－90　　库存商品明细账

编号：3212

类别：　　存放地点：3 号仓库

品种或规格：C 产品　　计量单位：件

20××年		凭　证		摘 要	收　入			发　出			结　存		
月	日	种类	号数		数量	单价（元/件）	金额（元/件）	数量	单价（元/件）	金额（元/件）	数量	单价（元/件）	金额（元/件）
6	30	记	0638	交库	2 000	12.10	24 200						

项目小结

在产品是指企业已经投入生产，但尚未最后完工，不能作为商品销售的产品。在产品有广义在产品和狭义在产品之分，本项目所讲的在产品是指狭义在产品。有在产品的企业，完工产品成本与期末在产品成本之间存在的关系为：

本期完工产品成本＝期初在产品成本＋本期生产费用－期末在产品成本

计算产品成本，必须确定月末在产品数量。月末在产品数量的确定有两种方法：一是通过账面核算资料来确定，即通过在产品收发结存账中反映的期末结存数量来确定；二是在月末，通过对在产品进行实地盘点来确定。在实际工作中，这两种方法往往是结合运用的，以确保在产品数量的准确性。为保证在产品的安全、完整，做到账实相符，企业应定期对在产品进行清查盘点，盘点结果如账实不符，应编制在产品盘存报告表，并调整账面记录。

在产品成本计算与在产品的关系极为密切，决定了产品成本在完工产品与月末在产品之间的分配。产品成本在完工产品与月末在产品之间的分配方法主要有不计算在产品成本法、在产品按固定成本计价法、在产品按所耗原材料费用计价法、在产品按完工产品成本计算法、约当产量法、在产品按定额成本计价法和定额比例法。其中，后三种方法比较特殊，且非常重要、复杂。

项目训练

一、单项选择题

1. 下列各项中，不应列入在产品的是(　　)。

A. 已验收入库的对外销售的自制半成品

B. 正在车间加工的合格产品

C. 已验收入库但仍需加工的自制半成品

D. 正在车间返修的废品

2. 下列方法中，不属于完工产品与月末在产品成本分配方法的是(　　)。

A. 约当产量法　　B. 不计算在产品成本法

C. 年度计划分配率分配法　　D. 定额比例法

3. 计算完工产品成本时，如果不计算在产品成本，应具备的条件是(　　)。

A. 各月末在产品数量比较稳定　　B. 各月末在产品数量很少

C. 各月末在产品数量较多　　D. 定额管理基础较好

4. 采用在产品按完工产品成本计算法分配完工产品与月末在产品成本，应具备的条件是(　　)。

A. 各月末在产品数量比较稳定　　B. 各月末在产品数量很少

C. 各项消耗定额比较准确　　D. 在产品已接近完工

5. 某种产品的定额准确、稳定，且各月末在产品数量变化较大，为了简化成本计算工作，其生产费用在完工产品与月末在产品之间进行分配应采用(　　)。

A. 在产品按定额成本计价法　　B. 在产品按完工产品成本计算法

C. 约当产量法　　D. 定额比例法

6. 如果产品成本中的材料费用所占比重很大，原材料随着生产进度逐步投入生产，为了简化成本计算工作，在分配完工产品与月末在产品费用时，应该采用的方法是(　　)。

A. 在产品按所耗原材料费用计价法，原材料费用按约当产量比例分配

B. 在产品按所耗原材料费用计价法

C. 约当产量法

D. 原材料费用按约当产量比例分配

7. 以完工产品与月末在产品的数量比例分配完工产品与月末在产品的材料费用，必须具备的条件是(　　)。

A. 在产品接近完工

B. 在产品原材料费用所占比重较大

C. 原材料在生产开始时一次性投入

D. 各项消耗定额比较准确

8. 当原材料随着加工进度陆续投入，原材料投入的程度与加工进度完全一致或基本一致

时，采用约当产量法计算在产品成本时，（ ）。

A. 完工产品按数量比例分配材料费用，在产品按约当产量比例分配材料费用

B. 完工产品按约当产量分配材料费用，在产品按数量比例分配材料费用

C. 完工产品和在产品均按数量比例分配材料费用

D. 材料费用应按约当产量比例分配

9. 若各项消耗定额或费用定额比较准确、稳定，且各月末在产品数量变化不大，其月末在产品成本的分配方法可采用（ ）。

A. 在产品按完工产品成本计算法　　B. 约当产量法

C. 在产品按定额成本计价法　　D. 在产品按所耗原材料费用计价法

10. 如果月末在产品数量较多，各月末在产品数量变化较大，各项费用的比重相差不多，生产费用在完工产品与月末在产品之间分配，应采用的方法是（ ）。

A. 约当产量法　　B. 不计算在产品成本法

C. 在产品按所耗原材料费用计价法　　D. 在产品按固定成本计价法

11. 分配加工费用时采用的在产品完工率是指产品（ ）与完工产品工时定额的比率。

A. 所在工序的工时定额

B. 前面各工序工时定额与所在工序工时定额一半的合计数

C. 所在工序的累计工时定额

D. 所在工序工时定额的一半

二、多项选择题

1. 下列各项中，（ ）属于在产品。

A. 正在车间加工的产品　　B. 需要继续加工的半成品

C. 等待验收入库的产品　　D. 正在返修的废品

2. 在产品清查盘点后，对盘亏、毁损的在产品进行处理时，可能借记的科目有（ ）。

A. 制造费用　　B. 其他应收款

C. 营业外支出　　D. 基本生产成本

3. 生产费用在完工产品与月末在产品之间分配的方法有（ ）。

A. 定额比例法　　B. 在产品按定额成本计价法

C. 约当产量法　　D. 计划成本分配法

4. 企业生产费用在完工产品与月末在产品之间进行分配时，应根据（ ）选择分配方法。

A. 月末在产品数量的多少　　B. 各月末在产品数量变化的大小

C. 各项费用所占比重的大小　　D. 定额管理基础的好坏

5. 各月末在产品数量较多且变化较大，在完工产品与月末在产品之间分配生产费用时，不宜采用的方法有（ ）。

A. 不计算在产品成本法　　B. 在产品按固定成本计价法

C. 约当产量法　　D. 在产品按定额成本计价法

6. 在产品按完工产品成本计算法适用于（ ）的产品成本计算。

A. 月末在产品已接近完工　　B. 产品已经加工完毕尚未验收入库

C. 产品已经加工完毕尚未包装入库　　D. 月末在产品数量很少

7. 分配完工产品与月末在产品的生产费用时，采用在产品按定额成本计价法应具备的条件是（　　）。

A. 消耗定额比较准确　　B. 消耗定额比较稳定

C. 各月末在产品数量变化不大　　D. 各月末在产品数量变化较大

8. 采用约当产量法计算完工产品与月末在产品成本时，应具备的条件有（　　）。

A. 产品成本中原材料和加工费用的比重相差较大

B. 月末在产品数量较多

C. 各月末在产品数量变化较大

D. 月末在产品数量较少

9. 采用约当产量法，必须正确计算月末在产品约当产量，而月末在产品约当产量计算的正确性取决于产品完工程度的测定，测定月末在产品完工程度的方法有（　　）。

A. 按50%计算各工序完工率　　B. 分工序分别计算完工率

C. 按定额比例法计算完工率　　D. 按定额工时计算完工率

10. 基本生产车间完工产品转出时，可能借记的科目有（　　）。

A. 基本生产成本　　B. 辅助生产成本

C. 库存商品　　D. 自制半成品

三、判断题

1. 狭义在产品是指正在某车间或某生产步骤中加工的产品。（　　）

2. 对企业毁损的在产品结果进行处理时，应记入“管理费用”科目。（　　）

3. 在采用不计算在产品成本法时，某产品某月发生的生产费用之和就是该产品的完工产品成本。（　　）

4. 在产品按固定成本计价法适用于各月末在产品数量较大且变化较大，原材料费用在产品成本中占有较大比重的产品成本计算。（　　）

5. 各月末在产品数量变化不大的产品，可以不计算月末在产品成本。（　　）

6. 当原材料在生产开始时一次性投入时，原材料费用在完工产品与月末在产品之间进行分配，可以按完工产品数量和月末在产品数量比例分配。（　　）

7. 在产品按定额成本计价法适用于定额管理基础较好，各项消耗定额或费用定额比较准确、稳定，且各月末在产品数量变动不大的产品。（　　）

8. 在分配和计算完工产品与月末在产品成本时，如月末在产品已接近完工，或已经加工完成但尚未验收或包装入库，可按完工产品计算。（　　）

9. 原材料不是在生产开始时一次性投入，而是随着生产进度陆续投入，原材料费用的分配应按照完工产品数量和月末在产品数量比例进行分配。（　　）

10. 约当产量是指月末在产品数量按照完工程度折算的相当于完工产品的数量。（　　）

11. 采用约当产量法分配原材料费用的完工率与分配加工费用的完工率有时是可以通用的。（　　）

12. 定额比例法适用于定额管理基础较好，各项消耗定额或费用定额比较准确、稳定，且各月末在产品数量变动不大的产品。（　）

四、案例分析题

1. 甲产品由两道工序制成。原材料随生产进度分工序投入，在每道工序开始时一次性投料。第一道工序投入原材料 280 千克，月末在产品数量为 3 200 件；第二道工序投入原材料 220 千克，月末在产品数量为 2 400 件。完工产品为 8 400 件，月初在产品和本月发生的实际原材料费用累计为 528 864 元。

要求：

（1）分别计算两道工序按原材料消耗程度表示的在产品完工率；

（2）分别计算两道工序按原材料消耗程度表示的月末在产品约当产量；

（3）按约当产量法分配完工产品与月末在产品的材料费用。

2. 淮海公司相关资料如下：

资料 1：淮海公司生产甲产品，原材料在生产开始时一次性投入，产品成本中原材料所占比重较大，月末在产品按所耗原材料费用计算成本。201×年 4 月，月初在产品的材料费用为 4 800 元；4 月发生的生产费用为材料费用 76 000 元，工人薪酬 23 000 元，制造费用 37 000元。本月完工产品 400 件，月末在产品 100 件。

资料 2：淮海公司 201×年 5 月完工乙产品 200 件，月末在产品 40 件，完工率为 50%。月初在产品和本月生产费用累计为：材料费用 26 400 元，工人薪酬 12 100 元，制造费用18 700元。原材料在生产开始时一次性投入，原材料费用按照完工产品与月末在产品数量比例进行分配，其他各项费用按照完工产品数量和月末在产品约当产量比例进行分配。

资料 3：淮海公司 201×年 5 月丙产品生产成本明细账所记资料如下：月初在产品直接材料为 7 400 元，直接人工为 5 900 元，制造费用为 5 240 元；本月生产费用为直接材料 20 600元，直接人工 13 000 元，制造费用 25 000 元；本月完工产品 100 件，单件定额为原材料 160 元、工时 110 小时；月末在产品 40 件，单件定额为原材料 100 元、工时 40 小时。

资料 4：淮海公司 201×年 5 月生产丁产品各项消耗定额比较准确、稳定，各月末在产品数量变化不大，月末在产品按定额成本计算成本。该产品月初和本月发生的生产费用合计为：直接材料 96 040 元，直接人工 30 500 元，制造费用 24 000 元。原材料在生产开始时一次性投入，单位产品原材料费用定额为 140 元。完工产品 840 件，月末在产品 200 件，定额工时共计 1 300 小时。每小时费用定额为工资 4 元、制造费用 6 元。

要求：

根据资料 1 完成第（1）～（2）题，根据资料 2 完成第（3）～（4）题，根据资料 3 完成第（5）题，根据资料 4 完成第（6）题。

（1）采用在产品按所耗原材料费用计价法在完工产品与月末在产品之间分配生产费用，并计算 4 月完工产品与月末在产品成本和单位成本。

（2）登记甲产品成本明细账（见表 2－91）。

表 2-91　产品成本明细账

产品名称：甲产品　　年　月　　单位：元

年		项　目	直接材料	直接人工	制造费用	合　计
月	日					
		月初在产品成本				
		本月生产费用				
		生产费用合计				
		完工产品成本				
		月末在产品成本				

(3) 计算月末在产品约当产量、各项费用分配率、完工产品与月末在产品成本。

(4) 编制乙产品完工产品与月末在产品成本计算表（见表 2-92）。

表 2-92　完工产品与月末在产品成本计算表

产品名称：乙产品　　年　月　　金额单位：元

项　目	直接材料	直接人工	制造费用	合　计
生产费用累计				
在产品完工程度				
在产品约当数量				
完工产品数量				
分配率（单位成本）				
完工产品成本				
月末在产品成本				

(5) 采用定额比例计算分配完工产品与月末在产品成本（原材料按定额费用比例分配，其他费用按定额工时比例分配），编制产品成本明细账和产品成本计算单（见表 2-93）。

表 2-93　产品成本计算单

产品名称：丙产品　　年　月　　金额单位：元

项　目		直接材料	直接人工	制造费用	合　计
月初在产品成本					
本月生产费用					
生产费用合计					
费用分配率					
完工产品	定额				
	实际				
月末在产品	定额				
	实际				

(6) 采用在产品按定额成本计算法计算分配完工产品与月末在产品成本，并登记产品成本计算单（见表 2-94）。

表 2-94　产品成本计算单

产品名称：丁产品　　年　月　　单位：元

成本项目	生产费用合计	月末在产品成本	完工产品成本
直接材料			
直接人工			
制造费用			
合　计			

成本计算的基本方法应用

【学习目标】

通过本单元的学习，要求学生能根据企业的生产特点和管理要求，选择合适的产品成本计算方法，并能根据企业有关成本核算资料，熟练采用品种法、分批法、分步法，针对不同企业的产品成本进行核算。

【单元导航】

上一单元我们学习了成本核算的基本技能，但在实际工作中，企业因为类型不同、生产工艺不同、生产组织方式不同、生产管理要求不同，所以成本核算必须选择相应的成本计算方法。本单元通过四个项目，重点讲述产品成本计算三种常见的基本方法，即品种法、分批法和分步法。项目一讲解选择产品成本计算方法，具体介绍影响产品成本计算方法的因素和产品成本计算方法的选择；项目二讲解品种法的产品成本计算过程；项目三讲解分批法的产品成本计算过程；项目四分别讲解逐步结转分步法和平行结转分步法的产品成本计算过程。通过本单元的学习，相信你一定能根据不同企业的特点，合理运用适当的方法进行成本计算。

【学习建议】

进行产品成本计算，首先要了解企业的组织方式、生产工艺和管理上对成本计算有哪些要求，这是确定产品成本计算方法的前提条件。因此，在实际应用时应学会分析所在企业的生产类型和特点。

品种法是产品成本计算方法中最重要、最基本的一种，掌握该方法的应用，要注重对计算程序的理解，特别是辅助生产费用的归集和分配、制造费用的归集和分配，顺序不要颠倒。

分批法是一种在实际工作中运用十分广泛的产品成本计算方法，在学习及应用时，要了解该方法的含义、特点及基本原理，学会根据所在企业的生产类型特点，灵活运用一般意义的分批法或简化的分批法。

分步法是本单元的重点也是难点，涉及的计算方法比较多，要联系案例来理解各种计算方法的应用。学习时，要把分步法与品种法的内容联系起来，充分掌握分步法的计算程序。在学习逐步结转分步法时不能死记硬背公式，要认识到在产品成本计算过程中，其实物流与成本流是保持一致的，因而可以计算出每一个生产步骤的半成品成本。根据各步骤成本结转的方法不同，逐步结转分步法又分为综合结转分步法和分项结转分步法两种，要理解这两种方法的区别。在学习平行结转分步法时，关键是对广义在产品含义的掌握，必须理解在平行结转分步法下实物流与成本流是分离的。要重点把握不计算各步骤半成品成本，也不计算各步骤所耗上一步骤半成品成本，只计算本步骤发生的直接材料、直接人工和制造费用，以及这些费用中应计入完工产品成本中的份额，将相同产品的各步骤应计入完工产品成本的份额平行汇总，即可计算出该产品成本。

【案例导入】

我们每个人每天都和小范一样，享受工作，享受生活。在日常平凡的生活中，我们离不开用电来照明、做饭，我们要买布做衣服或买衣服来穿，我们上学、上班要乘车或开车。我们应该知道，无论是发电企业、纺织企业、服装企业还是汽车制造企业，每个企业都会进行成本核算。但各个企业又具有不同的生产特点：发电企业只生产一种产品——电，且生产过程在技术上不可间断；纺织企业可以生产毛坯布和各种花色的布，主要生产过程依次经过纺纱、织布、染整等步骤；服装企业需要根据市场订单在不同时间组织不同批次、不同数量的服装生产；汽车制造企业可以生产不同型号的汽车，它的生产过程是将各种原材料分别在各个加工车间平行加工成各种汽车零件、部件（当然，有些零件、部件也可以外购），然后将各种零件、部件装配成最终产品——汽车。

问题是这些经过不同生产工艺过程、不同生产组织方式生产的产品，能采用同样的方法计算产品成本吗？计算这些产品成本时应考虑哪些因素？如果给出相关资料，你能帮助企业选择适合的产品成本计算方法，并计算出这些企业的产品成本吗？

选择产品成本计算方法

产品成本计算方法是指生产费用在企业的不同产品之间或同种产品的产成品和在产品之间的分配方法。工业企业生产的产品种类繁多，工艺过程各不相同，要正确计算不同产品成本，需要根据不同类型企业的生产特点和管理要求，正确选择适合本企业实际的具体产品成本计算方法。

工业企业的生产特点是指产品生产工艺过程的特点和生产组织方式的特点。生产工艺过程是指产品从投产到完工的生产技术过程。生产组织方式是指保证生产过程各个环节、各个因素相互协调的生产工作方式。将生产工艺过程的特点和生产组织方式的特点相结合，可形成不同的生产类型。

一个企业究竟采用什么方法计算产品成本，除受生产类型的影响外，还必须根据企业成本的管理要求来选择适合本企业的产品成本计算方法。管理要求对产品成本的影响，主要体现为管理要求对产品成本计算对象的影响。

任务1　认知影响产品成本计算方法的因素

影响成本计算的因素有两个：一是生产类型，二是管理要求。确定产品成本计算方法必须从企业生产单位的具体情况出发，充分考虑企业生产特点和成本管理上的要求。

任务1.1　认知生产类型对产品成本计算方法的影响

生产类型是指企业依据其产品生产的工艺过程特点和生产组织方式特点等企业自身的特点所确立的一种或几种生产方式。各个工业企业在产品结构、生产方法、设备条件、生产规模、专业化程度、工人技术水平及其他各个方面都具有各自不同的生产特点，这些特点反映在生产工艺、生产设备、生产组织形式、计划工作等各个方面，对企业的技术经济指标有很大影响。

分析生产类型对产品成本计算方法的影响，可按图3-1所示的步骤进行。

认知生产工艺过程的特点 ⇒ 认知生产组织方式的特点 ⇒ 认知生产类型对产品成本计算方法的影响

图3-1　分析生产类型对产品成本计算方法的影响的步骤

一、认知生产工艺过程的特点

生产按工艺过程的特点、工艺能否间断可分为单步骤生产和多步骤生产。

（一）单步骤生产

单步骤生产又称简单生产，是指生产工艺过程不能间断，或不能分散在不同地点进行的生产。单步骤生产通常只由一个生产单位整体进行，不需要多个生产单位协作生产。其特点表现为：生产周期较短，工艺较简单。如发电、冶炼、玻璃制品的熔制等。

（二）多步骤生产

多步骤生产又称复杂生产，是指产品的生产工艺过程由若干可以间断的生产步骤所组成的生产。多步骤生产活动可以分别在不同的时间、不同的地点进行，可以由一个企业的不同车间进行。其特点表现为：生产周期较长，工艺较复杂。按加工方式可分为：

（1）连续式生产：从原材料投入生产到产品完工，要依次经过各生产步骤的连续加工生产。如纺织、造纸、冶金、化工类等生产。

（2）装配式生产：先将原材料平行加工成零件、部件，然后将零件、部件装配成产成品。如机械、仪表、汽车、造船等生产。

二、认知生产组织方式的特点

生产按组织方式可分为大量生产、成批生产和单件生产。

（一）大量生产

大量生产是指不断地大量重复生产相同产品的生产。对于大量生产，陆续投入、陆续产出，不分批别，品种稳定，产品品种少、产量较大。如纺织、采掘、钢铁、面粉等的生产。

（二）成批生产

成批生产是指按照事先规定的产品批别和数量进行的生产。对于成批生产，产品品种较多、产量较大，生产具有重复性。如服装、机床的生产。成批生产又可分为：

（1）大批生产：产品批量较大，往往重复生产，性质上接近大量生产。

（2）小批生产：产品批量较小，一批产品一般可同时完工，性质上接近单件生产。

（三）单件生产

单件生产是指根据订货单位的要求，生产个别的、性质特殊的产品的生产。如船舶、重型机械、飞机、新产品试制等。

知识链接

机械工业企业的生产组织方式

广义的机械工业是指凡用金属切削机床从事工业生产活动的工业部门，狭义的机械工业是指机器制造工业，人们所说的机械工业通常指后者。机械工业素有“工业的心脏”之称，它是其他经济部门的生产手段，也可以说是一切经济部门发展的基础。它的发展水平是衡量一个国家工业化程度的重要标志。

机械工业按其服务对象，可分为工业设备制造业、农业机械制造业、交通运输机械制造业等。工业设备制造业是指生产装备工业本身的各种机器设备，主要包括重型机械、通用机械、机床工具、仪器仪表、电器制造和轻纺工业设备等；农业机械制造业包括农、林、牧、副、渔业生产所需要的各种机械生产；交通运输机械制造业包括铁道机车车辆、汽车、船舶和飞机制造等。

机械工业生产的特点，取决于生产过程中所采用的设备、工艺装备、工人的组成以及生产的组织形式等，而这些又在相当大的程度上取决于生产的专业化程度。在通常情况下，企业生产的产品品种越少，品种的相似性越大，产品的产量越大，随之生产的稳定性和重复性程度越高，而产品生产的稳定性和重复性决定着产品劳动量的多少和工作专业化程度的高低。

机械工业企业分为大量生产、成批生产和单件生产三种类型。

1. 大量生产

大量生产的特点是产量大而品种少，生产条件稳定且经济，不断地重复制造某一种或少数几种相同的产品。在通常情况下，每个工作都固定完成一道或少数几道工序，工作是按专业化生产的要求进行装备的，广泛应用流水生产的方法。

在大量生产中，由于广泛采用高效率的自动化、半自动化设备及专用机床和专用工艺设备，生产的机械化、自动化水平高，手工操作的比重减少到最低限度，为提高劳动生产率和降低产品劳动量创造了有利条件。此外，由于广泛采用流水线和自动线，并且各个生产环节之间的比例关系确定得很细致合理，因此提高了生产的连续性和平行性。所有这些都使得产品的生产周期大大缩短，流动资金周转速度大大加快，使生产过程中人力和物力得到了充分的利用。因此，大量生产的产品成本较单件生产和成批生产的产品成本要低。

属于大量生产的企业有汽车制造厂、拖拉机制造厂、滚珠轴承制造厂、自行车厂、缝纫机厂等。

2. 成批生产

成批生产的特点是产品成批轮番地生产，数量较大量生产少，而产品品种较多。成批生产虽有一定的稳定性和重复性，但较大量生产要低。

在成批生产中，需要根据产量大小、工序加工难易程度及重要性，分别采用部分自动化或半自动化设备、专用设备、专用工艺装备、通用工艺装备和通用设备，因而成批生产中生产过程的机械化、自动化水平也较大量生产低。由于产品品种较多，因此工人的操作熟练程度较大量生产相对要低，但是要求工人掌握比较广泛的技术知识和操作技能，以适应成批生产的特点。

根据生产的稳定性、重复性和工作专业化程度，成批生产又分为大批生产、中批生产和小批生产。大批生产的产量较大，生产的时间较长，其稳定性和工作专业化程度较高，接近于大量生产；小批生产在生产特点上接近单件生产，但是部分反映了成批生产的性质，如生产的不定期重复，按小批量生产等。

属于成批生产的企业有机床制造厂、电机制造厂、起重机制造厂、机车制造厂等。

3. 单件生产

单件生产的特点是生产的产品品种繁多，每一种产品仅制造一个或数量很少，产品生产的稳定性和重复性极低，每一种产品或者是不再重复制造，或者是经过不定期间之后再重复制造。

在单件生产条件下，由于产品品种多，因此采用的设备和工艺装备多是通用的。只有在某些特殊情况下，对那些不采用专用设备和专用工艺装备就不能达到技术要求的零件和工序才采用专用设备和工艺装备。

属于单件生产的企业有造船厂、大型发电机制造厂、汽轮机制造厂、锅炉制造厂、制造冶炼轧钢设备和矿山设备的重型机器制造厂等。

以上三种生产类型的划分并没有绝对的界限，特别是大量生产与大批生产之间，单件生产与小批生产之间，在设备和工艺的选用方面，对生产组织和计划工作的影响以及在生产的经济效果方面，是相当接近的。因此在实际工作中，也常常使用“大量大批生产”和“单件小批生产”的名词和概念。

三、认知生产类型对产品成本计算方法的影响

将生产工艺过程的特点和生产组织方式的特点相结合，可形成以下几种生产类型（见图3-2）。

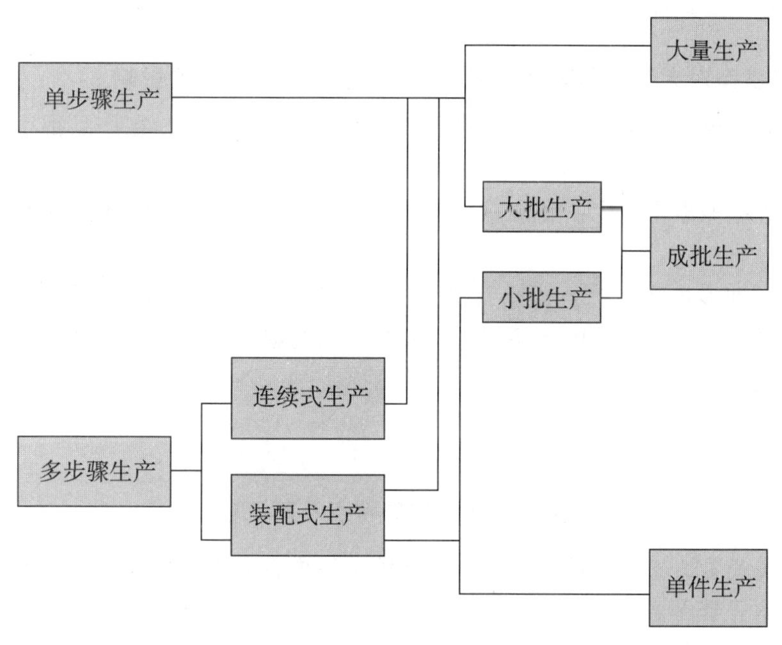

图 3-2 不同生产类型

（一）生产类型对成本计算对象的影响

成本计算对象是指为计算产品成本而确定的归集生产费用的各个对象，也就是成本的承担者。确定成本计算对象，是设置生产成本明细账、归集和分配生产费用、计算产品成本的重要前提。

从生产工艺过程的特点看：

（1）单步骤生产：生产工艺不可间断，必须把产品品种作为成本计算对象。

（2）多步骤连续式生产：应把生产步骤作为成本计算对象，既按步骤又按品种计算各步骤半成品和产成品成本。

（3）多步骤装配式生产：因零部件独立核算没有意义，故无须按步骤计算半成品成本，而把产品品种作为成本计算对象。

从生产组织方式的特点看：

（1）大量生产：连续不断地生产相同产品，只能把产品品种作为成本计算对象。

（2）大批生产：可视具体情况，按产品品种或产品批别计算产品成本。

（3）单件小批生产：一批产品一般可同时完工，可按产品批别计算产品成本。

（二）生产类型对成本计算期的影响

成本计算期是指生产费用计入产品成本所规定的起止日期（与会计分期不是同一概念），或者指计算一次产品成本的间隔日期。

（1）大量大批生产：成本计算定期于月末进行，与会计报告期一致，与生产周期不一致。

（2）单件小批生产：产品成本只能在某批、某件产品完工后计算，故成本计算不定期，与生产周期一致，与会计报告期不一致。

（三）生产类型对完工产品与月末在产品之间生产费用分配的影响

（1）大量大批单步骤生产：生产过程不能间断，生产周期短，在产品很少或没有，故不必计算月末在产品成本。

（2）大量大批多步骤生产：经常有在产品，需要将生产费用在完工产品与月末在产品之间进行分配。

（3）单件小批多步骤生产：成本计算期通常与生产周期一致，在每批、每件产品完工前，产品生产成本明细账的月末余额就是月末在产品的成本；完工后，产品生产成本明细账所归集的费用就是完工产品的成本。

知识链接

服装工业生产的特点及其流程

服装工业是我国的支柱性产业之一，在国民经济中占有很重要的地位。目前，我国服装产量和出口量均居世界首位。

1. 服装生产特点

我国成衣化服装（即工业化生产的服装）生产的特点主要表现在以下几个方面：

（1）服装工业处于变革时代，生产类型由大批量、少品种、长周期向小批量、多品种、短周期方向发展。

（2）服装生产采用的面料、辅料多样化，新技术、新材料应用广泛。

（3）生产中机械化、专业化作业程度不高，设备比较陈旧。

（4）生产管理主要靠经验，生产工序多，工艺编制较为复杂。

（5）开始重视服装品牌战略，企业向集团化规模经营过渡。

（6）服装信息网不健全，产销时常脱节。

2. 服装生产流程

不同的服装企业有不同的组织结构、生产形态和管理目标，但其生产过程及工序是基本一致的。服装生产大体上由八个主要生产单元和环节组成。

(1) 服装设计。一般来说，大部分大中型服装厂都有自己的设计师设计服装款式系列。服装企业的服装设计大致分为两类：一类是成衣设计，根据大多数人的型号比例，制定一套有规律性的尺码进行大规模生产，设计时不仅要选择面料、辅料，还要了解服装厂的设备和工人的技术；另一类是时装设计，根据市场流行趋势和时装潮流设计各款服装。

(2) 纸样设计。当服装的设计样品被客户确认后，下一步就是按照客户的要求绘制不同尺码的纸样。将标准纸样进行放大或缩小的绘图称为“纸样放码”，又称“推档”。目前，大型服装厂多采用电脑来完成纸样放码工作，在不同尺码纸样的基础上，还要制作生产用纸样，并画出排料图。

(3) 生产准备。生产前的准备工作很多，例如：对生产所需的面料、辅料、缝纫线等材料进行必要的检验与测试，材料的预缩与整理，样品、样衣的缝制加工，等等。

(4) 裁剪工艺。一般来说，裁剪是服装生产的第一道工序，其内容是把面料、里料及其他材料按排料、划样要求剪切成衣件，它包括排料、辅料、算料，坯布疵点的借裁、套裁、裁剪、验片、编号、捆扎等。

(5) 缝制工艺。缝制是整个服装加工过程中技术性较强，也较为重要的成衣加工工序。它是按不同的款式要求，通过合理的缝合，把各个衣片组合成服装的一个工艺处理过程。所以，如何合理地组织缝制工序，选择缝迹、缝型、机器设备和工具等都十分重要。

(6) 熨烫工艺。成衣制成后，经过熨烫处理，达到理想的外形，使其造型美观。熨烫一般可分为生产中的熨烫（中烫）和成衣熨烫（大烫）两类。

(7) 成衣品质控制。成衣品质控制是使产品质量在整个加工过程中得到保证的一项十分必要的措施，主要是研究产品在加工过程中产生的和可能产生的质量问题，制定必要的质量检验标准和规范。

(8) 后处理。后处理包括包装、储运等内容，是整个生产过程的最后一道工序。操作工按包装工艺要求将每一件制成并整烫好的服装整理、折叠好，放在胶袋里，然后按装箱单上的数量分配装箱。有时成衣也会吊装发运，将服装吊在货架上，运到交货地点。

任务 1.2　认知管理要求对产品成本计算方法的影响

产品成本计算方法主要受企业生产特点的制约，但并不完全服从于生产特点。企业对成本管理的不同要求对产品成本计算方法（主要是产品成本计算对象）的确定也会产生影响。

在大量大批多步骤生产的企业中，除了需要以最终产成品为成本计算对象计算最终产品成本外，如果企业在管理上需要了解其中间步骤生产出来的半成品成本，则还需要以中间步骤的半成品为成本计算对象，计算半成品成本。此时，企业可以把每种产品及其所经过的加工步骤作为产品成本计算对象，按生产步骤来计算产品成本。如钢铁公司，其主要原材料是铁矿石（氧化铁），氧化铁经过冶炼还原并除去其他有害杂质后，生产出炼钢用的生铁；炼钢生铁再通过氧化的方式把其中一部分碳和其他有害杂质（如硫、磷、锰等）除去，再加上一定量的合金料，生产出钢锭；最后，将钢锭送入轧钢机，通过两个方向旋转的轧辊反复碾轧，即可轧制出各种不同形状、不同规格的最终产品——钢材。根据管理要求，钢铁公司不但需要了解各种钢材的生产成本，还需要了解生铁、钢锭的中间半成品成本，此时公司可以分别以生铁、钢锭、钢材为成本计算对象，计算生铁、钢锭、钢材等主要生产步骤中的产品成本。但是如果企业规模较小，中间半成品也不对外销售，成本管理上不要求计算产品所经过的中间加工步骤的半成品成本，只要求计算出每种产品成本，这时就不必按生产步骤计算成本计算对象各步骤的成本，而是直接把最终产成品作为成本计算对象计算产品成本。因此，企业选择哪种成本计算方法，除了要考虑生产类型外，还要考虑企业管理要求。

任务2　合理选择产品成本计算方法

成本计算即按照成本计算对象分配和归集生产费用，并计算其总成本和单位成本的过程。

产品成本计算方法的确定，主要是为了适应企业的生产特点和管理要求，正确提供产品成本资料，为成本管理服务。常见的产品成本计算方法有以下三种：

（1）品种法：以产品品种为成本计算对象的产品成本计算方法。一般适用于大量大批单步骤生产，如发电等；也可用于管理上无须分步骤计算成本的大量大批多步骤生产，如水泥厂等。

（2）分批法：以产品的批别为成本计算对象的产品成本计算方法。一般适用于单件小批生产，如重型机械制造、船舶制造等。

（3）分步法：以产品生产步骤为成本计算对象的产品成本计算方法。一般适用于大量大批且管理上要求分步骤计算成本的生产，如纺织、冶金等。

三种产品成本计算方法的特点如表3-1所示。

表3-1　三种产品成本计算方法的特点

产品成本计算方法	成本计算对象	成本计算期	期末在产品成本的计算	适用范围	
				生产特点	管理要求
品种法	产品品种	按月计算，与会计报告期一致	单步骤生产一般无须计算，多步骤生产一般需要计算	大量大批单步骤生产或大量大批多步骤生产	管理上无须分步骤计算产品成本
分批法	产品批别	不定期计算，与生产周期一致	一般无须计算	单件小批单步骤生产或单件小批多步骤生产	管理上无须分步骤计算产品成本
分步法	产品品种及所经过的步骤	按月计算，与会计报告期一致	需要计算	大量大批多步骤生产	管理上要求分步骤计算产品成本

一个企业究竟应当采用哪一种或哪几种方法来计算产品成本，一定要以该企业的“生产工艺过程特点、生产组织方式、产品品种繁简、成本管理要求”为标准来确定。以大中型粗梳毛纺织企业为例，从生产过程来看，在生产工艺过程特点上是属于可以分散于不同地点间断进行的连续式复杂生产；在生产组织方式上是属于分类、轮番重复的大量生产，但批量大小并不固定；在产品品种繁简方面，产品的类别、品种、规格和色泽的种类繁多，使用原料的种类、规格和配比繁复；在成本管理要求方面，要求按产品品种及其经过的生产步骤，既

计算各中间步骤半成品的成本，又计算最终步骤产成品的成本，特别在实行企业内部成本管理责任制的新形势下更要求如此。这些特点决定了粗梳毛纺织企业的产品成本计算方法应该采用分步法。

但是大中型粗梳毛纺织企业，既有基本生产车间，又有为基本生产车间服务的辅助生产车间，而基本生产车间又有原料准备和毛纺织品制造步骤之分；在毛纺织品生产方面，既有正常产品的生产，又有新产品的试制。要做好企业的成本核算工作，就必须适应各种生产情况的特点，在以分步法为主的基础上，同时选择其他几种不同的产品成本计算方法。

具体地说，对于正常的毛纺织品制造，应采用分步法计算产品成本；对于毛纺织品的新产品试制，应采用分批法计算产品成本；对于原料准备生产，可采用品种法计算产品成本。至于辅助生产车间的成本计算，供水、供电、供气车间的生产都属于单步骤的简单生产，应采用品种法计算产品成本；机修车间的生产则可使用分批法计算成本。因此，这种粗梳毛纺织企业应同时采用分步法、分批法和品种法来计算产品成本，但以分步法为主。

案例讨论

1. 某火力发电企业是利用燃烧燃料所产生的高热，使锅炉里的水变成蒸气，从而推动机轮迅速旋转，借以带动发电机转动产生电力。除生产电力外，该企业还生产一部分热力，因此生产技术规程不能间断。为此，该企业下设下列基本生产车间（分场）：燃料分场、锅炉分场、汽机分场和电气分场。由于产电兼供热，因此汽机分场又分为电力化分部和热力化分部。此外，该企业设有机械修配等辅助生产车间和行政管理部门。

讨论：

请根据该企业实际情况，分析和说明该企业的生产特点及其在成本计算中应采用的产品成本计算方法。

【提示】该企业的主要产品是电力，还生产一部分热力，且生产技术过程不可间断。因此，其生产特点是大量大批单步骤生产，应采用品种法计算产品成本。

2. 某钢铁公司设有炼铁、炼钢、轧钢三个基本生产车间。炼铁车间生产三种生铁：炼钢生铁、铸造生铁和锰铁。其中，炼钢生铁全部供本企业炼钢耗用，铸造生铁和锰铁全部外售。炼钢车间生产高碳和低碳两种钢锭，全部供本企业轧钢车间使用，高碳钢轧成盘条钢，低碳钢轧成圆钢。此外，该企业设有供水和供电两个辅助生产车间和行政管理部门。

讨论：

请根据该企业实际情况，分析和说明该企业的生产特点，并为该企业设计一个合理的成本计算方案。

【提示】从总体上看，该企业的生产特点是大量大批多步骤生产，应该采用分步法计算产品成本。具体来说，炼铁车间可采用品种法计算产品成本，炼钢和轧钢车间宜采用分步法计算产品成本。

项目小结

要正确计算产品成本，必须选择适当的产品成本计算方法，而适当的产品成本计算方法必须与企业的生产特点与管理要求相适应。生产特点主要体现为生产工艺过程的特点和生产组织方式的特点，前者包括大量生产、成批生产和单件生产，后者则可分为单步骤生产和多步骤生产。管理要求主要体现为是否要求分步骤计算产品成本。

生产特点和管理要求对产品成本计算的影响，主要表现在成本计算对象的确定上，因此不同产品成本计算方法主要表现为成本计算对象确定的不同。在产品成本计算工作中有三种不同的成本计算对象：产品的品种、产品的批别和产品的生产步骤。因此，以成本计算对象为标志的三种基本的产品成本计算方法就是品种法、分批法和分步法。

项目训练

一、单项选择题

1. 下列方法中，最基本的产品成本计算方法是（　　）。

A. 品种法　　B. 分批法　　C. 分步法　　D. 分类法

2. 选择产品成本计算方法时应考虑（　　）。

A. 产品消耗定额是否准确、稳定　　B. 产品品种、规格是否繁多

C. 能否加速成本计算工作　　D. 生产类型及成本管理要求

3. 下列各项中，（　　）是按生产组织方式的特点来划分的。

A. 大量生产、成批生产和单件生产　　B. 单步骤生产和多步骤生产

C. 连续式生产和平行式生产　　D. 主产品生产和副产品生产

4. （　　）是各种产品成本计算方法区分的主要标志。

A. 成本计算期　　B. 生产费用计入成本的程序

C. 成本计算对象　　D. 生产费用在完工产品与月末在产品之间的分配

5. 下列方法中，生产费用一般无须在完工产品与月末在产品之间分配的是（　　）。

A. 定额法　　B. 分批法　　C. 分步法　　D. 品种法

6. 大量大批多步骤生产且管理上要求计算半成品成本的企业，应采用（　　）。

A. 逐步结转分步法　　B. 平行结转分步法

C. 品种法　　D. 分批法

7. 下列方法中，（　　）的成本计算期与生产周期一致，与会计报告期不一致。

A. 品种法　　B. 分批法　　C. 分步法　　D. 定额法

8. 单件小批多步骤生产且管理上不要求分步骤计算产品成本的企业，应采用（　　）。

A. 品种法　　B. 分批法　　C. 分步法　　D. 分类法

9. 大量大批多步骤生产且管理上不要求分步骤计算产品成本的企业，应采用（　　）。

A. 品种法　　B. 分类法　　C. 分步法　　D. 分批法

二、多项选择题

1. 企业在确定产品成本计算方法时，应重点考虑（　　）。

A. 生产类型　　B. 生产规模的大小

C. 有没有月末在产品　　D. 成本管理要求

2. 工业企业的生产，按生产工艺过程可划分为（　　）。

A. 单步骤生产　　B. 多步骤生产　　C. 大量生产　　D. 单件生产

3. 生产类型对产品成本计算方法的影响，表现在（　　）等方面。

A. 成本计算对象的确定　　B. 生产费用归集及计入产品成本的程序

C. 成本计算期的确定　　D. 完工产品与月末在产品之间生产费用的分配

4. 将生产工艺过程的特点和生产组织方式的特点相结合，可形成的生产类型包括(　　)。

A. 大量大批单步骤生产　　B. 大量大批多步骤连续式生产

C. 单件小批多步骤平行式生产　　D. 大量大批多步骤平行式生产

三、判断题

1. 工业企业基本的产品成本计算方法有品种法、分批法、分类法三种。(　　)

2. 计算产品成本，首先要确定成本计算对象。(　　)

3. 生产特点和管理要求对产品成本计算方法的影响，主要体现在对成本计算对象的确定上。(　　)

4. 按生产组织方式特点划分，生产类型可分为单步骤生产和多步骤生产。(　　)

5. 按生产工艺过程特点划分，生产类型可分为平行式生产和连续式生产。(　　)

6. 成本计算对象的确定主要取决于成本管理要求。(　　)

7. 在单件小批生产的情况下，一般不存在生产费用在完工产品与月末在产品之间进行分配的问题。(　　)

8. 单步骤生产时，由于生产工艺过程不能间断，因而只能采用品种法或分批法进行成本核算。(　　)

9. 所有企业的成本计算期都是一个月。(　　)

学习应用品种法

※ 工作任务 ※

清河公司设有一个基本生产车间，大量生产甲、乙两种产品，设有机修和供水两个辅助生产车间。该公司根据生产特点和成本管理要求，对甲、乙两种产品采用品种法计算产品成本，开设基本生产成本明细账，并设置“直接材料”“直接人工”“制造费用”三个成本项目。甲、乙产品所需原材料是开工时一次性投入的，甲、乙产品共同耗用的材料按直接材料消耗比例分配。基本生产车间生产工人工资、制造费用均按生产工时比例分配。对辅助生产车间不单独核算制造费用，归集的辅助生产成本采用直接分配法进行分配。月末，甲、乙产品采用约当产量法计算月末在产品成本。该企业20××年7月有关产品产量及成本资料如表3-2至表3-6所示。

表3-2　　月初在产品成本

单位：元

产品品种	直接材料	直接人工	制造费用	合计
甲产品	50 000	5 000	9 000	64 000
乙产品	64 000	6 000	10 800	80 800

表3-3　　产量资料

单位：件

项　目	甲产品	乙产品
月初在产品	100	80
本月投产	800	320
本月完工	700	340
月末在产品	200	60

注：甲、乙产品月末在产品的完工程度均为50%。

表3-4　　工时记录

单位：小时

产品名称	生产工时	备　注
甲产品	17 000	
乙产品	12 300	
合　计	29 300	

表 3-5　　辅助生产车间劳务资料

受益部门	辅助生产车间		备　注
	机修车间（工时）	供水车间（吨）	
基本生产车间	1 800	15 000	
管理部门	150	500	
机修车间		300	
供水车间	50		
合　计	2 000	15 800	

表 3-6　　本月生产费用

单位：元

项　目	基本生产车间				辅助生产车间				合　计
	甲产品	乙产品	共同耗用	车间耗用	机修车间		供水车间		
					生产耗用	车间耗用	生产耗用	车间耗用	
原材料	280 000	179 200	196 800	24 000	8 000	1 000	3 000	500	692 500
工　资			140 000	8 200	12 000	1 600	4 800	1 100	167 700
社保费用			50 400	2 952	4 320	576	1 728	396	60 372
折旧费用				55 000		8 600		1 400	65 000
动力费用				66 200		10 300		6 700	83 200
周转材料				2 600					2 600
办公费用				26 948		989		1 146	29 083
合　计	280 000	179 200	387 200	185 900	24 320	23 065	9 528	11 242	1 100 455

根据上述资料计算甲、乙两种产品的产品成本。

※ 知识准备 ※

品种法是指把产品品种作为成本计算对象，归集生产费用，计算产品成本的方法。品种法是最基本的产品成本计算方法。不论是何种生产类型、采用何种生产工艺、实现何种成本管理要求，最终都必须计算出每种产品的成本。因此，把产品品种作为成本计算对象计算产品成本是进行产品成本计算最基本的要求。

品种法主要适用于大量大批单步骤生产企业，如发电、供水、采掘等企业。这类生产企业往往生产品种单一，进行封闭式生产，月末一般没有在产品存在；即使有在产品，数量也很少，因此一般不需要将生产费用在完工产品与月末在产品之间进行分配。当期发生的生产费用总和就是该种完工产品的总成本，将总成本除以产量就可以计算出完工产品的单位成本。在大量大批多步骤生产企业中，如果企业规模较小，且管理上不要求提供各步骤的成本资料，也可以采用品种法计算产品成本。

在品种法下，生产中发生的一切费用都属于直接费用，可以直接计入该种产品成本。由于品种法不存在完工产品与月末在产品之间生产费用分配的问题，计算方法比较简单，故又称简单法。

品种法把产品品种作为成本计算对象，并据以设置产品生产成本明细账归集生产费用和计算产品成本。如果企业生产的产品不止一种，就需要把每一种产品品种作为成本计算对象，分别设置产品生产成本明细账。

知识链接

工业产品品种的划分

工业产品有种类、品种、规格、型号、花色等不同层次的划分。工业产品品种的划分处于中间层次：一方面，它不同于种类的划分；另一方面，它不同于规格、型号、花色的划分。

工业产品种类的划分，以产品的基本使用价值为标准。例如，电视机和服装、汽车与钢材用途差异很大，属于不同种类的工业产品，不能相互替代。在某一种类工业产品中，虽然其基本用途相同，但在具体性能、成分或用途上还有差别。差别较大时，就形成不同的工业产品品种；差别较小时，就形成不同的工业产品规格、型号、花色。至于差别多大时形成不同工业产品品种，各工业部门根据本部门的生产特点都有一些具体的规定。

划分工业产品品种的主要标准是经济用途。区分工业产品种类，工业产品品种，工业产品规格、型号、花色的一般原则可概括为：凡是经济用途基本相同的，都可归为同一工业产品种类；在经济用途基本相同的同一种类工业产品中，具体用途和性能上有较大差别的产品，应视为不同的工业产品品种；如果在经济用途基本相同的工业产品品种中，只是具体用途和性能上稍有差别，则应视为不同的工业产品规格、型号、花色。

工业产品品种划分是一项复杂的工作，上述划分的一般原则在实际工作和具体运用中有很大的相对性。在具体划分工业产品品种问题上，各工业部门、各地区、各企业，甚至企业内部或一个部门口径也不完全一致。因此，在许多情况下，这样的划分只有相对意义，还要视具体情况而定。例如，有些产品在粗分组中划分为品种，而在细分组中又会成为种类。如生铁、钢材、铜材等是不同种类的工业产品，钢材中的重轨、轻轨、普通大型钢材、中厚钢板等都是工业产品品种；但若把重轨、轻轨、普通大型钢材、中厚钢板等列为工业产品种类，则中厚钢板中的锅炉火箱板、造船及舰艇板、汽车大梁板等又成为工业产品品种了。这种把某种产品划分为若干层次的每个层次，都可以称为工业产品品种。

在实际工作中，工业产品品种的划分一般遵循“上粗下细”的原则，即上级主管部门考核企业的产品品种要粗，而企业则要统计得细一些。

※ 工作过程 ※

品种法成本计算过程如图3-3所示。

一、开设基本生产成本明细账

以甲、乙产品为成本计算对象分别开设基本生产成本明细账。

二、分配发生的各项要素费用

根据各项要素费用发生的原始凭证和其他有关资料，编制各项要素费用分配表，分配各

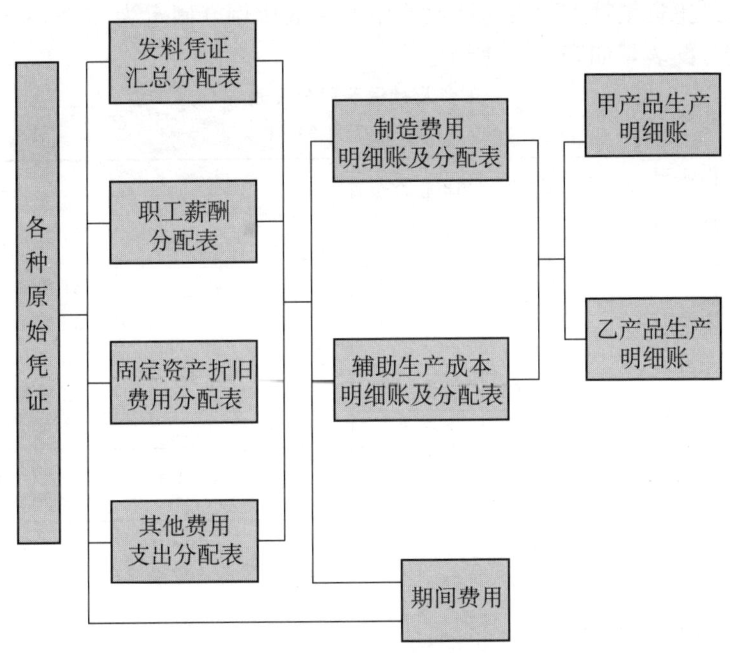

图 3－3　品种法成本计算过程

项要素费用，并登记生产成本明细账和制造费用明细账。

(1) 根据审核无误的领料凭证，按用途编制材料费用分配表，如表 3－7 所示。

表 3－7　材料费用分配表

20××年 7 月 31 日　单位：元

应借账户			成本或费用项目	间接计入费用			直接计入费用	合　计
总账账户	二级账户	明细账户		分配标准	分配率	分配额		
生产成本	基本生产成本	甲产品	直接材料	280 000	0.428 57	120 000	280 000	400 000
		乙产品	直接材料	179 200		78 800	179 200	256 000
		小　计		459 200		196 800	459 200	656 000
	辅助生产成本	机修车间	直接材料				9 000	9 000
		供水车间	直接材料				3 500	3 500
制造费用	基本生产车间		物料消耗				24 000	24 000
合　计				459 200		196 800	495 700	692 500

注：材料费用分配率$=\frac{196\ 800}{280\ 000+179\ 200}=0.428\ 57$。

根据材料费用分配表，编制会计分录如下：

借：生产成本——基本生产成本——甲产品　400 000
　　　　　　　　　　　　　——乙产品　256 000
　　　　　——辅助生产成本——机修车间　9 000
　　　　　　　　　　　　　——供水车间　3 500
　　制造费用——基本生产车间　24 000
　贷：原材料　692 500

（2）根据本月工资结算汇总表与社保费用的提取比例（假定为36%，金额取整），编制工资及社保费用分配表，如表3-8所示。

表3-8　　工资及社保费用分配表

20××年7月31日　　金额单位：元

应借账户			成本或费用项目	应付工资			计提比例	应付社保费用
总账账户	二级账户	明细账户		生产工时（小时）	分配率（元/小时）	分配额		
生产成本	基本生产成本	甲产品	直接人工	17 000	4.778 16	81 229	36%	29 242
		乙产品	直接人工	12 300		58 771	36%	21 158
		小　计		29 300		140 000		50 400
	辅助生产成本	机修车间	直接人工			13 600	36%	4 896
		供水车间	直接人工			5 900	36%	2 124
制造费用	基本生产车间		职工薪酬			8 200	36%	2 952
合　计				29 300		167 700		60 372

注：工资费用分配率$=\frac{140\ 000}{17\ 000+12\ 300}=4.778\ 16$元/小时。

根据工资及社保费用分配表，编制会计分录如下：

借：生产成本——基本生产成本——甲产品　　81 229
　　　　　　　　　　　　　——乙产品　　58 771
　　　　　——辅助生产成本——机修车间　　13 600
　　　　　　　　　　　　　——供水车间　　5 900
　　制造费用——基本生产车间　　8 200
　贷：应付职工薪酬——工资　　167 700

借：生产成本——基本生产成本——甲产品　　29 242
　　　　　　　　　　　　　——乙产品　　21 158
　　　　　——辅助生产成本——机修车间　　4 896
　　　　　　　　　　　　　——供水车间　　2 124
　　制造费用——基本生产车间　　2 952
　贷：应付职工薪酬——社保费用　　60 372

（3）编制固定资产折旧费用分配表（见表3-9），分配固定资产折旧费用。

表3-9　　固定资产折旧费用分配表

20××年7月31日　　单位：元

应借账户			成本或费用项目	累计折旧		
总账账户	二级账户	明细账户		固定资产类别	折旧率	折旧费用
生产成本	辅助生产成本	机修车间	制造费用			8 600
		供水车间	制造费用			1 400
制造费用	基本生产车间		折旧费用			55 000
合　计						65 000

根据固定资产折旧费用分配表，编制会计分录如下：

借：生产成本——辅助生产成本——机修车间　　8 600
　　　　　　　　　　　　　——供水车间　　1 400

制造费用——基本生产车间 55 000
贷：累计折旧 65 000

（4）编制动力费用分配表，如表3-10所示。

表3-10 **动力费用分配表**

20××年7月31日 金额单位：元

应借账户			成本或费用项目	应付账款		
总账账户	二级账户	明细账户		仪表记录	分配率	电费
生产成本	辅助生产成本	机修车间	制造费用			10 300
		供水车间	制造费用			6 700
制造费用	基本生产车间		动力费用			66 200
合 计						83 200

根据动力费用分配表，编制会计分录如下：

借：生产成本——辅助生产成本——机修车间 10 300
——供水车间 6 700
制造费用——基本生产车间 66 200
贷：应付账款——电力公司 83 200

（5）编制周转材料费用分配表（一次摊销），如表3-11所示。

表3-11 **周转材料费用分配表**

20××年7月31日 单位：元

应借账户		成本或费用项目	周转材料	
总账账户	明细账户		摊销项目	月摊销额
制造费用	基本生产车间	工具用具	工具用具	2 600
合 计				2 600

根据周转材料费用分配表，编制会计分录如下：

借：制造费用——基本生产车间 2 600
贷：周转材料 2 600

（6）根据有关资料编制其他费用分配表，如表3-12所示。

表3-12 **其他费用分配表**

20××年7月31日 单位：元

应借账户			成本或费用项目	现 金	银行存款
总账账户	二级账户	明细账户			
生产成本	辅助生产成本	机修车间	制造费用		989
		供水车间	制造费用		1 146
制造费用	基本生产车间		其他费用		26 948
合 计					29 083

注：假定费用以银行存款支付。

根据其他费用分配表，编制会计分录如下：

借：生产成本——辅助生产成本——机修车间 989
——供水车间 1 146

制造费用——基本生产车间　　26 948

贷：银行存款　　29 083

三、分配辅助生产费用

分配机修车间和供水车间归集的辅助生产费用，编制辅助生产费用分配表（见表3-13），并据以登记辅助生产成本明细账和制造费用明细账。

表3-13　**辅助生产费用分配表（直接分配法）**

20××年7月31日　　金额单位：元

<table>
<tr><th colspan="4">项　目</th><th>机修车间</th><th>供水车间</th><th>金额合计</th></tr>
<tr><td colspan="4">归集的辅助生产费用</td><td>47 385</td><td>20 770</td><td>68 155</td></tr>
<tr><td colspan="4">提供给辅助生产车间以外的劳务量</td><td>1 950</td><td>15 500</td><td></td></tr>
<tr><td colspan="4">辅助生产费用分配率</td><td>24.30</td><td>1.34</td><td></td></tr>
<tr><td rowspan="4">应借账户</td><td rowspan="2">制造费用</td><td rowspan="2">基本生产车间</td><td>接受劳务量</td><td>1 800</td><td>15 000</td><td></td></tr>
<tr><td>应分配费用</td><td>43 740</td><td>20 100</td><td>63 840</td></tr>
<tr><td rowspan="2">管理费用</td><td rowspan="2"></td><td>接受劳务量</td><td>150</td><td>500</td><td></td></tr>
<tr><td>应分配费用</td><td>3 645</td><td>670</td><td>4 315</td></tr>
<tr><td colspan="4">合　计</td><td>47 385</td><td>20 770</td><td>68 155</td></tr>
</table>

根据辅助生产费用分配表，编制会计分录如下：

借：制造费用——基本生产车间　　63 840

　　管理费用　　4 315

　贷：生产成本——辅助生产成本——机修车间　　47 385

　　　　　　　　　　　　　　——供水车间　　20 770

根据上述有关资料，登记辅助生产成本明细账（见表3-14和表3-15）。为便于对照，以表的编号作为记账凭证号（登记制造费用明细账、基本生产成本明细账时同）。

表3-14　**辅助生产成本明细账**

总第×页

辅助生产车间：机修车间　　产品或劳务：修理劳务　　字第×页

20××年		凭证		摘　要	成本项目			合　计
月	日	字	号		直接材料	直接人工	制造费用	
7	31		7	分配材料费用	8 000		1 000	9 000
			8	分配工资费用		12 000	1 600	13 600
			8	分配社保费用		4 320	576	4 896
			9	分配折旧费用			8 600	8 600
			10	分配动力费用			10 300	10 300
			12	分配其他费用			989	989
				本月生产费用合计	8 000	16 320	23 065	47 385
			13	分配机修费用	8 000	16 320	23 065	47 385

表 3-15　　　　辅助生产成本明细账

总第×页

辅助生产车间：供水车间　　　　产品或劳务：水　　　　字第×页

20××年		凭证		摘　要	成本项目			合　计
月	日	字	号		直接材料	直接人工	制造费用	
7	31		7	分配材料费用	3 000		500	3 500
			8	分配工资费用		4 800	1 100	5 900
			8	分配社保费用		1 728	396	2 124
			9	分配折旧费用			1 400	1 400
			10	分配动力费用			6 700	6 700
			12	分配其他费用			1 146	1 146
				本月生产费用合计	3 000	6 528	11 242	20 770
			13	分配机修费用	[3 000]	[6 528]	[11 242]	[20 770]

四、分配制造费用

根据有关会计分录（记账凭证）登记的基本生产车间制造费用明细账（见表 3-16），编制制造费用分配表（见表 3-17），分配本月制造费用，并据以登记基本生产成本明细账。

表 3-16　　　　制造费用明细账

总第×页

车间名称：基本生产车间　　　　字第×页

20××年		凭证		摘　要	借方	贷方	借或贷	余额	（借）方项目						
月	日	字	号						物料消耗	工资	福利费	折旧费	水电费	修理费	其他费用
7	31		7	材料费用	24 000		借	24 000	24 000						
			8	人工费用	11 152		借	35 152		8 200	2 952				
			9	折旧费用	55 000		借	90 152				55 000			
			10	动力费用	66 200		借	156 352					66 200		
			11	摊销费用	2 600		借	158 952						2 600	
			12	其他费用	26 948		借	185 900							26 948
			13	机修费用	43 740		借	229 640						43 740	
			13	水费	20 100		借	249 740					20 100		
			17	分配费用		249 740	平	0	[24 000]	[8 200]	[2 952]	[55 000]	[86 300]	[46 340]	[26 948]

注：表中所示的制造费用分配业务应当在编制制造费用分配表并编制记账凭证后方能进行登记。

表 3-17　　　　制造费用分配表

20××年 7 月 31 日　　　　单位：元

应借账户			成本项目	分配标准（小时）	分配率（元/小时）	分配金额
总账账户	二级账户	明细账户				
生产成本	基本生产成本	甲产品	制造费用	17 000		144 900
		乙产品	制造费用	12 300		104 840
合　计				29 300	8.523 55	249 740

注：制造费用分配率 $=\dfrac{249\ 740}{17\ 000+12\ 300}=8.523\ 55$ 元/小时。

根据制造费用分配表，编制会计分录如下：

借：生产成本——基本生产成本——甲产品　　144 900
　　　　　　　　　　　　　——乙产品　　104 840
　贷：制造费用——基本生产车间　　249 740

五、计算完工产品成本与单位成本

根据基本生产成本明细账记录，计算甲、乙的完工产品成本与单位成本，编制产品成本计算单（见表3-18和表3-19），并据以在基本生产成本明细账中结转完工产品成本（见表3-20和表3-21）。

（1）甲产品月末在产品成本计算过程如下：

$$月末在产品应分配的材料费用=\frac{450\ 000}{700+200}\times 200=100\ 000（元）$$

$$月末在产品应分配的人工费用=\frac{115\ 471}{700+200\times 50\%}\times 100=14\ 434（元）$$

$$月末在产品应分配的制造费用=\frac{153\ 900}{700+200\times 50\%}\times 100=19\ 238（元）$$

【提示】如果没有月末在产品，则本月所归集的全部生产费用就是本月完工产品成本，以完工产品成本除以完工产品数量即可计算出完工产品单位成本。如果有月末在产品，则采用适当的分配方法，将生产费用在完工产品与月末在产品之间进行分配，先确定月末在产品成本，再确定完工产品成本，进而计算各种产品的单位成本，并依据计算结果编制完工产品成本汇总表。

表3-18　　**产品成本计算单**

完工产品：700件

产品名称：甲产品　　20××年7月31日　　月末在产品：200件

项　目	直接材料	直接人工	制造费用	合　计
月初在产品成本	50 000	5 000	9 000	64 000
本月生产费用	400 000	110 471	144 900	655 371
本月生产费用合计	450 000	115 471	153 900	719 371
约当总产量	900	800	800	
分配率	500	144.34	192.37	836.71
完工产品成本	350 000	101 037	134 662	585 699
月末在产品成本	100 000	14 434	19 238	133 672

根据表3-18结转本月完工的甲产品成本，编制会计分录如下：

借：库存商品——甲产品　　585 699
　贷：生产成本——基本生产成本——甲产品　　585 699

（2）乙产品月末在产品成本计算过程如下：

$$月末在产品应分配的材料费用=\frac{320\ 000}{340+60}\times 60=48\ 000（元）$$

$$月末在产品应分配的人工费用=\frac{85\ 929}{340+60\times 50\%}\times 30=6\ 967（元）$$

$$月末在产品应分配的制造费用=\frac{115\ 640}{340+60\times 50\%}\times 30=9\ 376（元）$$

表 3-19　　产品成本计算单

本月完工：340 件

产品名称：乙产品　　20××年 7 月 31 日　　月末在产品：60 件

摘　要	直接材料	直接人工	制造费用	合　计
月初在产品成本	64 000	6 000	10 800	80 800
本月生产费用	256 000	79 929	104 840	440 769
生产费用合计	320 000	85 929	115 640	521 569
约当总产量	400	370	370	
分配率	800	232.24	312.54	1 344.78
月末在产品成本	48 000	6 967	9 376	64 343
完工产品成本	272 000	78 962	106 264	457 226

根据表 3-19 结转完工的乙产品成本，编制会计分录如下：

借：库存商品——乙产品　　457 226

　贷：生产成本——基本生产成本——乙产品　　457 226

根据有关记账凭证在基本生产成本明细账中结转完工产品成本。

表 3-20　　基本生产成本明细账

总第×页

产品名称：甲产品　　生产车间：基本生产车间　　投产时间：　　字第×页

20××年		凭证		摘　要	产量（件）	成本项目			合　计
月	日	字	号			直接材料	直接人工	制造费用	
7	1			月初在产品成本	100	50 000	5 000	9 000	64 000
	31		7	分配材料费用	800	400 000			400 000
			8	分配人工费用			81 229		81 299
			8	分配社保费用			29 242		29 242
			17	分配制造费用				144 900	144 900
				本月生产费用合计	900	450 000	115 471	153 900	719 371
			19	结转完工产品成本	700	350 000	101 037	134 662	585 699
				月末在产品成本	200	100 000	14 434	19 238	133 672

表 3-21　　基本生产成本明细账

总第×页

产品名称：乙产品　　生产车间：基本生产车间　　投产时间：　　字第×页

20××年		凭证		摘　要	产量（件）	成本项目			合　计
月	日	字	号			直接材料	直接人工	制造费用	
7	1			月初在产品成本	80	64 000	6 000	10 800	80 800
	31		7	分配材料费用	320	256 000			256 000
			8	分配人工费用			58 771		58 771
			8	分配社保费用			21 158		21 158
			17	分配制造费用				104 840	104 840
				本月生产费用合计	400	320 000	85 929	115 640	521 569
			19	结转完工产品成本	340	272 000	78 962	106 264	457 226
				月末在产品成本	60	48 000	6 967	9 376	64 343

学习延展

一、品种法的延伸——分类法

当产品品种很多，又可分成类别时，要先按类别设置生产成本明细账，归集计算类别成本，再将各类别成本在该类各种产品之间分配，这种方法称为分类法。分类法的计算流程如图3-4所示。

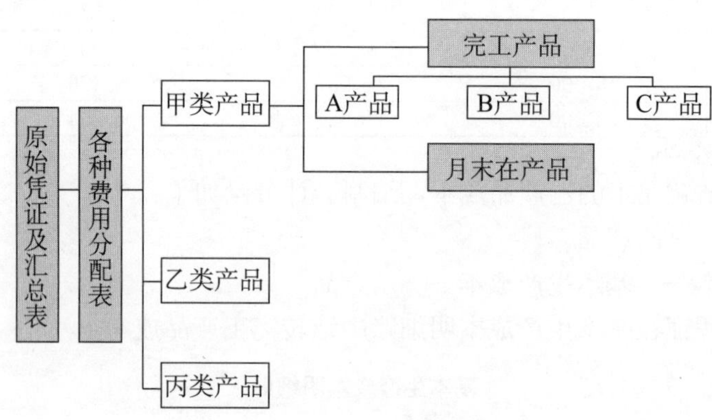

图3-4　分类法的计算流程

（一）恰当划分产品类别

根据产品所用原材料和生产工艺过程的不同，将产品划分为若干类别，按照产品类别开立产品生产成本明细账，按产品成本项目分设专栏，按类归集产品的生产费用，计算各类产品的成本。

对产品进行恰当分类是分类法的前提，而分类是否恰当的检验标准又因具体情况而异。在多品种的情况下，恰当的分类应既能合并成本计算对象，又能使产品的归类科学合理；在多规格的情况下，则要强调类距的适当。总之，恰当分类的前提是：产品有必要分类且能按一定标准分类。

（二）合理选择类内产品费用的分配标准

运用一定的分配标准，分别将每类产品的成本在类内的各种产品之间进行分配，计算每类产品内各种产品的成本。

1. 同类产品费用的分配标准

同类产品内各种产品之间费用的分配标准一般有：

（1）与产品技术特征有关的标准，如产品的体积、长度、性能、质量和重量等。

（2）与产品原材料消耗定额有关的标准，如定额消耗量等。

（3）与产品经济价值有关的标准，如计划成本、定额成本、售价等。

合理确定类内产品费用的分配标准，是保证各种产品成本计算相对准确的关键。企业在选择类内产品费用分配标准时，主要考虑各种产品的生产消耗水平，应选择与产品各项消耗有密切联系的分配标准。分配标准一经确定，不宜经常变动，否则会影响产品成本的可比性，也不利于观察不同时期产品成本变动的趋势。

2. 类内产品成本的分配方法

为了简化类内各种产品之间费用的分配工作，类内产品成本的分配方法一般有两种：定额比例法、系数分配法。

（1）定额比例法。

如果企业定额基础较好，各项消耗定额比较齐全、准确和稳定，则某类完工产品成本可按该类内各种产品的定额消耗指标比例进行分配，这种方法称为定额比例法。定额比例法的计算公式为：

$$\text{某类产品某项费用分配率}=\frac{\text{该类完工产品该项费用总额}}{\text{该类内各种产品该项费用的定额成本（定额消耗量）}}$$

$$\text{类内某种产品应分配的费用}=\text{类内该种产品该项费用的定额成本（定额消耗量）}\times\text{该类产品该项费用分配率}$$

（2）系数分配法。

将各产品的分配标准折算成相对固定的系数，按系数进行费用分配，此种方法称为系数分配法。具体步骤是：

1）在同类产品中，选择一种产量较大、生产比较稳定或规格比较折中的产品作为标准产品。

2）把标准产品分配标准的系数定为1。

3）对比其余产品的分配标准与标准产品的分配标准，求出其余各种产品的分配标准系数。

4）用各种产品分配标准系数乘以各自的实际产量，将各产品的实际产量折合成标准产品的产量，或称为总系数。

5）把标准产品的产量（即总系数）与各项费用总额的比率作为各项费用分配率，乘以各种产品的标准产量，以计算确定类内各种或各规格产品的成本。系数有综合系数和单项系数两种形式：前者是指各成本项目均按此系数进行分配，后者则是指用于不同成本项目进行分配的系数。系数的有关计算公式如下：

单项系数的计算公式如下：

$$\text{直接材料成本系数}=\frac{\text{某品种或某规格产品的分配标准(如直接材料定额成本)}}{\text{标准产品的分配标准(如直接材料定额成本)}}$$

$$\text{直接人工成本系数}=\frac{\text{某品种或某规格产品的分配标准(如定额费用、定额成本)}}{\text{标准产品的分配标准(如定额费用、定额成本)}}$$

综合系数的计算公式如下：

$$\text{单位成本系数}=\frac{\text{某品种或某规格产品的定额成本(或售价)}}{\text{标准产品的定额成本(或售价)}}$$

$$\text{总系数}=\sum\left[\text{各品种或各规格产品实际产量}\times\text{该产品单项系数（或综合系数）}\right]$$

由于分类法常用系数分配法计算类内各种产品的实际成本，因此，分类法也常称为系数分配法。

【例3-1】某制造企业生产A、B两类不同类别的产品，各类产品均有多种不同的型号，故采用分类法计算产品成本。每类产品的月末在产品成本按所消耗定额成本计算。A类产品中不同型号产品的成本采用系数法计算，其系数按计划成本确定；B类产品中不同型号产品的成本采用定额比例法计算，并把定额工时比例作为分配标准。其中，A类产品包含A11、A12、A13三种产品，以A11产品为标准产品；B类产品中包含B11、B12、B13三种产品。有关成本资料如表3-22至表3-25所示。

表3-22　　产品生产成本明细账

产品名称：A类

20××年		凭证号	摘　要	成本项目			合　计
月	日			直接材料	直接人工	制造费用	
6	1		月初在产品成本（定额成本）	22 100	8 350	3 966	34 416
6	30	略	分配材料费用	93 000			93 000
	30	略	分配人工费用		56 350		56 350
	30	略	分配制造费用			48 300	48 300
			生产费用合计	115 100	64 700	52 266	232 066
	30	略	完工产品成本	93 000	56 350	48 300	19 650
			月末在产品成本（定额成本）	22 100	8 350	3 966	34 416

表3-23　　A类产品分配标准

产品类别	型　号	产量（件）	计划单位成本（元/件）
A类	A11	8 000	60
	A12	15 000	54
	A13	9 800	72

表3-24　　产品生产成本明细账

产品名称：B类

20××年		凭证号	摘　要	成本项目			合　计
月	日			直接材料	直接人工	制造费用	
6	1		月初在产品成本（定额成本）	15 600	8 300	1 100	25 000
6	30	略	分配材料费用	78 000			78 000
	30	略	分配人工费用		52 200		52 200
	30	略	分配制造费用			44 880	44 880
			生产费用合计	93 600	60 500	45 980	200 080
	30	略	完工产品成本	78 000	52 200	44 880	175 080
			月末在产品成本（定额成本）	15 600	8 300	1 100	25 000

表 3-25　　**B 类产品工时定额**

产品类别	型　号	产量（件）	工时消耗定额（小时/件）
B 类	B11	15 000	15
	B12	6 600	20
	B13	5 800	24

根据上述资料计算每类各型号完工产品成本及单位成本。

根据 A、B 两类产品的成本数据，计算过程如下：

（1）编制 A 类产品系数计算表（见表 3-26），并计算 A 类完工产品成本（见表 3-27）。

表 3-26　　**系数计算表**

产品类别	型　号	计划单位成本（元/件）	计划成本系数
A 类	A11	60	1
	A12	54	54÷60=0.9
	A13	72	72÷60=1.2

表 3-27　　**各型号完工产品成本计算表**

产品类别：A 类　　金额单位：元

型号	产量（件）①	系数②	总系数（件）③=①×②	完工产品成本④	单位系数成本⑤=④÷③	各型号产品成本⑥=③×⑤	各型号产品单位成本⑦=⑥÷①
A11	8 000	1	8 000			47 544	5.94
A12	15 000	0.9	13 500			80 231	5.34
A13	9 800	1.2	11 760			69 890	7.13
合计			33 260	197 650	5.943	197 665	

（2）按定额比例法计算 B 类产品的成本，如表 3-28 所示。

表 3-28　　**各型号完工产品成本计算表**

产品类别：B 类　　金额单位：元

项目	产量（件）①	工时消耗定额②	定额工时③=①×②	直接材料④=③×分配率	直接人工⑤=③×分配率	制造费用⑥=③×分配率	各型号产品成本⑦=④+⑤+⑥	各型号产品单位成本⑧=⑦÷①
分配率				0.157	0.105	0.091		
B11	15 000	15	225 000	35 325	23 625	20 475	79 425	5.30
B12	6 600	20	132 000	20 724	13 860	12 012	46 596	7.06
B13	5 800	24	139 200	21 951	14 715	12 393	49 059	8.46
合计			496 200	78 000	52 200	44 880	175 080	

B 类产品中直接材料、直接人工、制造费用的分配率，应根据各该费用的合计数，分别除以定额工时的合计数求得。即：

$$材料费用分配率=\frac{78\ 000}{496\ 200}=0.157（元/小时）$$

$$人工费用分配率=\frac{52\ 200}{496\ 200}=0.105（元/小时）$$

$$制造费用分配率=\frac{44\ 880}{496\ 200}=0.091（元/小时）$$

二、联产品、副产品、等级产品的成本计算

（一）联产品的成本计算

联产品是指使用同种原材料，经过同一加工过程而同时生产出来的具有同等地位的两种或两种以上的主要产品。各种类型的企业都可以有联产品。例如：化工厂对食盐电解后，生产出氯气、氢气、碱液三种产品；炼油厂对原油经过催化，可以生产出汽油、轻柴油、重柴油和气体四种联产品；等等。

联产品与其他产品相比，其特点是同一原料在同一生产过程中投入，分离出几种主要产品，其中个别产品的生产必然伴随联产品同时生产。可以根据各联产品的产量增减关系，将联产品分为补充联产品和代用联产品。补充联产品是指一种联产品产量的增加或减少会导致其他联产品的同比例增加或减少。代用联产品是指一种联产品的增加会导致另一种联产品的减少。

从上面的概念可以看出，各种联产品必定在产品生产过程中的某个步骤进行分离。分离后的联产品有的可以直接出售，有的则需进一步加工后再出售。联产品在分离时的生产步骤称为分离点。分离点是联合生产程序的结束，是各种联产品可以辨认的生产分界点。分离点之前归集的生产费用称为联合成本。

各种联产品总是在同一生产过程中同时被生产出来的，因此，不可能分别归集每种产品的生产费用，直接计算其产品成本，只能把联合生产过程中发生的生产费用归集在一起，先计算联产品分离前的联合成本，然后采用一定的分配方法，将联合成本在各联产品之间进行分配，计算出各联产品的成本。分离后需要继续加工的联产品的成本称为可归属成本。联合成本与可归属成本之间的关系如图3-5所示。

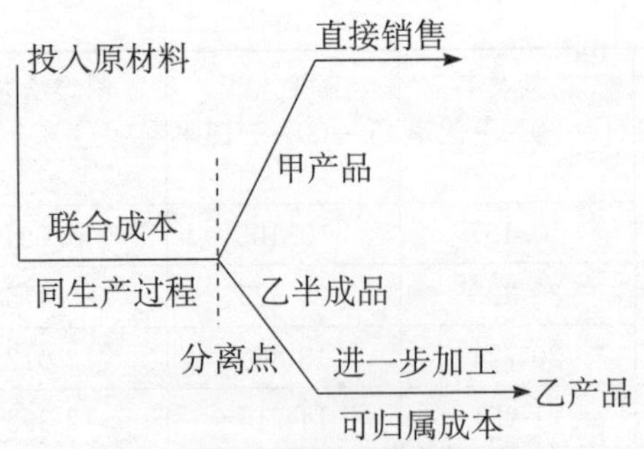

图3-5　联合成本与可归属成本关系图

由图3-5可知，联产品的成本计算由两部分组成，即联产品分离点前的联合成本分配和分离点后加工成本的计算。分离点前成本的归集和分离点后可归属成本的计算，可根据生产类型和管理要求，采用一定的产品成本计算方法，这在前文中已有所述及，这里不再重复。联产品联合成本的分配是计算联产品成本的关键，常用的分配方法有系数分配法、实物

量分配法、相对销售收入分配法和净实现价值分配法等。

1. 系数分配法

系数分配法是指将各种联产品的实际产量按事先规定的系数折算为相对产量，然后按各联产品的相对产量比例来分配联产品的联合成本。因此，系数制定标准的选择是否适当，是各联产品成本计算是否准确的关键。在实际中，确定系数的标准既可以是各联产品的技术特征，如重量、体积、质量、性能等，也可以是各联产品的经济指标，如定额成本、销售价格等。系数一经制定，应保持相对稳定。具体计算方法在分类法中已经说明。

2. 实物量分配法

实物量分配法是指将产品的联合成本按分离点上各种联产品的重量、容积或其他实物量度比例进行分配。采用这种方法简便易行，因为一般产品都可用实物单位计量，资料容易取得，为成本分摊带来方便。但并不是所有成本都与实物量直接相关，按实物量分配联合成本，容易造成与实际相脱节的情况，即忽视产品的销售价格，造成售价低的联产品亏损。因此，该方法只适用于类似联产品的联合成本分配。

用实物量分配法分配联合成本的步骤如下：

（1）计算联合成本总额。

（2）计算联产品的总数量。

（3）计算联合成本分配率：

$$联合成本分配率=\frac{联合成本总额}{联产品的总数量}$$

（4）计算各种联产品应分配的联合成本：

某种联产品应分配的联合成本＝该种联产品的数量×联合成本分配率

3. 相对销售收入分配法

相对销售收入分配法是指按照各种联产品的销售收入比例来分配联合成本。这种方法认为联产品是同一材料在同一过程中同时产出的，在销售中获得收益水平也应当相同，因此对联合成本在各种联产品之间要按销售收入比例进行分配——售价较高的联产品应负担较高份额的联合成本，售价较低的联产品应负担较低份额的联合成本，使各种联产品的毛利率相同。这个方法避免了实物量分配法售价低产品亏损的缺点，但仍有其不足之处，因为并不是所有的产品成本都与售价有关。这种方法一般较适用于分离后不再加工的联产品。

用相对销售收入分配法分配联合成本的步骤如下：

（1）计算联合成本总额。

（2）计算分离点上所有联产品销售收入总额。

（3）计算联合成本分配率：

$$联合成本分配率=\frac{联合成本总额}{销售收入总额}$$

（4）分配各联产品成本：

某种联产品应分配的联合成本＝该种联产品的销售收入×联合成本分配率

4. 净实现价值分配法

净实现价值是指产品的最终销售价格扣除其分离后发生的归属成本的价值。净实现价值分配法是指将联产品的联合成本按各联产品的净实现价值比例分摊。

用净实现价值分配法分配联合成本的步骤如下：

（1）计算联合成本总额。

（2）计算分离点上所有联产品的净实现价值总额。

（3）计算联合成本分配率：

$$联合成本分配率=\frac{联合成本总额}{净实现价值总额}$$

（4）分配各联产品成本：

某种联产品应分配的联合成本=该种联产品的净实现价值×联合成本分配率

联合成本的分配方法有很多种，企业应根据自身的特点及联产品的情况，选择合适的方法，使联产品的成本计算准确、简便。

【例3-2】某化工厂用某种原料同时生产出甲、乙两种联产品。本月共生产出甲产品20 000千克，乙产品10 000千克，期初无在产品。该月生产这些联产品的联合成本为：原材料300 000元，直接人工108 000元，制造费用120 000元。甲产品每千克的销售价格为25元，乙产品每千克的销售价格为30元，全部产品均已售出。

根据上述资料，分别用系数分配法、实物量分配法、相对销售收入分配法计算甲、乙两种联产品的成本，如表3-29、表3-30和表3-31所示。

表3-29　　联产品成本计算表（系数分配法）

金额单位：元

产品名称	产量（千克）	系数	标准产量	分配比例	应分配的联合成本			
					直接材料	直接人工	制造费用	合计
甲产品	20 000	1	20 000	64%	192 000	69 120	76 800	337 920
乙产品	10 000	1.125	11 250	36%	108 000	38 880	43 200	190 080
合计	30 000		31 250	100%	300 000	108 000	120 000	528 000

注：以甲产品为标准产品，其系数为1，乙产品的系数为1.125（=30÷25）。

表3-30　　联产品成本计算表（实物量分配法）

金额单位：元

产品名称	产量（千克）	分配率	应分配的联合成本			
			直接材料	直接人工	制造费用	合计
甲产品	20 000		200 000	72 000	80 000	352 000
乙产品	10 000		100 000	36 000	40 000	176 000
合计	30 000	17.6	300 000	108 000	120 000	528 000

注：分配率$=\frac{528\ 000}{30\ 000}=17.6$元/千克，材料费用分配率$=\frac{300\ 000}{30\ 000}=10$元/千克，人工费用分配率$=\frac{108\ 000}{30\ 000}=3.6$元/千克，制造费用分配率$=\frac{120\ 000}{30\ 000}=4$元/千克。

表3-31　　联产品成本计算表（相对销售收入分配法）

金额单位：元

产品名称	产量（千克）	销售价格（元/千克）	销售收入	分配比例	应分配的联合成本			
					直接材料	直接人工	制造费用	合计
甲产品	20 000	25	500 000	62.5%	187 500	67 500	75 000	330 000
乙产品	10 000	30	300 000	37.5%	112 500	40 500	45 000	198 000
合计	30 000		800 000	100%	300 000	108 000	120 000	528 000

（二）副产品的成本计算

副产品是指在同一生产过程中，使用同种原料，在生产主要产品的同时附带生产出来的非主要产品。例如：在原油加工过程中产生的沥青、渣油，制皂过程中产生的甘油，面粉生产中产生的麸皮，等等。

副产品与联产品之间既有联系又有区别。联系在于它们都是联合生产过程的产物，都是投入相同的原材料，经过同一生产过程而产生的；区别主要在于价值。联产品的价值一般较大，而副产品的价值一般较小。同时，联产品本身就是主要产品，是企业生产活动的主要目的；副产品是次要产品，是随着主要产品附带生产出来的，不是企业生产活动的主要目的。但是，联产品和副产品也不是一成不变的。随着技术的进步和生产的发展，某些副产品的用途扩大，经济价值提高，副产品可转为联产品，而一些联产品也会因其价值降低转为副产品。

副产品和联产品一样，都是经过同一生产过程生产出来的产品，因而副产品的成本计算是要确定副产品应负担的分离点前的联合成本。由于副产品的价值较低，在计算成本时，不必像联产品那样复杂，通常只是将副产品按一定标准作价从分离前的联合成本中扣除。副产品在分离后，既可以作为产品直接销售，也可以进一步加工后出售。副产品的成本计算因这两种不同的情况而不同。

1. 无须进一步加工的副产品的成本计算

（1）价值较低的副产品。

对于分离后不再加工的副产品，如果价值不大的话，可以不负担分离前的联合成本，联合成本全部由主产品负担。这种方法手续简单、使用方便，但由于副产品不负担分离前的联合成本，会影响主产品成本计算的正确性。

（2）价值较高的副产品。

如果副产品价值较高，可以将副产品的销售价格作为计算依据，用销售价格扣除销售税金、销售费用和正常利润后，作为副产品应负担的成本从联合成本中扣除。扣除副产品成本后的联合成本为主产品成本。当市价大幅度波动时，副产品的价值和成本将大受影响，随之会影响主产品成本计算的准确程度。

2. 需要进一步加工的副产品的成本计算

（1）只负担可归属成本的副产品。

副产品不负担分离点前发生的联合成本，而只把分离后进一步加工的成本作为副产品成本。这种方法简便易行，但它低估了副产品成本，高估了主产品成本。

（2）既负担可归属成本又负担分离点前的联合成本的副产品。

这种方法下，可采用前文所述的方法，将销售价格扣除销售费用和销售税金后的价值，再减去进一步加工后的价值比例作为分配标准。

【例 3－3】某厂在生产甲产品的同时，生产乙副产品，假定本期发生生产费用 500 000 元，其中直接材料 350 000 元，直接人工 100 000 元，制造费用 50 000 元。乙副产品的产量为 2 000 单位，单位售价 15 元，单位销售税金 2 元，单位销售费用 1 元，单位正常利润 2 元。假定副产品成本从各成本项目中扣除，则成本计算情况如表 3－32 所示。

乙副产品应分配的成本＝2 000×(15－2－1－2) ＝20 000（元）

表 3-32　副产品成本计算表

金额单位：元

成本项目	总成本	费用比例	乙副产品应分配的成本	甲产品应分配的成本
直接材料	350 000	70%	14 000	336 000
直接人工	100 000	20%	4 000	96 000
制造费用	50 000	10%	2 000	48 000
合　计	500 000	100%	20 000	480 000

承前例，假定乙副产品在分离后还需进一步加工，其加工成本为每单位 2 元，则成本计算情况如表 3-33 所示。

乙副产品应分配的成本＝2 000×(15－2－1－2－2) ＝16 000（元）

表 3-33　副产品成本计算表

金额单位：元

成本项目	总成本	费用比例	乙副产品应分配的成本	甲产品应分配的成本
直接材料	350 000	70%	11 200	338 800
直接人工	100 000	20%	3 200	96 800
制造费用	50 000	10%	1 600	48 400
合　计	500 000	100%	16 000	484 000

（三）等级产品的成本计算

等级产品是指使用同种原料，经过同一生产过程生产出来的品种相同但品级或质量不同的产品。如纺织品、搪瓷器皿等常有等级产品的产生。等级产品与联产品、副产品的相同之处在于都是使用同种原材料，经过同一生产过程而产生的。它们的不同之处在于联产品、副产品是不同种产品，但同一种产品的质量较为一致，采用相同的价格销售；等级产品是同种产品，但在产品质量上存在差异，因而按不同等级确定不同的价格销售。

等级产品也不同于次品。两者之间的根本区别在于等级产品是合格品，次品是非合格品。不同等级的产品在质量上存在的差别，一般是设计范围所允许的，这差别一般不影响产品的正常使用；次品则是指质量指标未达到设计要求的等外品。

各等级的产品因为经过相同的生产过程，使用了相同的原料，所以它们的成本应该是相同的，即等级低的产品应该和等级高的产品单位成本相同。但是等级低的产品因售价低于等级高的产品而减少的利润，正好说明企业在工作上的过失引起了损失。等级产品应视造成等级产品质量差别的原因确定成本计算方法。

1. 实物量分配法

如果等级产品是工人操作不当、技术不熟练等主观原因造成的，那么可以采用实物量分配法，以便各等级产品的单位成本相同。

2. 系数分配法

如果等级产品是由于原料的质量、工艺技术条件不同导致难以控制产品的质量，即客观原因造成的，那么不同的等级产品应分配不同的成本。

【例 3-4】某厂本期生产甲产品 10 000 个，其中一级品 8 000 个、二级品 1 000 个、三级品 800 个、四级品 200 个，其单位售价分别为 20 元、16 元、14 元、12 元。本期全部联合成本为 100 000 元。采用实物量分配法和系数分配法计算等级产品成本，如表 3-34 和表 3-35

所示。

表 3-34 等级产品成本计算表（实物量分配法）

金额单位：元

产品等级	产量（个）	比例	各等级产品应分配的成本	各等级产品单位成本
一	8 000	80%	80 000	10
二	1 000	10%	10 000	10
三	800	8%	8 000	10
四	200	2%	2 000	10
合 计	10 000	100%	100 000	

表 3-35 等级产品成本计算表（系数分配法）

金额单位：元

产品等级	产量（个）	单位售价	系数	标准产量	比例	各等级产品应分配的成本	各等级产品单位成本
一	8 000	20	1	8 000	84.39%	84 390	10.55
二	1 000	16	0.8	800	8.44%	8 440	8.44
三	800	14	0.7	560	5.91%	5 910	7.39
四	200	12	0.6	120	1.26%	1 260	6.30
合计	10 000			9 480	100%	100 000	

案例讨论

食品厂的产品包括面包、饼干、糖果和罐头等，一般按照产品种类分设生产车间或生产小组进行生产。

面包的生产包括配料（调和面粉）、成型、烘烤、包装四个工序。面粉、砂糖、植物油等原料，按配料工序分次按照配料比例投入生产；经过搅拌和制，置于容器中发酵三四个小时，进入成型工序；经过机器加工，切割揉团成为一定重量的面团，放入铁模内；经过高温再发酵，送入烘炉内烤成面包；冷却后即可包装入库。

饼干的生产包括配料（调和面粉）、成型烘烤、冷却整理、包装四个工序。原料也是按配料工序分次按配料比例投入生产；经过搅拌和制，进入成型机，用铜模轧制成各种形状的饼干，并用烘炉烘烤；再经过冷却整理，挑出不合格的返工品以后，即可包装入库。

面包和饼干的生产一般是在流水线上进行的。这种生产的工艺过程不能间断，不能由几个车间或企业分散进行，因而一般归为单步骤生产，其生产组织多是大量大批生产。

根据上述生产特点，面包和饼干的成本一般采用品种法计算。在所产面包和饼干的品种、规格繁多的食品厂中，为了简化成本计算工作，还可结合分类法计算产品成本。即将产品按照面包和饼干归类，先计算面包类产品和饼干类产品的成本，然后采用一定的分配标准，分配计算类内各种面包或饼干的成本。

讨论：

（1）为什么说面包和饼干的成本一般采用品种法计算？（提示：从生产类型、品种法特点等角度讨论）

（2）该食品厂成本计算的品种怎样来划分？为什么？

（3）成本计算的品种法和分类法有何关联？

项目小结

品种法是指把产品品种作为成本计算对象，归集生产费用，计算产品成本的方法。品种法适用于大量大批单步骤生产，以及在大量大批多步骤生产中生产规模较小、车间是封闭式的、生产流水线组织、管理上不要求按生产步骤计算产品成本的企业或车间的成本计算。其计算步骤是：按产品品种开设产品生产成本明细账或产品成本计算单，按各种收益产品分配要素费用，归集和分配辅助生产费用和制造费用，最后将归集的生产费用在完工产品与月末在产品之间进行分配，确定完工产品成本和单位成本。

项目训练

一、单项选择题

1. 在大量大批多步骤生产且管理上不要求分步骤计算产品成本的企业，应采用（　　）。

A. 品种法　　B. 分类法　　C. 分步法　　D. 分批法

2. 品种法适用的生产组织是（　　）。

A. 大量成批生产　　B. 大量大批生产　　C. 大量小批生产　　D. 单件小批生产

3. 企业利用同种原材料，在同一生产过程中生产出的几种地位相同的主要产品，称为(　　)。

A. 半成品　　B. 联产品　　C. 副产品　　D. 等级产品

4. 企业在生产主要产品的同时，附带生产出来的一些次要产品，或利用生产中的废料加工而成的产品，称为（　　）。

A. 类产品　　B. 联产品　　C. 副产品　　D. 等级产品

5. 主、副产品分离前发生的成本叫（　　）。

A. 联合成本　　B. 固定成本　　C. 直接成本　　D. 间接成本

6. 系数法是（　　）的一种，系数一经确定，应保持相对稳定，不应随意变更。

A. 分类法　　B. 分批法　　C. 品种法　　D. 分步法

7. 采用分类法，首先应按（　　）等标准，将产品划分为若干类别。

A. 产品性质、结构、工艺过程及耗用原材料

B. 产品定额费用

C. 产品售价

D. 产品性质

8. 下列各项中，（　　）最适宜采用分类法计算产品成本。

A. 类产品　　B. 联产品　　C. 等级产品　　D. 副产品

9. 分类法适用于（　　）。

A. 大量大批生产　　B. 单件小批生产

C. 单步骤或多步骤生产　　D. 各种类型的生产

二、多项选择题

1.（　　）适宜采用品种法计算产品成本。

A. 大量大批单步骤生产企业

B. 单件小批生产企业

C. 大量大批多步骤但不计算各步骤成本的企业

D. 供电、供水等辅助生产车间

2. 下列各项中，（　　）是品种法的特点。

A. 以品种为成本计算对象　　B. 成本计算期与会计报告期一致

C. 不分步计算产品成本　　D. 计算自制半成品成本

3. 计入产品成本的各种职工薪酬，可分别借记（　　）账户。

A. 基本生产成本　B. 辅助生产成本　C. 制造费用　　D. 管理费用

4. 产品成本项目可设（　　）。

A. 直接材料　　B. 直接人工　　C. 制造费用　　D. 燃料及动力

5. 应计入产品成本的固定资产折旧费用，在计提时应分别借记（　　）账户。

A. 辅助生产成本　B. 制造费用　　C. 管理费用　　D. 基本生产成本

6. 下列企业适宜采用品种法进行成本计算的是（　　）。

A. 发电厂　　B. 煤矿　　C. 钢铁厂　　D. 造船厂

7. 品种法的计算流程依次是（　　）。

A. 分配各项要素费用

B. 按产品品种开设生产成本明细账

C. 分配辅助生产费用和基本生产车间的制造费用

D. 计算完工产品与月末在产品成本

8. 产品成本计算与会计核算的联系在于（　　）。

A. 编制各种费用分配表

B. 平行登记

C. 生产费用在完工产品与月末在产品之间进行分配

D. 编制各种会计分录

9. 类内产品之间分配产品成本的标准有（　　）。

A. 产品的体积或重量　　B. 产品售价

C. 定额消耗量　　D. 定额费用

10. 采用系数法确定系数时，一般在同类产品中选择（　　）的产品作为标准产品。

A. 产量较大、生产较稳定　　B. 规格适中

C. 售价适中　　D. 产量较小

11. 采用分类法计算产品成本，关键是（　　）的确定是否适当。

A. 产品售价　　B. 产品分类

C. 类内产品成本分配标准　　D. 系数

三、判断题

1. 在品种法下，一般不存在完工产品与月末在产品之间生产费用的分配。（　　）

2. 由于生产工艺过程不能间断，单步骤生产只能采用品种法或分批法进行成本计算。（　　）

3. 在品种法下，如果单步骤生产且品种单一，月末在产品很少或没有，则可以不计算在产品成本，这种情况下的品种法，也称简单法。（　　）

4. 发电、采掘等企业应采用分批法进行成本计算。（　　）

5. 供电、供气、机修等辅助生产车间可以采用品种法进行成本计算。（　　）

6. 一个工业企业只能采用一种产品成本计算方法，不能同时采用其他方法。（　　）

7. 使用分类法的关键在于如何确定标准产品。（　　）

8. 在分类法下，类内完工产品的各项费用都必须采用同一标准进行分配。（　　）

9. 可以运用分类法的原理来计算人工操作造成的等级产品的产品成本。（　　）

10. 联产品必须采用分类法进行成本计算。（　　）

11. 副产品与主产品分离后，若后续加工费用不大，加工时间不长，可不计算其实际成本。（　　）

四、案例分析题

某企业设有一个基本生产车间和一个供电车间，生产甲、乙两种产品。产品成本采用品种法计算。8月有关成本资料如下：

（1）基本生产车间发生原材料费用66 000元：甲产品耗用A材料20 000元，乙产品耗用B材料28 000元，甲、乙产品共同耗用C材料16 000元，车间一般耗用C材料2 000元。C材料定额消耗量为甲产品6 000千克、乙产品4 000千克。

（2）基本生产车间发生应付工资28 600元：生产工人工资24 000元，管理人员工资4 600元。基本生产车间产品生产工时为甲产品300小时、乙产品500小时。

（3）基本生产车间月初在用固定资产原值600 000元，固定资产月折旧率为2%。

（4）供电车间供电1 200度，计9 600元：提供给基本生产车间800度，其中甲产品300度、乙产品400度、车间管理部门100度；提供给企业管理部门400度。

（5）甲产品完工200件，月末没有在产品。乙产品完工160件，月末在产品40件，完工程度为50%，原材料在生产开始时一次性投入。甲产品月初在产品成本为12 000元，其中直接材料5 000元、直接人工2 632元、燃料及动力368元、制造费用4 000元；乙产品月初在产品成本为25 000元，其中直接材料14 000元、直接人工4 386元、燃料及动力614元、制造费用6 000元。

要求：

(1) 对各项要素费用进行分配，完成表 3 - 36 至表 3 - 38（C 材料按定额消耗量比例分配，基本生产车间工人工资按产品生产工时比例分配）。

(2) 对辅助生产费用进行分配，完成表 3 - 39。

(3) 对制造费用进行分配，完成表 3 - 40（按产品生产工时比例分配）。

(4) 登记甲、乙产品生产成本明细账，计算甲、乙产品成本，完成表 3 - 41 和表 3 - 42。

表 3 - 36

C 材料费用分配表

20××年　月　日　　　　金额单位：元

应借账户			分配标准	分配率	分配金额
总账账户	二级账户	明细账户			
生产成本	基本生产成本	甲产品			
生产成本	基本生产成本	乙产品			
合　计					

表 3 - 37

原材料费用分配表

20××年　月　日　　　　单位：元

耗用部门		A 材料	B 材料	C 材料	合计
基本生产车间	甲产品				
	乙产品				
	一般耗用				
合　计					

表 3 - 38

工资分配表

20××年　月　日　　　　金额单位：元

应 借 账 户			生产工时	分配率	应付职工薪酬
总账账户	二级账户	明细账户			
生产成本	基本生产成本	甲产品			
		乙产品			
		小　计			
制造费用					
合　计					

表 3 - 39

辅助生产费用分配表

20××年 8 月　　　　金额单位：元

项目			供电车间
归集的辅助生产成本			
提供给辅助生产车间以外的劳务量			
辅助生产费用分配率			
应借账户	基本生产成本——甲产品	接受劳务量	
		应负担费用	
	基本生产成本——乙产品	接受劳务量	
		应负担费用	

续前表

<table>
<tr><td colspan="3">项目</td><td>供电车间</td></tr>
<tr><td rowspan="4">应借账户</td><td rowspan="2">制造费用</td><td>接受劳务量</td><td></td></tr>
<tr><td>应负担费用</td><td></td></tr>
<tr><td rowspan="2">管理费用</td><td>接受劳务量</td><td></td></tr>
<tr><td>应负担费用</td><td></td></tr>
<tr><td colspan="3">合　计</td><td></td></tr>
</table>

表3-40　　**制造费用分配表**

20××年8月

产品名称	生产工时（小时）	分配率（%）	分配金额（元）
甲产品			
乙产品			
合　计			

表3-41　　**生产成本明细账1**

产品名称：甲产品

单位：元

业务号	摘要	直接材料	直接人工	燃料及动力	制造费用	合计
	期初余额					
1	领料					
2	分配工资					
4	分配辅助生产成本					
5	结转制造费用					
	本月合计					
	完工产品总成本					
	完工产品单位成本					

表3-42　　**生产成本明细账2**

产品名称：乙产品

单位：元

业务号	摘要	直接材料	直接人工	燃料及动力	制造费用	合计
	期初余额					
1	领料					
2	分配工资					
4	分配辅助生产成本					
5	结转制造费用					
	本月合计					
	完工数量					
	约当产量					
	分配率					
	完工产品总成本					
	月末在产品成本					

学习应用分批法

分批法是指以产品的批号或订单作为成本计算对象，归集生产费用，计算产品成本的方法。在小批单件生产的情况下，企业通常是按照订货单位的订单签发生产通知单组织生产的。按照产品批别计算产品成本，往往也就是按照订单计算产品成本。因此，分批法也称订单法。

分批法通常适用于下列从事小批单件生产的企业：(1) 根据客户的要求生产特殊规格、规定数量的产品的企业。包括承接客户委托加工的单件大型产品，如船舶、重型机器；也包括受托生产多件同样规格的产品，如特种仪器或专用设备。(2) 产品种类经常变动的小规模企业。这类企业往往需要根据市场变化不断调整生产品种和数量，一般不可能大批量生产，如小五金商品和服装生产企业等。(3) 专门承揽修理业务的企业。这些企业需要按单项修理业务归集生产费用，计算修理业务成本。(4) 承担新产品开发试制的企业部门，在产品开发期间不可能大批生产试制的产品，因而属于小批量生产，也宜采用分批法计算试制产品的成本。

运用分批法计算产品成本可分为用一般意义的分批法计算产品成本和用简化的分批法计算产品成本两种。

任务 1　用一般意义的分批法计算产品成本

※ 工作任务 ※

清河公司根据购买单位的要求，小批生产 A、B、C 三种产品，该公司 20××年 7 月的生产情况和生产费用记录如下：

(1) 7 月生产的产品批号及完工情况如表 3-43 所示。

表 3-43　产品生产情况

产品批号	产品名称	投产情况	完工产品（件）	月末在产品（件）
710	A 产品	7 月 5 日投产 24 件	16	8
711	B 产品	7 月 10 日投产 20 件		20
612	C 产品	6 月 20 日投产 32 件	8	24

(2) 7 月初在产品成本如表 3-44 所示。

表 3-44　月初在产品成本

单位：元

产品批号	产品名称	成本项目			合　计
		直接材料	直接人工	制造费用	
612	C 产品	5 920	2 640	2 880	11 440

（3）7月各批号产品发生的生产费用如表3-45所示。

表3-45 产品生产费用资料

单位：元

产品批号	产品名称	直接材料	直接人工	制造费用	合　计
710	A产品	9 024	5 520	6 200	20 744
711	B产品	7 960	6 280	5 380	19 620
612	C产品	4 400	4 280	5 000	13 680

（4）完工产品与月末在产品之间的费用分配方法如下：

710批号A产品本月完工数量较大，采用约当产量法确认月末在产品成本。该批产品所需原材料在生产开始时一次性投入，在产品完工程度为50%。

711批号B产品本月全部未完工，本月生产费用全部为月末在产品成本。

612批号C产品本月完工数量少，为简化计算，完工产品按计划成本结转。每件产品单位计划成本为：直接材料320元，直接人工210元，制造费用245元。

根据上述资料，按照程序归集生产费用，采用一般意义的分批法计算产品成本。

※ 知识准备 ※

应用分批法计算产品成本，其基本程序与品种法基本相同，但在成本计算对象、成本计算期和生产费用的分配三方面与后者有所不同。

一、把产品批号或订单作为成本计算对象

产品的订单与组织产品生产的批号之间存在三种情况。一是一份订单一个批号。二是一份订单几个批号，具体分三种：当一份订单中有多种产品时，按照产品品种划分批号组织生产，计算产品成本；当一份订单是一件或一种由许多部件装配而成的大型复杂产品时，产品价值大，生产周期长，可以按照产品的组成部分，分批号组织生产，分批号计算产品成本；当一份订单的批量较大，对方又要求分期交货时，可以划分为若干批号组织生产。三是几份订单一个批号。

因此，分批法的成本计算对象不是购货单位的订单，而是企业生产部门按照购货单位的订单，结合企业的实际情况签发下达的生产任务通知单。单内对该批生产任务进行编号，这种编号称为产品批号或生产令号，成本会计部门应当根据产品批号设置基本生产成本明细账。

二、把各批产品的生产周期作为成本计算期

分批法以产品的批别为成本计算对象，每批产品的成本只有在该批产品完工时才能计算出来，因此成本计算期就是每批产品的生产周期，与会计报告期通常不一致。每一批别产品的生产周期依据合同要求而定，因此，分批法的成本计算期是不定期的。

三、在完工产品与月末在产品之间分配生产费用较简单

在单件生产的情况下，产品完工前所归集的生产费用就是月末在产品成本，产品完工后

所归集的生产费用就是完工产品成本。在小批生产的情况下，在计算产品成本时，往往已经全部完工的产品所发生的生产费用形成完工产品成本，或者全部没有完工的产品所发生的生产费用形成月末在产品成本，因此，分批法一般不存在完工产品与月末在产品之间生产费用分配的问题。在批量较大的情况下，出现批内产品跨月陆续完工交货的，为了使收入与费用相配比，需要将所归集的生产费用在完工产品与月末在产品之间进行分配，以便计算完工产品与月末在产品成本。

为了简化成本计算过程，对于同一批别内先完工的产品，可以按计划单位成本、定额单位成本或最近一期相同产品的实际单位成本计价，从该批产品的成本计算单中转出，剩下的即为该批产品的月末在产品成本。当该批产品全部完工时，另行计算该批产品的实际成本和单位成本，但对原来计算并转出的前期完工产品成本不做账面调整。如果同一批别产品跨月完工的数量较多，为正确计算产品成本，应采用适当的方法，在完工产品与月末在产品之间分配生产费用。

※ 工作过程 ※

用一般意义的分批法计算产品成本的过程与品种法基本相同（见图 3-6），主要通过三个步骤完成。

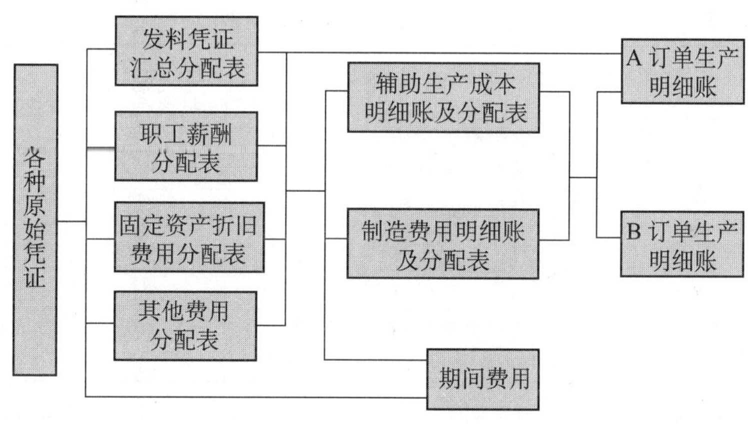

图 3-6　一般意义的分批法成本计算过程

一、开设基本生产成本明细账

按批别开设 7 月投产的 710 批号 A 产品和 711 批号 B 产品的基本生产成本明细账，如表 3-46、表 3-47 和表 3-48 所示。需要注意的是，612 批别 C 产品系 6 月投产，其基本生产成本明细账已在 6 月开设。

二、归集和分配各项生产费用

按批别归集和分配各项生产费用（费用分配表的编制略），登记各批别产品的基本生产成本明细账，如表 3-46、表 3-47 和表 3-48 所示。

三、计算完工产品成本

(1) 计算710批号A产品的完工产品与月末在产品成本。

7月完工710批号A产品16件，完工产品与月末在产品应分配的生产费用计算如下：

$$完工产品应分配的材料费用=\frac{9\ 024}{24}\times16=6\ 016（元）$$

月末在产品应分配的材料费用=9 024－6 016=3 008（元）

$$完工产品应分配的人工费用=\frac{5\ 520}{16+8\times50\%}\times16=4\ 416（元）$$

月末在产品应分配的人工费用=5 520－4 416=1 104（元）

$$完工产品应分配的制造费用=\frac{6\ 200}{16+8\times50\%}\times16=4\ 960（元）$$

月末在产品应分配的制造费用=6 200－4 960=1 240（元）

A产品的基本生产成本明细账如表3-46所示。

表3-46　　基本生产成本明细账

产品批号：710　　投产日期：7月

产品名称：A产品　　批量：24件　　本月完工：16件　　完工日期：7月

20××年		凭证号	摘要	成本项目			合计
月	日			直接材料	直接人工	制造费用	
7	31	略	分配材料费用	9 024			9 024
	31		分配人工费用		5 520		5 520
	31		分配制造费用			6 200	6 200
	31		本月生产费用合计	9 024	5 520	6 200	20 744
	31		结转完工产品成本	6 016	4 416	4 960	15 392
	31		完工产品单位成本	376	276	310	962
	31		月末在产品成本	3 008	1 104	1 240	5 352

(2) 计算711批号B产品的完工产品与月末在产品成本。

7月711批号B产品全部没有完工，发生的生产费用为月末在产品成本。B产品基本生产成本明细账如表3-47所示。

表3-47　　基本生产成本明细账

产品批号：711　　投产日期：7月

产品名称：B产品　　批量：20件　　本月完工：　　完工日期：

20××年		凭证号	摘要	成本项目			合计
月	日			直接材料	直接人工	制造费用	
7	31	略	分配材料费用	7 960			7 960
	31		分配人工费用		6 280		6 280
	31		分配制造费用			5 380	5 380

注：711批别B产品全部为未完工产品，结转下月。

(3) 计算 612 批号 C 产品的完工产品与月末在产品成本。

7 月 612 批号 C 产品完工 8 件，按计划单位成本计算完工产品与月末在产品成本如下：

完工产品应分配的材料费用＝320×8＝2 560（元）

完工产品应分配的人工费用＝210×8＝1 680（元）

完工产品应分配的制造费用＝245×8＝1 960（元）

完工产品成本＝2 560＋1 680＋1 960＝6 200（元）

月末在产品成本＝25 120－6 200＝18 920（元）

C 产品的基本生产成本明细账如表 3－48 所示。

表 3－48　基本生产成本明细账

产品批号：612　　　　　　投产日期：6 月

产品名称：C 产品　　批量：32 件　　本月完工：8 件　　完工日期：

20××年		凭证号	摘　要	成本项目			合　计
月	日			直接材料	直接人工	制造费用	
7	1		月初在产品	5 920	2 640	2 880	11 440
7	31	略	分配材料费用	4 400			4 400
	31		分配人工费用		4 280		4 280
	31		分配制造费用			5 000	5 000
	31		本月生产费用合计	10 320	6 920	7 880	25 120
	31		结转完工产品成本	2 560	1 680	1 960	6 200
	31		单位计划成本	320	210	245	775
	31		月末在产品成本	7 760	5 240	5 920	18 920

根据基本生产成本明细账中确定的完工产品成本，编制结转完工产品成本的记账凭证，会计分录如下：

借：库存商品——A 产品　　15 392

　　　　　　——C 产品　　6 200

　贷：生产成本——基本生产成本——710　　15 392

　　　　　　　——基本生产成本——612　　6 200

任务 2　用简化的分批法计算产品成本

※ 工作任务 ※

延河公司分批生产多种产品，产品批别和月末未完工产品批别都较多，为了简化成本计算工作，采用简化的分批法计算产品成本。20××年 6 月该企业的产品批号及完工情况如表 3－49 所示。

表3-49 产品生产情况表

产品批号	产品名称	投产情况	完工产品（件）	月末在产品（件）
411	A产品	4月3日投产32件	32	
512	B产品	5月8日投产16件	8	8
513	C产品	5月21日投产20件		20
614	C产品	6月10日投产12件		12
615	D产品	6月25日投产15件		15

512批号B产品，其原材料是在生产开始时一次性投入的，完工产品所耗工时为5 920小时，在产品所耗工时为2 520小时。

※ 知识准备 ※

简化的分批法是指通过对间接费用采用累计分配率进行分配，以减少成本计算工作量的分批法。即将每月发生的人工费用和制造费用等间接费用，不再按月在各批产品之间进行分配，而是将这些间接费用累计起来，待某批产品完工时，根据完工产品工时占累计总工时的比例，确认完工产品应分配的间接费用，据以计算完工批别产品成本。因此，这种方法被称为累计间接费用分配法。

由于简化的分批法在月末在产品的批别之间不再分配间接费用，因此也被称为不分批计算在产品成本的分批法。简化的分批法适用于投产批别众多，而每月完工批别较少的企业。与一般意义的分批法相比较，简化的分批法具有如下特点：

一、要增设基本生产成本二级账

采用简化的分批法计算产品成本时，企业在按批别设置基本生产成本明细账的同时，还要设置基本生产成本二级账。前者在平时只登记直接计入的原材料费用和生产工时，后者则归集企业投产的所有批别产品的各项费用和累计的全部生产工时。

二、在有完工产品的月份要计算累计间接费用分配率

在没有完工产品的月份，不再分配发生的间接费用；在出现完工产品的月份，则要计算累计间接费用分配率。累计间接费用分配率，既是在各批完工产品之间分配各项间接费用的依据，也是在完工产品与月末在产品之间分配各项间接费用的依据。其计算公式是：

$$累计间接费用分配率=\frac{期初结存的全部产品的间接费用+本月发生的全部间接费用}{期初结存的全部在产品的工时+本月发生的全部工时}$$

$$完工产品批别应分配的间接费用=该批产品的累计工时数\times累计间接费用分配率$$

在实际工作中，间接费用包括人工费用与制造费用，因此通常要分别计算累计人工费用分配率和累计制造费用分配率，分别计算完工批次产品应分配的人工费用与制造费用。

三、对当月完工的不同批别产品均按同一累计间接费用分配率进行分配

在有完工产品批别的月份，不论完工批别的多少，都只计算统一的累计间接费用分配率进行间接费用的分配。这样不仅简化了间接费用的分配工作，还简化了对未完工批别的产品

生产成本明细账的登记工作，因此，企业未完工的批数越多，成本计算就越简化。

采用简化的分批法计算产品成本存在的不足之处包括：一是未完工批别产品的基本生产成本明细账不能完整地反映其在产品的成本；二是如果各月发生的间接费用相差悬殊，会影响各月产品成本计算的正确性。例如：前几个月的间接费用较多，本月的间接费用较少，而某批产品本月投产本月完工，这样，按累计间接费用分配率计算的该批完工产品应分配的成本就会发生不应有的偏高；反之，会造成不应有的偏低。此外，如果月末未完工产品的批数不多，也不宜采用这种方法。因为，一方面仍要对完工产品分配登记各项间接费用，不能简化成本计算工作；另一方面又在一定程度上影响了产品成本计算的准确性。

因此，应用简化的分批法计算产品成本必须具备两个条件：一是各个月份的间接费用水平比较均衡，二是月末未完工产品的批数较多。这样才能保证既简化产品成本的计算工作，又确保产品成本计算的准确性。

※ 工作过程 ※

简化的分批法成本计算过程如图 3－7 所示。

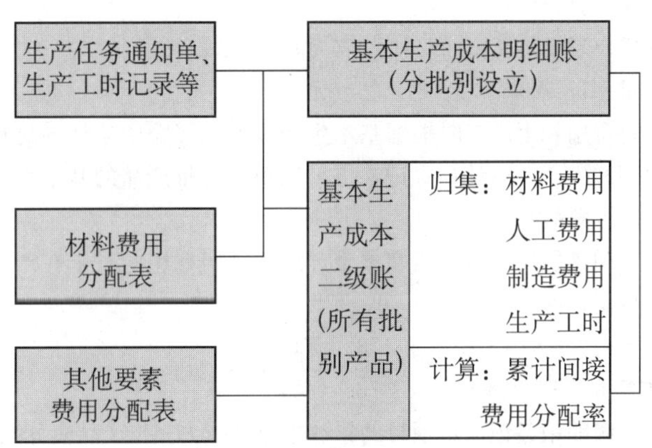

图 3－7　简化的分批法成本计算过程

一、开设基本生产成本明细账和基本生产成本二级账

开设各批别产品的基本生产成本明细账和基本生产成本二级账，该企业的基本生产成本二级账累计资料如表 3－50 所示。

表 3－50　　基本生产成本二级账（各批别产品总成本）

20××年		凭证号	摘　要	生产工时	成本项目			合　计
月	日				直接材料	直接人工	制造费用	
6	1	略	期初在产品成本	13 700	60 614	20 292	25 966	106 872
6	30		本月发生生产费用	10 340	31 328	13 364	17 306	61 998
	30		累计数	24 040	91 942	33 656	43 272	168 870
	30		累计间接费用分配率			1.4	1.8	
	30		本月完工转出	17 520	44 712	24 528	31 536	100 776
	30		期末在产品成本	6 520	47 230	9 128	11 736	68 094

注：基本生产成本二级账中数据说明：

(1) 5月末在产品的生产工时和各项费用是截至5月末各批产品的累计生产工时和发生的累计生产费用。

(2) 6月发生的材料费用和生产工时是根据6月各批产品的材料费用分配表、生产工时记录登记（与各批产品的基本生产成本明细账平行登记）的；6月发生的人工费用和制造费用等间接费用，根据各项费用分配表登记。

(3) 完工产品的材料费用和生产工时根据各批产品基本生产成本明细账中完工产品的材料费用和生产工时汇总登记，即：

完工产品材料费用＝35 460＋9 252＝44 712（元）

完工产品生产工时＝11 600＋5 920＝17 520（小时）

(4) 全部产品累计间接费用分配率为：

$$累计人工费用分配率=\frac{33\ 656}{24\ 040}=1.4（元/小时）$$

$$累计制造费用分配率=\frac{43\ 272}{24\ 040}=1.8（元/小时）$$

完工产品应分配的各项间接费用可以根据各批完工产品的基本生产成本明细账中所列生产工时分别乘以各该累计间接费用分配率计算，即：

完工产品人工费用＝17 520×1.4＝24 528（元）

完工产品制造费用＝17 520×1.8＝31 536（元）

(5) 月末在产品的材料费用和生产工时根据基本生产成本二级账中累计的材料费用和生产工时分别减去本月完工产品的材料费用和生产工时计算登记，也可以根据各批产品的基本生产成本明细账中的月末在产品的材料费用和生产工时汇总后登记。

(6) 月末在产品的各项间接费用可以根据基本生产成本二级账中的月末在产品生产工时分别乘以各该累计间接费用分配率计算登记，即：

月末在产品人工费用＝6 520×1.4＝9 128（元）

月末在产品制造费用＝6 520×1.8＝11 736（元）

也可以根据基本生产成本二级账中各该成本项目的累计数分别减去完工产品应分配的相应费用后计算登记。

二、登记各批别产品发生的生产费用和生产工时

登记各批别产品发生的生产费用和生产工时，如表3－51至表3－55所示。

三、计算完工产品成本

(1) 411批号A产品本月末全部完工，其累计的材料费用和生产工时就是完工产品的材料费用和生产工时。将生产工时分别乘以累计人工费用分配率和累计制造费用分配率，即为完工产品的人工费用和制造费用。计算A产品应分配的人工费用和制造费用如下：

完工产品应分配的人工费用＝11 600×1.4＝16 240（元）

完工产品应分配的制造费用＝11 600×1.8＝20 880（元）

411批号A产品的基本生产成本明细账如表3－51所示。

表 3-51　　**基本生产成本明细账**

产品批号：411　　产品名称：A产品　　投产日期：4月3日
订货单位：洪湖工厂　　批量：32件　　本月完工：32件　　完工日期：

20××年		凭证号	摘　要	生产工时	成本项目			合　计
月	日				直接材料	直接人工	制造费用	
4	30	略	本月发生生产费用	4 400	27 400			27 400
5	31		本月发生生产费用	4 000	5 660			5 660
6	30		本月发生生产费用	3 200	2 400			2 400
	30		累计数	11 600	35 460			35 460
	30		累计间接费用分配率			1.4	1.8	
	30		本月完工转出	11 600	35 460	16 240	20 880	72 580
	30		完工产品单位成本		1 108.13	507.50	652.50	2 268.13

【提示】在各批产品的基本生产成本明细账中，平时只登记材料费用和生产工时，因此，在没有完工产品的月份，各账户的直接材料累计数即为各该批月末在产品的全部材料费用，生产工时累计数即为各该批产品所消耗的全部生产工时。各批产品的基本生产成本明细账中的直接材料累计数之和与生产工时累计数之和，应该等于基本生产成本二级账中所反映的全部批别的在产品的直接材料累计数之和与生产工时累计数之和。

当月有完工（包括全批完工和批内部分完工）产品的，其基本生产成本明细账除了要登记当月发生的材料费用和生产工时外，还要加计材料费用累计数，并根据基本生产成本二级账中相关数据计算的累计间接费用分配率确认完工产品应分配的人工费用和制造费用，计算完工产品成本与单位成本。

（2）512批号B产品，本月部分完工，应当按照一定的方法确定完工产品应分配的材料费用，根据完工产品所耗工时和累计间接费用分配率计算应分配的人工费用和制造费用，计算结果如下：

$$完工产品应分配的材料费用=\frac{18\ 504}{16}\times 8=9\ 252（元）$$

月末在产品应分配的材料费用＝18 504－9 252＝9 252（元）

完工产品应分配的人工费用＝5 920×1.4＝8 288（元）

完工产品应分配的制造费用＝5 920×1.8＝10 656（元）

512批号B产品的基本生产成本明细账如表3-52所示。

表 3-52　　**基本生产成本明细账**

产品批号：512　　产品名称：B产品　　投产日期：5月8日
订货单位：太湖公司　　批量：16件　　本月完工：8件　　完工日期：

20××年		凭证号	摘　要	生产工时	成本项目			合　计
月	日				直接材料	直接人工	制造费用	
5	31	略	本月发生生产费用	4 800	18 504			18 504
6	30		本月发生生产费用	3 640				
	30		累计数	8 440	18 504			18 504
	30		累计间接费用分配率			1.4	1.8	
	30		本月完工转出	5 920	9 252	8 288	10 656	28 196
	30		完工产品单位成本		1 156.50	1 036	1 332	3 524.50
	30		月末在产品成本	2 520	9 252			

（3）513批号C产品、614批号C产品和615批号D产品，本月均未完工，因此，各该批产品的基本生产成本明细账中只登记本月发生的材料费用和生产工时，各该批产品基本生产成本明细账中材料费用和生产工时的累计数，即为月末在产品的材料费用和生产工时的累计数。

该三批产品的基本生产成本明细账分别如表3-53、表3-54和表3-55所示。

表3-53　　基本生产成本明细账

产品批号：513　　产品名称：C产品　　投产日期：5月21日
订货单位：白湖公司　　批量：20件　　本月完工：　　完工日期：

20××年		凭证号	摘　要	生产工时	成本项目			合　计
月	日				直接材料	直接人工	制造费用	
5	31	略	本月发生生产费用	500	9 050			9 050
6	30		本月发生生产费用	1 500	10 000			10 000

表3-54　　基本生产成本明细账

产品批号：614　　产品名称：C产品　　投产日期：6月10日
订货单位：宝湖公司　　批量：12件　　本月完工：　　完工日期：

20××年		凭证号	摘　要	生产工时	成本项目			合　计
月	日				直接材料	直接人工	制造费用	
6	30	略	本月发生生产费用	800	11 428			11 428

表3-55　　基本生产成本明细账

产品批号：615　　产品名称：D产品　　投产日期：6月25日
订货单位：微湖公司　　批量：15件　　本月完工：　　完工日期：

20××年		凭证号	摘　要	生产工时	成本项目			合　计
月	日				直接材料	直接人工	制造费用	
6	30	略	本月发生生产费用	1 200	7 500			7 500

案例讨论

机械修理厂的生产任务是按照企业、单位的要求，修理各种机械设备。由于机械设备的种类繁多，机械修理厂一般还要按工业部门分工，如分为农业机械修理厂、纺织机械修理厂、轻工机械修理厂等。机械修理厂为了充分发挥本身技术设备的生产能力，在完成修理任务的前提下，往往还根据用户的订货，生产某些专用或通用的机械设备，因而机械修理厂往往是机械修造厂。

机械修理厂或机械修造厂的生产工艺与一般机械厂基本相同，有铸工、锻工、机加工、钳工（装配）等生产步骤，属于多步骤生产。生产车间或生产小组（小厂一般不设生产车间而设生产小组）既可以按生产工艺划分，也可以按修造对象的种类划分。机械修造厂的修理项目和产品品种、规格往往很多，且很少重复，生产组织一般为小批单件生产。因此，机械修造厂一般采用分批法计算各批修理作业和产品的成本。在规模较大且按照生产工艺设置车间的机械修造厂中，一般还结合分步法计算各批和各生产步骤的修造成本。在规模虽小但设有铸工小组的机械修造厂中，也要结合使用分步法，以便计算半成品铸件的成本。

机械修理作业的批号很多，且大多不能当月完工，为了简化成本计算工作，在采用分批法计算修理作业成本时，往往采用不分批计算月末在产品成本的分批法。一方面，为全厂的修理作业开立一张修理成本汇总计算单，单内按照成本项目汇总登记全厂修理作业的总成本和修理的总工时数；在有完工的修理作业的月份，还要根据累计的工资和其他费用，以及累计的修理工时数，计算登记累计间接费用分配率。另一方面，按照修理作业批号开立修理作业明细账，用来反映各批修理作业的成本和修理工时数。但在这种明细账中，在修理作业完工以前，只根据领料凭证和工时统计资料，登记所耗材料费用和修理工时数；在修理完工时，才根据累计修理工时数和累计间接费用分配率，计算登记该批修理作业应分配的工资和其他费用，并计算该批修理作业的成本。

讨论：

(1) 为什么机械修理厂的成本一般采用分批法计算？

(2) 机械修理厂在什么条件下可以采用简化的分批法计算产品成本？

(3) 如果采用简化的分批法计算产品成本，具体怎么计算？

(4) 机械修理厂在什么条件下还可结合分步法计算产品成本？为什么？

项目小结

分批法是指按照产品批别归集生产费用、计算产品成本的一种方法。分批法主要适用于单件小批生产的企业，也可用于一般制造业企业中的新产品试制或试验的生产、设备修理作业及辅助生产的工具模具制造等。

分批法的主要特点是：以产品的批别（订单）作为成本计算对象，间接费用在各批别（订单）之间进行分配；成本计算期与会计报告期不一致，与生产周期一致；通常不存在完工产品与月末在产品之间生产费用分配的问题。

在投产批别繁多且月末未完工批别较多的企业中，通常采用一种简化的分批法计算产品成本，即累计间接费用分配法，也称不分批计算在产品成本的分批法。设立基本生产成本二级账是简化的分批法的一个显著特点。

采用简化的分批法计算产品成本，仍应按照产品的批别设置产品基本生产成本明细账。但在各批别产品完工之前，其基本生产成本明细账中只按月登记直接费用（如直接材料）和生产工时，每个月发生的各项间接费用（包括直接人工、制造费用等），不是按月在各批产品之间进行分配，而是先通过基本生产成本二级账进行归集，按成本项目累计起来。仅在有完工产品的月份，按照完工产品累计生产工时比例，在各批产品之间直接进行分配，计算完工产品成本；而全部在产品，不论属于哪一批别，其应负担的间接费用仍以总数反映在基本生产成本二级账中，不进行分配，不分批计算月末在产品成本。

项目训练

一、单项选择题

1. 分批法的成本计算对象是（　　）。

A. 产品批别　　B. 产品类别　　C. 产品步骤　　D. 产品品种

2. 简化的分批法是指（　　）。

A. 分批计算在产品成本的分批法　　B. 不分批计算在产品成本的分批法

C. 不计算在产品成本的分批法　　D. 不分批计算完工产品成本的分批法

3. 产品品种、规模经常变动的小型制造业企业，应采用（　　）计算产品成本。

A. 分步法　　B. 分批法　　C. 分类法　　D. 品种法

4. 下列方法中，（　　）必须设置基本生产成本二级账。

A. 逐步结转分步法　B. 简化的分批法　C. 平行结转分步法　D. 分类法

5. 下列各项中，（　　）不适宜采用简化的分批法计算产品成本。

A. 产品的批别较少　　B. 产品的批别较多

C. 各月间接费用水平相差不大　　D. 月末未完工产品的批别较多

6. 累计间接费用分配率是（　　）。

A. 各批产品之间分配间接费用的依据

B. 各批在产品之间分配间接费用的依据

C. 各批完工产品与月末在产品之间分配间接费用的依据

D. 各批产品之间及各批完工产品与月末在产品之间分配间接费用的依据

7. 采用简化的分批法计算产品成本，各批产品基本生产成本明细账在产品完工之前（　　）。

A. 登记材料费用、生产工时

B. 不登记任何费用

C. 登记全部费用、生产工时

D. 登记直接费用和生产工时，不登记间接费用

8. 采用简化的分批法的主要目的是（　　）。

A. 简化成本计算工作

B. 提供完整的各批完工产品与月末在产品成本资料

C. 提高成本计算的准确性

D. 加强成本管理，提高成本计划工作的水平

二、多项选择题

1. （　　）是分批法的特点。

A. 成本计算对象是产品的批别或件别

B. 月末肯定存在生产费用在完工产品与月末在产品之间进行分配

C. 成本计算期与会计报告期不一致

D. 在领用材料、记录工时时应分清批别，防止串批

2. 下列各项中，（　　）适合采用分批法计算产品成本。

A. 根据购买者订单生产产品的企业

B. 新产品试制企业或车间的生产

C. 规格、品种较多的多步骤机械生产企业

D. 从事特殊、精密铸件及工具模具生产的企业或辅助车间

3. 下列各项中，（　　）是简化的分批法的特点。

A. 采用累计间接费用分配率分配间接费用
B. 间接费用的纵向分配与横向分配在月末一次性完成
C. 必须设立基本生产成本二级账
D. 不分批计算在产品成本

4. 下列各企业中，（　　）适合采用分批法计算产品成本。
A. 造船厂　　B. 印刷厂　　C. 纺织厂　　D. 重型机械厂

5. 采用简化的分批法计算产品成本，各月（　　）。
A. 不在完工产品与在产品之间分配生产费用
B. 只对完工产品分配间接费用
C. 不计算在产品成本
D. 不分批计算在产品成本

6. 简化的分批法适宜（　　）的企业。
A. 同一月份投产的产品批数较多　　B. 月末完工产品的批数较少
C. 各月间接费用水平相差不大　　D. 月末各批在产品数量较多

7. 采用分批法计算产品成本时，若批内产品跨月完工的情况不多，完工产品所占比重很小，则完工产品成本可按（　　）进行计算。
A. 实际单位成本　　B. 定额单位成本
C. 计划单位成本　　D. 近期相同产品的实际单位成本

8. 简化的分批法下，在各批产品基本生产成本明细账中，对于没有完工产品的月份，只登记（　　）。
A. 直接材料费用　　B. 直接人工费用　　C. 生产工时　　D. 间接费用

9. 基本生产成本二级账能提供（　　）。
A. 全部产品的直接费用
B. 全部产品的间接费用
C. 全部产品的间接费用分配率
D. 全部产品的完工产品与月末在产品成本

10. 累计间接费用分配率是（　　）。
A. 各批月末在产品之间分配间接费用的依据
B. 各批完工产品之间分配间接费用的依据
C. 各批完工产品与月末在产品之间分配间接费用的依据
D. 各车间分配间接费用的依据

11. 采用分批法计算产品成本时，成本计算对象可以按（　　）。
A. 一张订单中的不同产品分批确定
B. 一张订单中的同一产品分批确定
C. 一张订单中的单件产品的组成零部件分别确定
D. 多张订单中的同种产品确定

三、判断题

1. 同一月份投产批别较多的企业，不宜采用简化的分批法计算产品成本。（　　）

2. 在简化的分批法下，基本生产成本明细账中只登记直接费用和生产工时的记录。（ ）

3. 简化的分批法不分配各批在产品的直接费用。（ ）

4. 如果同一时期内，几张订单中规定有相同的产品，还应按订单分批组织生产。（ ）

5. 分批法是按批、不分品种计算产品成本的一种方法。（ ）

6. 如果一张订单中规定有几种产品，应合为一批组织生产。（ ）

7. 在简化的分批法下，间接费用在各批完工产品之间、各批完工产品与在产品之间的分配是一次性完成的。（ ）

8. 在没有各批完工产品之前，基本生产成本二级账只登记各批产品的直接费用和生产工时。（ ）

9. 采用分批法，批内产品若出现跨月完工，完工产品的成本按定额单位成本或计划单位成本先行结转，待该批产品全部完工时，再进行账面调整。（ ）

10. 分批法的成本计算期应与会计报告期一致，与生产周期不一致。（ ）

11. 新产品试制车间的生产，宜采用分批法进行成本计算。（ ）

12. 月末完工产品批数较多，各个月份的间接费用相差不大的小批单件生产企业，宜采用简化的分批法计算产品成本。（ ）

13. 简化的分批法能提供各批完工产品与月末在产品的成本资料。（ ）

四、案例分析题

1. 黄河公司下设一个基本生产车间（A车间），小批生产甲、乙、丙三种产品，产品成本计算单中设“直接材料”“直接人工”“制造费用”三个成本项目。

（1）20××年2月产品的批号和生产情况如表3-56所示。

表3-56　　产品生产情况表

产品批号	产品名称	投产情况
121	甲产品	上年12月5日投产100件
122	乙产品	20××年1月10日投产200件
123	丙产品	20××年2月6日投产300件

（2）20××年2月各批产品的期初在产品成本如表3-57所示。

表3-57　　期初在产品成本明细表　　单位：元

成本项目 \ 产品批号	121	122
直接材料	14 200	7 000
直接人工	1 200	700
制造费用	950	400
合　计	16 350	8 100

（3）20××年2月发生的生产费用如表3-58所示。

表 3-58 **生产费用表** 单位：元

产品批号	产品名称	直接材料	直接人工	制造费用	合 计
121	甲产品	3 000	400	700	4 100
122	乙产品		700	800	1 500
123	丙产品	6 000	580	120	6 700

(4) 123 批号丙产品，2 月完工 100 件，月末在产品 200 件，原材料在生产开始时一次性投入，平均加工程度为 50%。按约当产量法分配完工产品与月末在产品成本。

122 批号乙产品，2 月完工 50 件，其余未完工。完工产品按计划单位成本计价：直接材料 35 元、直接人工 8 元、制造费用 7 元，合计 50 元。

121 批号甲产品，2 月全部完工。

要求：

(1) 开设各批号产品基本生产成本明细账，并进行登记（见表 3-59 至表 3-61）。

表 3-59 **产品成本计算单 1**

产品批号：121 投产日期：

产品名称：甲 批量： 本月完工： 完工日期：

项目	直接材料	直接人工	制造费用	合 计
期初余额				
本月生产费用				
合 计				
完工产品总成本				
完工产品单位成本				

表 3-60 **产品成本计算单 2**

产品批号：122 投产日期：

产品名称：乙 批量： 本月完工： 完工日期：

项目	直接材料	直接人工	制造费用	合 计
期初余额				
本月生产费用				
合 计				
单位计划成本				
完工产品成本				
月末在产品成本				

表 3-61 **产品成本计算单 3**

产品批号：123 投产日期：

产品名称：丙 批量： 本月完工： 完工日期：

项目	直接材料	直接人工	制造费用	合 计
本月生产费用				
约当产量				
约当产量合计				
分配率				
完工产品成本				
月末在产品成本				

（2）编制完工产品验收入库的会计分录。

2. 黄河公司下设一个基本生产车间（B车间），小批生产甲、乙、丙、丁四种产品，公司采用简化的分批法计算产品成本。

20××年3月初结存在产品两批，311批号甲产品4件，312批号乙产品6件，月初在产品成本及耗用工时资料如表3-62所示。基本生产成本二级账中，月初在产品成本及工时记录为：直接材料19 000元、直接人工9 000元、制造费用12 000元、生产工时4 000小时。

表3-62　　各批在产品成本、工时及生产记录明细表

产品批号	产品名称	直接材料（元）	生产工时（小时）	投产日期
311	甲产品	11 000	1 000	20××年2月
312	乙产品	8 000	3 000	20××年2月

20××年3月发生下列经济业务：

（1）领用材料：311批号甲产品20 000元，312批号乙产品7 000元，313批号丙产品（本月投产，批量10件）30 000元，314批号丁产品（本月投产，批量5件）1 000元；基本生产车间一般耗用8 000元。

（2）分配工资18 000元，其中：基本生产车间工人工资16 000元、管理人员工资2 000元。

（3）基本生产车间固定资产折旧费用2 000元。

（4）以银行存款支付基本生产车间其他支出9 000元。

（5）结转基本生产车间制造费用。

（6）耗用工时共6 000小时，其中：311批号甲产品1 000小时、312批号乙产品1 500小时、313批号丙产品3 000小时、314批号丁产品500小时。

（7）311批号甲产品全部完工；312批号乙产品完工2件，完工产品工时为1 000小时，完工产品材料费用按计划单位成本结转（计划单位成本为3 500元）；313批号丙产品和314批号丁产品本月全部未完工。

要求：

（1）编制各项要素费用分配表和结转制造费用的会计分录，登记制造费用明细账，如表3-63所示。

（2）计算登记基本生产成本二级账和各批产品基本生产成本明细账，如表3-64至表3-68所示。

（3）编制3月完工产品入库的会计分录。

表3-63　　制造费用明细账

车间：基本车间　　单位：元

摘要	合计	材料费	职工薪酬	折旧费	其他费用
领料					
分配工资					
计提折旧					
支付其他费用					
本月合计					
结转制造费用					

表 3-64　　基本生产成本二级账　　金额单位：元

摘要	生产工时	直接材料	直接人工	制造费用	合　计
期初余额					
领料					
分配工资					
结转制造费用					
生产费用合计					
累计间接费用分配率					
完工转出成本					
月末在产品成本					

表 3-65　　生产成本明细账 1

产品批号：311　　投产日期：

产品名称：甲产品　　批量：　　本月完工：　　完工日期：

项目	生产工时	直接材料	直接人工	制造费用	合　计
期初余额					
领料					
生产费用合计					
累计间接费用分配率					
完工转出成本					
完工产品单位成本					

表 3-66　　生产成本明细账 2

产品批号：312　　投产日期：

产品名称：乙产品　　批量：　　本月完工：　　完工日期：

项目	生产工时	直接材料	直接人工	制造费用	合　计
期初余额					
领料					
生产费用合计					
累计间接费用分配率					
完工转出成本					
月末在产品成本					

表 3-67　　生产成本明细账 3

产品批号：313　　投产日期：

产品名称：丙产品　　批量：　　本月完工：　　完工日期：

项目	生产工时	直接材料	直接人工	制造费用	合　计
领料					
生产费用合计					

表 3-68　　生产成本明细账 4

产品批号：314　　投产日期：

产品名称：丁产品　　批量：　　本月完工：　　完工日期：

项目	生产工时	直接材料	直接人工	制造费用	合　计
领料					
生产费用合计					

学习应用分步法

分步法是指以各生产步骤的产品（或半成品）为成本计算对象，归集生产费用，计算产品（或半成品）成本的一种方法。在一些多步骤生产的企业中，生产工艺过程是由若干在技术上可以间断的生产步骤组成的，每个生产步骤都有生产出的半成品（最后一个步骤生产出完工产品），这些半成品既可以用于下一个步骤继续进行加工或装配，又可以对外销售。为此，会计上不仅要计算最后步骤生产的完工产品成本，而且要计算前面各步骤生产的半成品成本。

分步法主要适用于大量大批多步骤生产企业的产品成本计算，如冶金、纺织、机械制造等企业。在这些企业中，产品生产可以划分为若干生产步骤。例如：冶金企业的生产可以分为炼铁、炼钢、轧钢等步骤，纺织企业的生产可以分为纺纱、织布、印染等步骤，机械制造企业的生产可以分为铸造、加工、装配等步骤。为加强各生产步骤的成本管理，这些企业不仅要求按照产品的品种计算产品成本，而且要求按照生产步骤汇集生产费用，计算各生产步骤的半成品成本，以便考核完工产品及其所经过的生产步骤的成本计划的执行情况。

分步法的特点主要表现在成本计算对象、成本计算期和生产费用的分配三个方面：

（1）分步法以各生产步骤的产品为成本计算对象。

（2）分步法以会计报告期为成本计算期。

（3）分步法需要在完工产品与月末在产品之间分配生产费用。

多步骤生产企业对产品的生产步骤划分方式、对各生产步骤进行成本管理的要求都会存在不同。从满足企业对成本管理的要求与简化成本计算工作的角度考虑，对各生产步骤成本的计算和结转，有逐步结转法和平行结转法两种，从而产品成本计算的分步法可分为逐步结转分步法和平行结转分步法两种。逐步结转分步法又分为综合结转分步法和分项结转分步法两种。

知识链接

生产步骤的正确划分

分步法的分步，一般按产品品种及其生产步骤分步。但成本核算的分步与实际生产中工艺上的步骤并不一定完全一致，管理上需要单独计算或单独考核其成本的生产步骤，可以作为成本计算对象，设置成本归集中心；管理上不要求单独计算或单独考核其成本的生产步骤，则可与其他步骤合并成一个成本计算对象，合并设置成本归集中心。成本核算的分步与车间的划分也不一定一致，如果成本核算分步与车间的划分一致，则分步核算就是分车间核算；如果管理上对某些车间不要求分别计算和考核其成本，则可以把几个车间合并设置成本归集中心；如果企业规模较大，车间内又分为若干步骤，而且管理上要求分步骤计算或考核其成本，则可在同一车间内分步计算成本。

“步”的划分，是分步成本计算的前提，分步骤应该：一是满足管理上的要求；二是便于成本计算；三是满足按各个生产步骤分清经济责任的要求；四是作为一个“步”，它必须生产出一种能够量度的半成品。分步不是越细越好，否则，不仅成本计算工作量大，而且将使企业业务工作变得烦琐。

各行各业，甚至同一行业的企业，分“步”多少情况不一。以造纸厂为类，小厂不分步(全厂作为一“步”)，有的分制浆、造纸两步，也有的分制浆、抄纸、整洗包装三步，还有的分调浆、抄纸、切纸、选纸、包装五步。对于多步骤连续式生产或多步骤装配式大批大量生产的企业，一般应根据生产工艺过程和成本计算的需要，先绘制产品生产工艺过程图，作为分步依据。

任务 1　用逐步结转分步法计算产品成本

逐步结转分步法是指各个生产步骤逐步计算并结转半成品成本，直到最后生产步骤计算出完工产品成本的方法。计算各生产步骤的半成品成本是这种方法的显著特征，因此，逐步结转分步法又称计算半成品成本的分步法。逐步结转分步法是在管理上要求提供各生产步骤半成品成本资料的情况下采用的。前一生产步骤完工的半成品转入下一生产步骤继续加工时，半成品的实物和成本一起转入下一生产步骤，直至最后生产步骤产出完工产品，才能最终得出完工产品成本。

逐步结转分步法主要适用于有半成品对外销售和需要考核半成品成本的企业，特别是大量大批连续式多步骤生产企业。

采用逐步结转分步法，在各生产步骤之间转移半成品实物的同时，要进行半成品成本的结转。按照转入下一生产步骤基本生产成本明细账时半成品成本的反映方式划分，逐步结转分步法可分为综合结转分步法和分项结转分步法两种。

任务 1.1　用综合结转分步法计算产品成本

※ 工作任务 ※

清浦公司生产的甲产品经过三个基本生产车间连续加工制成，第一车间生产完工的 A 半成品，不经过仓库收发，直接转入第二车间加工制成 B 半成品，B 半成品通过仓库收发入库，第三车间从半成品仓库领用 B 半成品继续加工制成甲产品。其中，1 件甲产品耗用 1 件 B 半成品，1 件 B 半成品耗用 1 件 A 半成品。

生产甲产品所需的原材料于第一车间生产开始时一次性投入，第二、三车间不再投入材料。此外，该公司由于生产比较均衡，各基本生产车间的月末在产品完工率均为 50%。

各车间的生产费用在完工产品与月末在产品之间采用约当产量法分配。第三车间领用的 B 半成品成本结转，采用个别计价法以本月入库的半成品成本进行计算。月初 B 半成品数量为 20 件，单位成本为 135 万元，共计 2 700 万元。

20××年 9 月生产甲产品的有关成本资料如下：

（1）各车间产量资料如表3－69所示。

表3－69 产量资料表 单位：件

摘　要	第一车间	第二车间	第三车间
月初在产品数量	20	50	40
本月投产数量或上步转入	180	160	180
本月完工产品数量	160	180	200
月末在产品数量	40	30	20

（2）各车间月初及本月生产费用资料如表3－70所示。

表3－70 月初及本月生产费用表 单位：万元

摘　要		直接材料	半成品	直接人工	制造费用	合　计
第一车间	月初在产品成本	1 000		60	100	1 160
	本月生产费用	18 400		2 200	2 400	23 000
第二车间	月初在产品成本		6 172.50	200	120	6 492.50
	本月生产费用			3 200	4 800	8 000
第三车间	月初在产品成本		6 644.80	180	160	6 984.80
	本月生产费用			3 450	2 550	6 000

根据上述资料，请采用综合结转分步法计算甲产品成本。

※ 知识准备 ※

综合结转分步法是指各生产步骤在领用上一生产步骤的半成品时，将所耗上一步骤半成品的成本综合记入其基本生产成本明细账的“原材料”或“半成品”成本项目的方法，而不是将所耗上一步骤的半成品按其成本构成项目，分别以“直接材料”“直接人工”“制造费用”转入下一步骤基本生产成本明细账的相应项目之中。

综合结转分步法既可以按照半成品的实际成本结转，也可以按照半成品的计划成本（或定额成本）结转。按实际成本综合结转半成品成本时，对所耗上一步骤的半成品成本，应根据所耗半成品数量乘以实际单位成本计算。按计划成本综合结转半成品成本时，对半成品的日常收发均按计划单位成本核算；在半成品实际成本计算出以后，再计算半成品的成本差异率，调整所耗半成品的成本差异。

在综合结转分步法下，采用实际成本计价，对下一步骤领用半成品成本的计算必须等上一步骤计算出半成品成本以后才能进行，造成各生产步骤半成品或完工产品成本的计算不能同步进行，而且按品种计算各生产步骤耗用半成品实际成本的工作量也较大。

采用综合结转分步法结转半成品成本，各生产步骤所耗半成品成本是以“半成品”或“直接材料”项目综合反映的，因此，在完工产品成本的构成中，绝大部分是最后一个步骤所耗上一步骤的半成品成本，其人工费用和制造费用则是最后一个步骤发生的费用。这样计算出来的产品成本，不能提供按原始成本项目反映的成本资料，不便于进行成本分析和考核，也不利于加强对产品成本的管理。因此，需要对综合结转分步法计算出来的产品成本进行成本还原。

成本还原是指将完工产品中所耗“半成品”的综合成本逐步分解，还原成“直接材料”“直接人工”“制造费用”等原始的成本项目，从而求得按原始成本项目反映的产品成本资料。

成本还原的方法是采用倒顺序法，即从最后一个步骤起，把各步骤所耗上一步骤的半成品的综合成本，按照上一步骤本月完工半成品的成本项目的比例分解还原为原来的成本项目。如此自后向前逐步分解还原，直到第一步骤为止，然后将各步骤还原后的成本项目加以汇总，求得按原始成本项目反映的完工产品成本。

成本还原的方法主要有成本还原率法和项目比重还原法两种。

1. 成本还原率法

成本还原率法是指以本月产品成本中所耗上一步骤半成品的综合成本占该种半成品总成本的比重，分别乘以所耗该种半成品的各个成本项目金额进行还原，从而取得完工产品原始成本的方法。其具体计算过程如下：

（1）计算成本还原率：

$$成本还原率=\frac{本月完工产品成本中所耗上一步骤半成品成本}{上一步骤本月完工半成品成本}$$

（2）将成本进行还原：

$$还原的上一步骤各成本项目金额=上一步骤本月完工半成品各成本项目金额\times成本还原率$$

（3）计算还原后的总成本：

将成本还原前和还原后相同的成本项目进行汇总，求出完工产品还原以后的总成本和单位成本。

2. 项目比重还原法

项目比重还原法是指根据本月产品成本中所耗费上一步骤本月完工半成品各成本项目金额占本月完工该种半成品总成本的比重，以将本步骤耗费的半成品成本分解还原，从而取得完工产品原始成本结构的方法。其计算公式如下：

$$上一步骤本月完工半成品各成本项目占总成本的比重=\frac{上一步骤本月完工半成品各成本项目金额}{本月完工该种半成品总成本}$$

$$还原的上一步骤各成本项目金额=本步骤所耗的上一步骤半成品成本\times上一步骤本月完工半成品各成本项目占总成本的比重$$

综合结转分步法具体成本计算程序如图 3-8 所示。

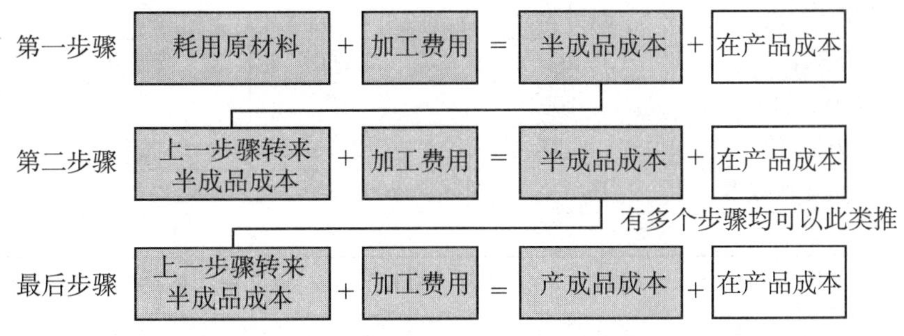

图 3-8　综合结转分步法成本计算程序

综合结转分步法通常按下列步骤来计算产品成本：

（1）根据计入第一步骤成本计算单上的直接材料、直接人工和制造费用，计算出第一步骤的半成品成本。

如果半成品完工后，不通过自制半成品库，直接转入第二生产步骤加工，则应将第一步骤完工的半成品成本转到第二步骤相关的产品成本计算单中，并编制会计分录如下：

借：生产成本——基本生产成本——第二车间

　贷：生产成本——基本生产成本——第一车间

如果半成品完工后，需通过半成品库收发，在验收入库时应编制会计分录如下：

借：自制半成品——××半成品

　贷：生产成本——基本生产成本——第一车间

（2）第二步骤将从第一步骤转入或从自制半成品库领用的半成品成本加上第二步骤加工半成品领用的直接材料、直接人工和制造费用，计算出第二步骤的半成品成本，再按上述方法编制有关会计分录。

借：生产成本——基本生产成本——第二车间

　贷：自制半成品——××半成品

（3）第三步骤将从第二步骤转入或从自制半成品库领用的半成品成本计入第三步骤成本计算单的相关项目。这样，按照加工程序逐步计算和逐步结转半成品成本，在最后一个步骤就可以计算出完工产品成本，并编制会计分录如下：

借：库存商品

　贷：生产成本——基本生产成本——第三车间

（4）对采用综合结转分步法计算出来的完工产品成本进行成本还原。

※ 工作过程 ※

根据运用综合结转分步法计算产品成本的步骤，对清浦公司生产的甲产品成本进行计算。

（1）编制第一车间的成本计算单，计算第一车间A半成品的实际成本，如表3－71所示。

表3－71　产品成本计算单

产品名称：A半成品　　车间：第一车间　　金额单位：万元

摘　要	直接材料	直接人工	制造费用	合　计
月初在产品成本	1 000	60	100	1 160
本月发生生产费用	18 400	2 200	2 400	23 000
生产费用合计	19 400	2 260	2 500	24 160
约当产量合计（件）	200	180	180	
单位成本（万元/件）	97	12.56	13.89	123.45
完工A半成品的生产成本	15 520	2 009.60	2 222.40	19 752
月末在产品成本	3 880	250.40	277.60	4 408

注：直接材料的约当产量合计＝160＋40＝200件，直接人工、制造费用的约当产量合计＝160＋40×50%＝180件。

根据A半成品的产品成本计算单，编制第二车间领用A半成品的会计分录如下：

借：生产成本——基本生产成本——第二车间　　19 752

　贷：生产成本——基本生产成本——第一车间　　19 752

(2) 编制第二车间的成本计算单，计算第二车间 B 半成品的实际成本，如表 3-72 所示。

表 3-72 **产品成本计算单**

产品名称：B 半成品　　车间：第二车间　　金额单位：万元

摘　要	A 半成品	直接人工	制造费用	合　计
月初在产品成本	6 172.50	200	120	6 492.50
本月发生生产费用	19 752	3 200	4 800	27 752
生产费用合计	25 924.50	3 400	4 920	34 244.50
约当产量合计（件）	210	195	195	
单位成本（万元/件）	123.45	17.44	25.23	166.12
完工 B 半成品的生产成本	22 221	3 139.20	4 541.40	29 901.60
月末在产品成本	3 703.50	260.80	378.60	4 342.90

注：自制半成品的约当产量合计＝180＋30＝210 件，直接人工、制造费用的约当产量合计＝180＋30×50%＝195 件。

根据表 3-72 的计算结果，通过仓库收发的半成品，编制结转完工入库半成品成本的会计分录如下：

借：自制半成品——B 半成品　　29 901.60

　贷：生产成本——基本生产成本——第二车间　　29 901.60

(3) 登记 B 半成品明细账，并计算第三车间领用 B 半成品的实际成本，如表 3-73 所示。该企业以本月入库的半成品成本计算领用 B 半成品成本。

表 3-73 **自制半成品明细账**

产品名称：B 半成品

20××年		凭证号	摘　要	收　入			发　出			结　存		
月	日			数量	单价	金额	数量	单价	金额	数量	单价	金额
8	31		本月合计	20	135	2 700				20	135	2 700
9	30	略	第二车间交库	180	166.12	29 901.60				180	166.12	29 901.60
	30		第三车间领用				180	166.12	29 901.60	20	135	2 700
	30		本月合计	180	166.12	29 901.60	180	166.12	29 901.60	20	135	2 700

注：由于采用以本月入库的半成品成本进行发出半成品的计价，第三车间本月领用 180 件 B 半成品，单位成本为 166.12 万元，共计 29 901.60 万元。

根据自制半成品明细账中第三车间领用 B 半成品成本的计算结果，编制第三车间领用 B 半成品的会计分录如下：

借：生产成本——基本生产成本——第三车间　　29 901.60

　贷：自制半成品——B 半成品　　29 901.60

(4) 编制第三车间的产品成本计算单，如表 3-74 所示，计算甲产品的生产成本。

表 3-74 **产品成本计算单**

产品名称：甲产品　　车间：第三车间　　金额单位：万元

摘　要	B 半成品	直接人工	制造费用	合　计
月初在产品成本	6 644.80	180	160	6 984.80
本月发生生产费用	29 901.60	3 450	2 550	35 901.60

续前表

摘　　要	B半成品	直接人工	制造费用	合　计
生产费用合计	36 546.40	3 630	2 710	42 886.40
约当产量合计（件）	220	210	210	
单位成本（万元/件）	166.12	17.29	12.90	196.31
完工甲产品的生产成本	33 224	3 458	25 80	39 262
月末在产品成本	3 322.40	172	130	3 624.40

注：自制半成品的约当产量合计＝200＋20＝220件，直接人工、制造费用的约当产量合计＝200＋20×50%＝210件。

根据甲产品产品成本计算单和产成品入库单，编制结转完工入库产品生产成本的会计分录如下：

借：库存商品——甲成品　　39 262

　贷：生产成本——基本生产成本——第三车间　　39 262

（5）根据甲产品产品成本计算单和相关资料，编制产品成本还原计算表。

采用成本还原率法进行成本还原，计算过程如下：

第一次进行成本还原：

第一次成本还原率＝33 224÷29 901.60＝1.111 111

A半成品成本＝22 221×1.111 111＝24 690（元）

直接人工＝3 139.20×1.111 111＝3 488（元）

制造费用＝4 541.40×1.111 111＝5 046（元）

第二次进行成本还原：

第二次成本还原率＝24 690÷19 752＝1.25

直接材料＝15 520×1.25＝19 400（元）

直接人工＝2 009.60×1.25＝2 512（元）

制造费用＝2 222.40×1.25＝2 778（元）

进行成本还原，将甲产品各生产步骤成本项目进行汇总：

还原后甲产品直接材料＝19 400（元）

还原后甲产品直接人工＝3 458＋3 488＋2 512＝9 458（元）

还原后甲产品制造费用＝2 580＋5 046＋2 778＝10 404（元）

根据成本还原结果编制的产品成本还原计算表如表3-75所示。

表3-75　　产品成本还原计算表

产品名称：甲产品　　产量：200件

项　目	还原分配率	B半成品	A半成品	直接材料	直接人工	制造费用	合　计
还原前甲产品的生产成本		33 224			3 458	2 580	39 262
B半成品成本			22 221		3 139.20	4 541.40	29 901.60
第一次成本还原	1.111 111	−33 224	24 690		3 488	5 046	0
A半成品成本				15 520	2 009.60	2 222.40	19 752
第二次成本还原	1.25		−24 690	19 400	2 512	2 778	0
还原后甲产品的生产成本				19 400	9 458	10 404	39 262
甲产品单位成本				97	47.29	52.02	196.31

【想一想】请试着用项目比重还原法进行成本还原，其结果会怎样？为什么？

任务 1.2　用分项结转分步法计算产品成本

※ 工作任务 ※

清浦公司在在产品成本结转中采用分项结转分步法计算产品成本，在产品成本计算单中采用成本项目栏目合一的格式。其中对各车间月初及 9 月生产费用资料和月初 B 半成品库存数量和成本资料整理如下，其余资料与前文相同。应该怎样进行？

（1）各车间月初及 9 月生产费用资料如表 3－76 所示。

表 3－76　月初及本月生产费用表　单位：万元

摘要		直接材料	直接人工	制造费用	合计
第一车间	月初在产品成本	1 000	60	100	1 160
	本月生产费用	18 400	2 200	2 400	23 000
第二车间	月初在产品成本	5 592.50	500	400	6 492.50
	本月生产费用		3 200	4 800	8 000
第三车间	月初在产品成本	2 839.80	2 180	1 965	6 984.80
	本月生产费用		3 450	2 550	6 000

（2）月初 B 半成品结存 20 件，生产成本 2 700 万元，其中：直接材料 1 450 万元、直接人工 550 万元、制造费用 700 万元。

※ 知识准备 ※

分项结转分步法是指各生产步骤将其所耗上一步骤的半成品成本，按照成本项目分项转入本生产步骤产品成本计算单的相应成本项目之中。如果半成品通过半成品库收发，在自制半成品明细账中，也要按照成本项目分别登记。

采用分项结转分步法结转半成品成本时，通常按照半成品实际成本结转，也可按照半成品计划成本或定额成本结转，如按计划成本结转需要按成本项目调整成本差异，但调整半成品差异的工作量较大。

采用分项结转分步法逐步结转半成品成本时，可以直接提供企业产品成本结构的正确资料，不需要进行成本还原，但各生产步骤之间的成本结转比较复杂，特别是产品生产步骤较多或半成品经过半成品库收发，则产品成本计算的工作量较大。

产品成本计算单中的成本项目栏目合一格式，是指产品成本计算单中的成本项目不分设“上一步骤转入”与“本步骤发生”两个栏目进行成本计算。如此进行成本计算，成本计算的工作量较小，但计算结果的准确性会差一些。

※ 工作过程 ※

根据上述有关资料，编制各车间的产品成本计算单如下：

（1）编制第一车间的产品成本计算单，计算第一车间 A 半成品的实际成本，如表 3－77 所示。

表 3-77　　产品成本计算单

产品名称：A半成品　　车间：第一车间　　金额单位：万元

摘　要	直接材料	直接人工	制造费用	合　计
月初在产品成本	1 000	60	100	1 160
本月发生生产费用	18 400	2 200	2 400	23 000
生产费用合计	19 400	2 260	2 500	24 160
约当产量合计（件）	200	180	180	
单位成本	97	12.56	13.89	123.45
完工A半成品的生产成本	15 520	2 009.60	2 222.40	19 752
月末在产品成本	3 880	250.40	277.60	4 408

注：直接材料的约当产量合计＝160＋40＝200件，直接人工、制造费用的约当产量合计＝160＋40×50%＝180件。

（2）编制第二车间的成本计算单，计算第二车间B半成品的实际成本，如表3-78所示。

表 3-78　　产品成本计算单

产品名称：B半成品　　车间：第二车间　　金额单位：万元

摘　要	直接材料	直接人工	制造费用	合　计
月初在产品成本	5 592.50	500	400	6 492.50
本月本步骤加工费用		3 200	4 800	8 000
本月耗用上一步骤半成品成本	15 520	2 009.60	2 222.40	19 752
生产费用合计	21 112.50	5 709.60	7 422.40	34 244.50
约当产量合计（件）	210	195	195	
单位成本	100.537 1	29.28	38.063 6	167.88
完工B半成品的生产成本	18 096.68	5 270.40	6 851.45	30 218.53
月末在产品成本	3 015.82	439.20	570.95	4 025.97

注：直接材料的约当产量合计＝180＋30＝210件，直接人工、制造费用的约当产量合计＝180＋30×50%＝195件。

根据表3-78的计算结果，通过仓库收发的半成品，编制结转完工入库半成品成本的会计分录如下：

借：自制半成品——B半成品　　30 218.53

　贷：生产成本——基本生产成本——第二车间　　30 218.53

（3）登记B半成品明细账，并计算第三车间领用B半成品的实际成本，如表3-79所示。该企业采用个别计价法计算领用B半成品成本。

表 3-79　　自制半成品明细账

产品名称：B半成品　　金额单位：万元

20××年		摘　要	数量（件）	金额	成本项目		
月	日				直接材料	直接人工	制造费用
8	31	月末结存	20	2 700	1 450	550	700
9	30	本月第二车间交库	180	30 218.53	18 096.68	5 270.40	6 851.45
	30	本月第三车间领用	180	30 218.53	18 096.68	5 270.40	6 851.45
	30	月末结存	20	2 700	1 450	550	700

根据自制半成品明细账中第三车间领用B半成品成本的计算结果，编制第三车间领用B

半成品的会计分录如下：

借：生产成本——基本生产成本——第三车间　　30 218.53

　贷：自制半成品——B半成品　　30 218.53

（4）编制第三车间的产品成本计算单，如表3-80所示，计算甲产品的生产成本。

表3-80　　**产品成本计算单**

产品名称：甲产品　　车间：第三车间　　金额单位：万元

摘　要	直接材料	直接人工	制造费用	合　计
月初在产品成本	2 839.80	2 180	1 965	6 984.80
本月本步骤加工费用		3 450	2 550	6 000
本月耗用上一步骤半成品成本	18 096.68	5 270.40	6 851.45	30 218.53
生产费用合计	20 936.48	10 900.40	11 366.45	43 203.33
约当产量合计（件）	220	210	210	
单位成本	95.165 8	51.906 7	54.126	201.1985
完工产品成本	19 033.16	10 381.34	10 825.20	40 239.70
月末在产品成本	1 903.32	519.06	541.25	2 963.63

注：直接材料的约当产量合计＝200＋20＝220件，直接人工、制造费用的约当产量合计＝200＋20×50%＝210件。

（5）根据甲产品的产品成本计算单和产成品入库单，编制结转完工入库产品生产成本的会计分录如下：

借：库存商品——甲产品　　40 239.70

　贷：生产成本——基本生产成本——第三车间　　40 239.70

学习延展

采用分项结转分步法计算产品成本时，对于上一步骤转入的半成品成本，也可以在产品成本计算单中的成本项目栏里单独设置“上一步骤转入”栏目，即成本项目分为“上一步骤转入”与“本步骤发生”两个栏目。这样，对于月末在产品来说，上一步骤转入的半成品成本已经全部投入，应当与本月完工半成品或产成品同等分配生产费用；本步骤发生的生产费用尚未全部投入，应当按约当产量进行分配。这样，成本计算结果会更准确，但计算工作量较大。下面举例加以说明。

继续以上述案例说明逐步分项结转分步法下成本项目分为“上一步骤转入”与“本步骤发生”两个栏目的成本计算方法。其中，对各车间月初及9月生产费用资料和各车间的半成品收发情况整理如下，其余资料与上例相同。

（1）各车间月初及9月生产费用资料如表3-81所示。

表3-81　　**月初及本月生产费用表**　　单位：万元

摘　要			直接材料	直接人工	制造费用	合　计
第一车间	月初在产品成本		1 000	60	100	1 160
	本月生产费用		18 400	2 200	2 400	23 000
第二车间	月初在产品成本	上一步骤转入	5 592.50	300	280	6 172.50
		本步骤发生		200	120	320
	本月生产费用			3 200	4 800	8 000
第三车间	月初在产品成本	上一步骤转入	2 839.80	2 000	1 805	6 644.80
		本步骤发生		180	160	340
	本月生产费用			3 450	2 550	6 000

（2）第一车间完工的A半成品、第二车间完工的B半成品假设均不经过仓库收发，全部直接转入第三车间继续生产。

根据上述资料，编制产品成本计算单如下：

（1）编制第一车间的产品成本计算单，计算第一车间A半成品的实际成本，如表3－82所示。

表3－82 产品成本计算单

车间：第一车间 产品名称：A半成品 金额单位：万元

摘 要	直接材料	直接人工	制造费用	合 计
月初在产品成本	1 000	60	100	1 160
本月发生生产费用	18 400	2 200	2 400	23 000
生产费用合计	19 400	2 260	2 500	24 160
约当产量合计（件）	200	180	180	
单位成本	97	12.56	13.89	123.45
完工A半成品的生产成本	15 520	2 009.60	2 222.40	19 752
月末在产品成本	3 880	250.40	277.60	4 408

注：直接材料的约当产量合计＝160＋40＝200件，直接人工、制造费用的约当产量合计＝160＋40×50%＝180件。

（2）编制第二车间的产品成本计算单，计算第二车间B半成品的实际成本，如表3－83所示。

表3－83 产品成本计算单

车间：第二车间 产品名称：B半成品 金额单位：万元

摘 要	直接材料		直接人工		制造费用		合 计
	上一步骤转入	本步骤发生	上一步骤转入	本步骤发生	上一步骤转入	本步骤发生	
月初在产品成本	5 592.50		300	200	280	120	6 492.50
本月本步骤发生费用				3 200		4 800	8 000
本月上一步骤转入费用	15 520		2 009.60		2 222.40		19 752
生产费用合计	21 112.50		2 309.60	3 400	2 502.40	4 920	34 244.50
分配标准（件）	210		210	195	210	195	
分配率（万元/件）	100.535 7		10.998 1	17.435 9	11.916 2	25.230 8	166.12
本月完工（半成品）产品的生产成本	18 096.68		1 979.66	3 138.46	2 144.91	4 541.54	29 901.25
月末在产品成本	3 015.82		329.94	261.54	357.49	378.46	4 343.25

（3）编制第三车间的产品成本计算单，计算第三车间甲产品实际成本，如表3－84所示。

表 3-84 产品成本计算单

车间：第三车间　　产品名称：甲产品　　金额单位：万元

摘　要	直接材料		直接人工		制造费用		合 计
	上一步骤转入	本步骤发生	上一步骤转入	本步骤发生	上一步骤转入	本步骤发生	
月初在产品成本	2 839.80		2 000	180	1 805	160	6 984.80
本月本步骤发生费用				3 450		2 550	6 000
本月上一步骤转入费用	18 096.68		5 118.12		6 686.45		29 901.25
生产费用合计	20 936.48		7 118.12	3 630	8 491.45	2 710	42 886.05
分配标准（件）	220		220	210	220	210	
分配率（万元/件）	95.165 8		35.355 1	17.285 7	38.597 5	12.904 8	196.36
本月完工（半成品）产品的生产成本	19 033.16		6 471.02	3 457.14	7 719.50	2 580.96	39 261.78
月末在产品成本	1 903.32		647.10	172.86	771.95	129.04	3 624.27

知识链接

综合结转分步法与分项结转分步法的比较

逐步结转分步法分为综合结转分步法与分项结转分步法。两者的共同点是半成品成本都是随着半成品实物的转移而结转的，各生产步骤基本生产成本明细账的余额反映处在各个生产步骤的在产品成本，有利于加强在产品的实物管理和生产资金管理。两者的不同点是半成品成本在下一步骤产品成本计算单中的反映形式不同，前者综合反映，后者分项反映。

采用综合结转分步法可以反映各生产步骤耗用原材料、自制半成品和加工费用的水平及自制半成品和完工产品的成本，有利于各个生产步骤成本的管理、控制、分析和考核，便于分清各自的生产经营效果和责任。为了反映产品成本的原始构成，以加强企业综合成本的管理，需要进行成本还原，从而增加了成本计算的工作量。当然，随着会计电算化在我国企业中的广泛应用，这一问题是很容易得到解决的。这种方法适用于管理上要求反映各生产步骤完工半成品成本的企业。

采用分项结转分步法可以直接反映完工产品各成本项目的原始结构，便于从整个企业角度考核与分析成品计划的执行情况，不需要成本还原，成本计算工作较为简便。然而，这种方法的成本结转工作较为复杂，并且在各生产步骤完工产品成本中反映不出所耗费的上一步骤半成品的费用和本步骤加工费用的水平，不便于对完工产品成本进行综合分析。这种方法适用于管理上不要求分别反映各生产步骤完工产品所耗费的半成品费用，而要求按照原始成本项目计算产品成本的企业。

任务 2　用平行结转分步法计算产品成本

※ 工作任务 ※

清江公司生产的丁产品经过三个车间连续加工制成：第一车间生产 D 半成品，D 半成品直接转入第二车间加工制成H半成品，H半成品直接转入第三车间加工成丁产成品。其中，1件丁产品耗用1件H半成品，1件H半成品耗用1件D半成品。原材料于第一车间生产开始时一次性投入，第二车间和第三车间不再投入材料。各车间月末在产品完工率均为50%。各车间生产费用在完工产品与月末在产品之间采用约当产量法进行分配。

（1）本月各车间产量资料如表3-85所示。

表3-85　　各车间产量表　　单位：件

摘　　要	第一车间	第二车间	第三车间
月初在产品数量	20	50	40
本月投产数量或上一步骤转入	180	160	180
本月完工产品数量	160	180	200
月末在产品数量	40	30	20

（2）各车间月初及本月生产费用资料如表3-86所示。

表3-86　　月初及本月生产费用表　　单位：万元

摘　　要		直接材料	直接人工	制造费用	合　计
第一车间	月初在产品成本	1 000	60	100	1 160
	本月生产费用	18 400	2 200	2 400	23 000
第二车间	月初在产品成本		200	120	320
	本月生产费用		3 200	4 800	8 000
第三车间	月初在产品成本		180	160	340
	本月生产费用		3 450	2 550	6 000

※ 知识准备 ※

平行结转分步法是指将各个生产步骤应计入相同完工产品成本的份额平行汇总，求得完工产品成本的方法。这种方法主要适用于半成品种类较多且很少对外销售的企业。平行结转分步法与逐步结转分步法相比，具有以下特点：

1. 各生产步骤不计算半成品成本

在平行结转分步法下，各生产步骤只归集本步骤耗费的材料费用、人工费用和制造费用，不计算半成品成本。不论半成品是否通过仓库收发，都不通过“原材料——自制半成品”账户进行金额核算，仅对自制半成品进行数量核算。

2. 各生产步骤之间不结转半成品成本

在生产过程中，上一步骤半成品实物转入下一步骤继续加工时，在平行结转分步法下，自制半成品的成本不随同实物转移而结转。即使通过半成品仓库收发，也不进行半成品成本的结转。

3. 计算各生产步骤应计入完工产品成本的生产费用份额

在平行结转分步法下，月末将各生产步骤归集的生产费用，在完工产品成本与月末广义在产品成本之间进行分配，以确定各生产步骤应计入完工产品成本的生产费用份额。各生产步骤的广义在产品由两部分组成：一是正在各个生产步骤中生产的在产品，即狭义的在产品；二是经过本生产步骤生产完工但尚未形成完工产品的所有半成品，包括处于后面各个生产步骤的在产品和经过本步骤及后面各步骤加工后转入半成品库的半成品（即经过本步骤生产但未形成完工产品的所有狭义在产品和入库的半成品)。各生产步骤将归集的生产费用在完工产品与月末广义在产品成本之间进行分配的主要方法是定额比例法和约当产量法等。

4. 通过汇总各生产步骤应计入完工产品成本的生产费用份额确定完工产品成本

在平行结转分步法下，月末将各生产步骤计算的应计入产品成本的生产费用份额汇总后，即为完工产品成本，将完工产品成本除以完工产品数量，即为完工产品单位成本。

因此，运用平行结转分步法的关键在于准确确定各生产步骤的月末广义在产品数量。确定广义在产品数量的公式是：

$$\text{某步骤广义在产品数量}=\text{本步骤狭义在产品数量}\times\text{折算比例}+\text{后面各步骤狭义在产品数量}+\text{本步骤及后面各步骤加工并入库的半成品数量}$$

思考练习

平行结转分步法的关键是理解应计入产品成本的费用如何进行平行汇总及广义在产品的含义。为了更好地理解这一方法，假设某企业刚刚开始生产一种产品，需经过三个生产步骤加工，月初没有在产品。有关产量资料如表 3－87 所示。

表 3－87 产量记录 单位：件

项　目	第一步骤	第二步骤	第三步骤
月初在产品	0	0	0
本月投产	200	120	60
本月完工	120	60	30
月末在产品	80	60	30

请思考：

(1) 最终完工产成品的数量是多少？

(2) 平行结转分步法计算完工产品成本的基本思路是什么？

(3) 总生产费用承担对象的数量是多少？

(4) 应计入完工产品成本份额的生产费用结转后，余下的生产费用由谁来承担？

(5) 各步骤广义在产品的数量是多少？

通过思考，我们可以清楚地回答：

(1) 很显然，最终完工产品的数量为 30 件。

(2) 在平行结转分步法下，要计算完工 30 件产品的生产成本，就要计算出 30 件完工产品耗用了三个步骤的生产费用分别是多少，然后将其汇总，即可得到完工 30 件产品的生产成本。

(3) 第一步骤总生产费用承担对象的数量是 200 件，第二步骤总生产费用承担对象的数量是 120 件，第三步骤总生产费用承担对象的数量是 60 件。

(4) 第一步骤总生产费用承担对象的数量是 200 件，最终完工产品的数量是 30 件。将 30 件完工产品应分摊的费用结转后，余下的费用承担对象的数量即为 170 件。那么这 170 件在产品分布在哪里呢？相对于第一步骤来讲，80 件尚未完工，必然要承担费用；120 件已加工完成，其中 30 件已形成完工产品，其成本已转掉，不应承担余下的费用；另 90 件第一步骤虽已加工完成但尚未形成最终完工产品，其成本尚未结转，故应承担费用，分布在第二步骤 60 件，第三步骤 30 件。

第二步骤总生产费用承担对象的数量是 120 件，最终完工产品的数量是 30 件。将 30 件完工产品应分摊的费用结转后，余下的费用承担对象的数量即为 90 件。那么这 90 件在产品包括第二步骤尚未加工完成的60件，以及第二步骤已加工完成转入第三步骤但尚未形成最终完工产品的30件。

第三步骤总生产费用承担对象的数量是60件，最终完工产品的数量是30件。将30件完工产品应分摊的费用结转后，余下的费用承担对象的数量即为30件。这30件在产品即为第三步骤月末在产品。

(5) 各步骤广义在产品的数量为：

第一步骤广义在产品数量＝80＋60＋30＝170（件）

第二步骤广义在产品数量＝60＋30＝90（件）

第三步骤广义在产品数量＝30（件）

通过以上的分析可以得出以下结论：所谓各步骤广义在产品，是指本步骤尚未加工完成，留存在本步骤的狭义在产品，以及本步骤已加工完成但尚未形成最终完工产品，留存在以后各步骤的本步骤完工半成品的总和。

此外，在分配生产费用计算约当产量时，对狭义在产品要按月末本步骤在产品完工程度折算。而对本步骤已完工留存在以后各步骤的本步骤完工半成品，其约当产量应等于其数量，因为它们在本步骤的加工程度是100%。

假设该企业以第一个月为基础，第二个月的生产情况如表3-88所示。

表3-88　　产量记录　　单位：件

项　目	第一步骤	第二步骤	第三步骤
月初在产品	80	60	30
本月投产	120	160	120
本月完工	160	120	100
月末在产品	40	100	50

首先要理解月初各步骤广义在产品的数量是多少，通过思考我们可以得出：

第一步骤广义在产品数量＝80＋(60＋30)＝170（件）

第二步骤广义在产品数量＝60＋30＝90（件）

第三步骤广义在产品数量＝30（件）

各步骤月初在产品数量即为各步骤月初生产费用的承担数量。

同理，月末各步骤广义在产品数量是多少？同样，通过思考我们可以得出：

第一步骤广义在产品数量＝40＋100＋50＝190（件）

第二步骤广义在产品数量＝100＋50＝150（件）

第三步骤广义在产品数量＝50（件）

平行结转分步法具体成本计算程序如图3-9所示。

平行结转分步法一般按下列步骤进行：

(1) 按产品的生产步骤和产品品种开设基本生产成本明细账，按成本项目归集在本步骤发生的生产费用，上一步骤的半成品成本不随半成品实物转入下一步骤。

(2) 将各生产步骤归集的生产费用在完工产品与月末广义在产品之间进行分配，以确定应计入完工产品成本的生产费用份额。

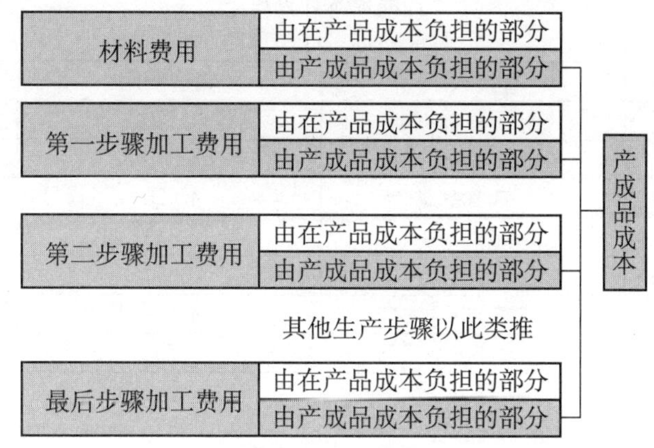

图 3-9　平行结转分步法成本计算程序

（3）将各步骤应计入相同完工产品成本的生产费用份额直接相加，计算出完工产品成本和单位成本。

※ 工作过程 ※

平行结转分步法，因基本生产成本明细账的开设、费用的归集等与品种法基本相同，下面主要就生产费用在完工产品与月末广义在产品之间进行分配，以确定应计入完工产品成本的生产费用份额进行讲解。具体计算过程如下：

（1）编制各生产步骤的约当产量计算表，如表 3-89 所示。

表 3-89　**各生产步骤约当产量计算表**　单位：件

摘　要	直接材料	直接人工	制造费用
第一车间的约当产量合计	290 （=200+40+30+20）	270 （=200+40×50%+30+20）	270
第二车间的约当产量合计	250 （=200+30+20）	235 （=200+30×50%+20）	235
第三车间的约当产量合计	220 （=200+20）	210 （=200+20×50%）	210

（2）编制各生产步骤的产品成本计算单，如表 3-90 至表 3-92 所示。

表 3-90　**产品成本计算单**

车间：第一车间　产品名称：D半成品　金额单位：万元

摘　要	直接材料	直接人工	制造费用	合　计
月初在产品成本	1 000	60	100	1 160
本月发生生产费用	18 400	2 200	2 400	23 000
生产费用合计	19 400	2 260	2 500	24 160
约当产量合计（件）	290	270	270	
分配率（万元/件）	66.90	8.37	9.26	84.53
应计入完工产品成本份额	13 380	1 674	1 852	16 906
月末在产品成本	6 020	586	648	7 254

表3-91　　产品成本计算单

车间：第二车间　　产品名称：H半成品　　金额单位：万元

摘　要	直接人工	制造费用	合　计
月初在产品成本	200	120	320
本月发生生产费用	3 200	4 800	8 000
生产费用合计	3 400	4 920	8 320
约当产量合计（件）	235	235	
分配率（万元/件）	14.47	20.94	35.41
应计入完工产品成本份额	2 894	4 188	7 082
月末在产品成本	506	732	1 238

表3-92　　产品成本计算单

车间：第三车间　　产品名称：丁成品　　金额单位：万元

摘　要	直接人工	制造费用	合　计
月初在产品成本	180	160	340
本月发生生产费用	3 450	2 550	6 000
生产费用合计	3 630	2 710	6 340
约当产量合计（件）	210	210	
分配率（万元/件）	17.29	12.90	30.19
应计入完工产品成本份额	3 458	2 580	6 038
月末在产品成本	172	130	302

（3）编制产品成本汇总表，如表3-93所示。

表3-93　　产品成本汇总表

产品名称：丁成品　　金额单位：万元

项　目	数量（件）	直接材料	直接人工	制造费用	总成本	单位成本
第一车间		13 380	1 674	1 852	16 906	84.53
第二车间			2 894	4 188	7 082	35.41
第三车间			3 458	2 580	6 038	30.19
合　计	200	13 380	8 026	8 620	30 026	150.13

（4）根据产品成本汇总表和产成品入库单，编制结转完工入库产品生产成本的会计分录如下：

借：库存商品——丁产品　　30 026

　贷：生产成本——基本生产成本——第一车间　　16 906

　　　　　　　　　　　　　　　——第二车间　　7 082

　　　　　　　　　　　　　　　——第三车间　　6 038

知识链接

平行结转分步法与逐步结转分步法的比较

通过学习分步法的两种方法，我们做一个对比就不难发现，平行结转分步法的优点主要表现在：一是采用这一方法，各步骤可以同时计算产品成本，然后将应计入完工产品成本的份额平行结转汇总计入产成品成本，不必逐步结转半成品成本，从而可以简化和加速成本计算工作；二是采用这一方法，一般是按成本项目平行结转汇总各步骤成本中应计入完工产品成本的份额，因而能够直接提供按原始成本项目反映的产品成本资料，不必进行成本还原，省去了大量烦琐的计算工作。

但平行结转分步法的缺点也是很明显的，主要表现在：一是不能提供各步骤半成品成本资料及各步骤所耗上一步骤半成品费用资料；二是由于各步骤间不结转半成品成本，使半成品实物转移与费用结转脱节，因而不能为各步骤在产品的实物管理和资金管理提供资料。

因此，通过对比我们可以知道，平行结转分步法一般只适宜在半成品种类较多，逐步结转半成品成本工作量较大，管理上又不要求提供各步骤半成品成本资料的情况下采用。

案例讨论

钢铁厂的生产任务是生产各种生铁、钢锭和钢材，生产工艺过程包括炼铁、炼钢和轧钢等生产步骤。钢铁厂按照生产步骤，分设相应的生产车间。

1. 炼铁生产车间的产品成本计算

炼铁是指利用高炉将铁矿石等原料炼成生铁。铁矿石是氧化铁和杂石的混合物或化合物。炼铁的目的是把氧化铁还原成生铁，并除去杂质。炼铁生产车间的产品是炼钢生铁、铸造生铁、合金生铁等各种生铁。炼铁的生产过程是：将铁矿石、烧结矿、焦炭等原料、燃料和辅助材料，按照一定比例配成一批一批的炉料，由卷扬机提升到炉顶，装入高炉进行冶炼；炉料在炉内随着温度的升高，逐步冶炼成铁水和炉渣积蓄在炉缸里，每隔一定的时间，从高炉的出铁口和出渣口排出炉外。

炼钢用的铁水，可以直接送到炼钢车间用于炼钢，也可铸成铁锭存放；铸造生铁用的铁水，则都要铸成铁锭。

炼铁生产车间通常按照生铁的品种计算产品成本。高炉的构造和生产能力对生铁的产量和成本有很大影响，如果几个高炉生产同种生铁，还可以按高炉计算生铁成本，并计算该种生铁的各种平均成本。

在炼铁生产中会产生各种废料，如水渣、扒渣铁、瓦斯灰等。这些废料回收后经过处理，可以再当作炉料使用。回收的废料按规定的单价从当月材料费用中扣除。炼铁生产还会产生一些副产品，如粗煤气等，也应按规定的单价从生铁成本中扣除。

各种、各炉生铁的间接费用，通常按照标准产品产量的比例进行分配。

炼铁生产车间的在产品主要是在高炉中冶炼的炉料。由于高炉体积固定，各月在产品数量基本相同，在产品成本在当月的生产费用中所占比重很小，因而可以不计算月末在产品成本。

2. 炼钢生产车间的产品成本计算

炼钢是指利用平炉、氧气顶吹转炉或电炉等炼钢炉，将生铁炼成钢。炼钢生产车间的产品是普沸钢锭、矽钢锭、低合金钢锭、强簧钢锭等各种钢锭。炼钢的生产过程是：将生铁和废钢等原料，按照一定的配料比装入炼钢炉内，经过高温氧化反应，除去生铁中的杂质，在钢液的化学成分和温度都合乎要求时即可出钢。钢水注入钢锭模，并经脱模，即成钢锭。

炼钢生产车间通常按照钢锭的品种计算产品成本，也可以按钢种并按炉计算产品成本，必要时还可按冶炼的炉次计算产品成本。

炼钢生产中回收的废料，也应按照规定的单价从当月的材料费用中扣除。

浇注钢锭用的模具，如钢锭模、底板等辅助材料，可以多次周转使用，应根据具体情况，规定分月摊入产品成本或一次性计入产品成本。

炼钢生产的各种间接费用，可按照标准产量等比例进行分配。但为生产优质钢专设的某些工段的费用，应计入优质钢的成本。

炼钢生产车间的在产品有两种：一种是冶炼中的炉料，各月数量基本相同，可以不计算成本；另一种是尚未脱膜或已脱模尚待精整、检验的钢锭，由于钢锭成本中半成品生铁费用占有较大比重，因此这种在产品可以按照所耗生铁的费用计算成本，也可以对其中已脱模只待精整、检验的在产品，按完工产品分配计算成本。

3. 轧钢生产车间的产品成本计算

轧钢是指把钢锭送入两个反向旋转的轧辊中碾压，采用不同孔型的轧辊，可以轧制出不同形状的钢材。一般钢锭的体积较大，先要进行初轧，轧成适合要求的各种钢坯，如普沸钢坯、矽钢坯等；然后进行精轧，轧成各种钢材。因此，规模较大的钢铁厂往往把轧钢分成初轧和精轧两个车间进行。轧钢生产车间的产品是圆钢、扁钢、带钢、螺纹钢等各种钢材。

轧钢生产车间应按钢材的品种计算产品成本。如果钢材的品种相同，所用的钢种（如普沸钢、矽钢等）不同，则所耗半成品的费用和轧制成材率相差很大，应按钢种和钢材的品种计算产品成本。

在分设初轧和精轧两个车间的钢铁厂中，应分别计算初轧车间的各种钢坯成本和精轧车间的各种钢材成本。

钢材成本中的钢坯费用占有很大比重（90%以上），提高轧钢成材率、降低钢坯单耗是降低钢材成本的主要途径，因而要加强对钢坯的管理和钢坯耗费的核算。

轧钢生产中回收的废料，也应按规定的单价从材料费用中扣除。

轧辊是轧钢生产的专用大型工具，价值很高，并能多次周转使用，应分月摊入产品成本。

轧钢生产中的各种间接费用，可以根据费用的性质，按照标准产量、实际产量或轧机台时等比例进行分配。

轧钢车间的在产品，主要是已经轧制但尚未经过精整或尚未办理检验入库手续的钢坯和钢材，一般可以按照所耗半成品（初轧车间为钢锭，精轧车间为钢坯）的费用计算成本。如果精整和检验的费用不高，也可以按完工产品分配计算成本。

4. 半成品成本的结转和产品成本的汇总计算

钢铁厂的生产工艺过程属于多步骤生产，生产组织一般是大量大批生产。各生产步骤的产品既可作为本厂的半成品自用，又可作为商品外售。此外，同种半成品往往还可以加工成几种产品，如同种钢锭可以轧制成各种钢材。因此，钢铁厂的产品成本应该采用逐步结转分步法计算。由于钢铁工业的成本管理不要求成本还原，因而在逐步结转时采用综合结转分步法计算，可以按半成品的实际成本逐步结转。为了配合厂内经济核算制的实行，全面考核和分析各车间的成本水平，并为了简化和加速车间的成本计算工作，在规模较大、核算工作基础较好的钢铁厂中，一般采用按计划成本逐步结转的方法，且原材料的日常核算和辅助生产成本的分配也按计划成本进行。原材料、辅助生产和半成品的成本差异（价差）以及企业管理费用，都由厂部财务科室集中调整、分配（不分配给车间），各车间只计算所产产品的车间计划成本。

钢铁厂所产各种产品往往还有很多不同的牌号和规格，如铸造生铁有1号、2号、3号等不同牌号，圆钢有不同直径的规格。在产品的品种、牌号和规格繁多的钢铁厂中，为了简化成本计算工作，还可以在逐步结转分步法的基础上，结合分类法计算产品成本。例如：有的钢铁厂的产品规格很多，成本管理又要求按照产品规格计算成本，就可以将每种产品作为一类产品，按照分步法计算各种产品的成本，再在每种产品内按照标准产量的比例，分配计算各种规格产品的成本。

讨论：

(1) 对照钢铁生产过程，画出简单的钢铁生产工艺流程图。

(2) 谈谈钢铁企业的生产类型及其特点。

(3) 钢铁厂是如何划分生产步骤的?

(4) 炼铁、炼钢和轧钢生产车间各自采用什么方法计算其产品成本?

(5) 为什么说钢铁厂的产品成本应该采用逐步结转分步法计算?

(6) 分步法同品种法之间存在何种联系?

项目小结

分步法是指以产品的品种及其所经过的生产步骤为成本计算对象，归集生产费用，计算产品成本的一种方法。分步法主要适用于大量大批多步骤复杂生产，根据企业生产工艺的特点和成本管理对各步骤成本资料的要求，分步法又分为逐步结转分步法和平行结转分步法。

逐步结转分步法是指根据产品连续加工的先后顺序，按照生产步骤逐步计算并结转半成品成本，直到最后步骤计算出产成品成本的方法。逐步结转分步法主要适用于大量大批连续式多步骤生产，以及管理上需要考核各步骤半成品成本的生产企业。按照生产步骤逐步计算半成品成本，且半成品成本随着半成品在各加工步骤之间的转移而逐步结转是其主要特点。逐步结转分步法按各生产步骤间所结转的半成品成本在下一步骤产品成本明细账中反映的方法不同，可分为综合结转分步法和分项结转分步法。

综合结转分步法是指将各生产步骤所耗上一步骤的半成品成本，以一个合计金额的形式转入该步骤成本明细账或计算单中的“直接材料”或专设的“半成品”成本项目。由于其不能按原始成本项目计算产成品的真实成本，通常需要从最后一个步骤起，从后至前把各步骤所耗上一步骤半成品的综合成本，按上一步骤所产这种半成品的成本结构进行还原，分解成原来的成本项目，即成本还原。分项结转分步法是指将各生产步骤所耗上一步骤的半成品成本，按照原始成本项目转入各该步骤成本明细账或计算单的各个成本项目中。它能反映产品成本的真实构成，便于从整个企业角度考核和分析产品成本计划执行情况，不需要进行成本还原，但日常的成本计算工作比较烦琐。

平行结转分步法是指不计算各步骤的半成品成本，只将各生产步骤应计入完工产品成本的份额平行汇总，以求得完工产品成本的方法。平行结转分步法主要适用于不对外销售半成品的大量大批装配式多步骤生产，以及管理上不要求计算半成品成本的生产企业。它以最终完工产品品种为成本计算对象，并按生产步骤和产成品品种设置产品生产成本明细账或计算单，各步骤不计算完工半成品成本，只计算并汇总其应计入完工产品成本的份额。每步骤的生产费用合计数要在最终完工产品和广义在产品之间进行分配。

项目训练

一、单项选择题

1. 各生产步骤之间需要结转半成品成本的方法是（　　）。

A. 分批法　　B. 平行结转分步法

C. 品种法　　D. 逐步结转分步法

2. 需要进行成本还原的分步法是（　　）。

A. 平行结转分步法　　B. 分项结转分步法

C. 逐步结转分步法　　D. 综合结转分步法

3. 下列各项中，（　　）是不计算半成品成本的分步法。

A. 平行结转分步法　　B. 分项结转分步法

C. 逐步结转分步法　　D. 综合结转分步法

4. 逐步结转分步法的缺点是（　　）。

A. 不能提供各步骤的半成品成本资料　　B. 不能提高成本计算工作的及时性

C. 不利于各车间的成本管理　　D. 不利于半成品的实物管理和成本管理

5. 成本还原的对象是指（　　）。

A. 产成品成本　　B. 各步骤半成品成本

C. 最后步骤产成品成本　　D. 完工产品中所耗上一步骤半成品成本

6. 如果产品生产由三个步骤组成，采用逐步结转分步法，计算产品成本需要进行成本还原的次数是（　　）。

A. 3 次　　B. 1 次　　C. 2 次　　D. 4 次

7. 成本还原的依据是（　　）。

A. 本月完工产品成本结构　　B. 上一步骤本月所产半成品成本结构

C. 上一步骤月末在产品成本结构　　D. 本月本步骤在产品成本结构

8. 分步法适用于（　　）。

A. 大量大批生产　　B. 单件小批生产

C. 大量大批多步骤生产　　D. 大量大批单步骤生产

9. 按照半成品成本在各步骤成本明细账中的反映方式，分步法分为（　　）。

A. 平行结转分步法和分项结转分步法　　B. 平行结转分步法和逐步结转分步法

C. 综合结转分步法和分项结转分步法　　D. 逐步结转分步法和分项结转分步法

二、多项选择题

1. 分步法适用于(　　)。

A. 大量生产　　B. 大批生产　　C. 多步骤生产　　D. 单步骤生产

2. 平行结转分步法的特点有(　　)。

A. 各步骤半成品成本不随半成品实物转移而转移

B. 需要计算各步骤完工产品成本的份额

C. 需要转出各步骤完工半成品成本

D. 不需要转出各步骤完工半成品成本

3. 采用逐步结转分步法时，(　　)。

A. 成本核算手续简便及时　　B. 能够提供半成品成本资料

C. 半成品成本结转与其实物流转一致　　D. 有利于计算外售半成品的销售成本

4. 平行结转分步法的适用情况是(　　)。

A. 半成品不对外出售

B. 半成品种类较多，逐步结转工作量大

C. 管理上不要求提供各步骤半成品成本资料

D. 半成品种类较少，逐步结转工作量不大

5. 分步法的特点有(　　)。

A. 成本计算对象是各种产品的生产步骤

B. 存在完工产品与月末在产品之间生产费用分配的问题

C. 各生产步骤存在成本结转问题

D. 成本计算按月进行

6. 采用分项结转分步法时，(　　)。

A. 直接提供原始成本项目反映的产品成本资料，无须进行成本还原

B. 有利于从全厂角度进行成本分析与考核工作

C. 半成品成本结转和登记的工作量较大

D. 不能专项反映各步骤所耗上一步骤半成品成本资料

7. 采用综合结转分步法时，(　　)。

A. 简化了半成品的登记及结转工作　　B. 有利于各步骤的成本管理

C. 需要进行成本还原　　D. 有利于全厂的成本管理

8. 平行结转分步法的缺点是(　　)。

A. 不能提供各步骤半成品成本资料

B. 除第一步骤外，不能全面反映各步骤产品的生产耗费水平

C. 不能直接提供按原始成本项目反映的产品成本资料

D. 不利于半成品的实物管理和资金管理

9. 采用逐步结转分步法时，按照半成品成本在下一步骤产品成本明细账中的反映方式，分为(　　)。

A. 综合结转分步法　　B. 实际成本结转分步法

C. 分项结转分步法　　　　　　　　　　　　　D. 计划成本结转分步法

10. 平行结转分步法是指（　　）。

A. 各步骤不计算本步骤所产半成品成本及耗用上一步骤半成品成本

B. 各步骤只计算本步骤发生的生产费用

C. 各步骤计算产成品耗用的各种半成品成本，汇总计入产成品成本

D. 各步骤只将本步骤生产费用中应计入产成品成本的份额平行转入产成品成本

三、判断题

1. 采用分步法计算产品成本，就是分车间进行成本计算。（　　）
2. 分步法是分生产步骤、不分产品品种的一种成本计算方法。（　　）
3. 平行结转分步法也称计算半成品成本的分步法。（　　）
4. 平行结转分步法只适用于装配式的大量大批多步骤生产企业。（　　）
5. 逐步结转分步法只适用于连续式的大量大批多步骤生产企业。（　　）
6. 综合结转分步法适用于管理上要求分步计算半成品成本，提供按原始成本项目反映的产品成本资料的多步骤生产企业。（　　）
7. 在平行结转分步法下，最后一个生产步骤的广义在产品与其狭义在产品的数量是相等的。（　　）
8. 在分项结转分步法下，必须通过自制半成品的账户进行半成品收发的核算。（　　）
9. 成本还原的对象是完工产品的成本。（　　）
10. 无论是综合结转分步法还是平行结转分步法，必须进行成本还原。（　　）
11. 无论是逐步结转分步法还是分项结转分步法，半成品成本都是随着半成品实物转移而转移的。（　　）
12. 分项结转分步法不能专项提供下一步骤所耗上一步骤半成品成本的水平。（　　）
13. 逐步结转分步法下各步骤存在成本结转问题，平行结转分步法下则不存在。（　　）

四、案例分析题

1. 某企业生产的丁产品分两个生产步骤连续加工：第一步骤制造丁半成品，入半成品库；第二步骤领用丁半成品继续加工成丁产成品。成本计算采用综合结转分步法。8月有关成本资料如下：

(1) 第一车间完工丁半成品25件，在产品10件，在产品成本采用定额成本法计算。在产品的单位定额成本分别为：原材料25元，职工薪酬10元，燃料及动力费18元，制造费用13元。第一车间的成本资料如表3-94所示。

表3-94　　　　　　　　　　第一车间成本资料　　　　　　　　　　单位：元

项　目	产量（件）	直接材料	直接人工	燃料及动力	制造费用	合　计
月初在产品成本	15	300	150	250	210	910
本月发生生产费用	20	600	250	780	720	2 350

（2）第二车间本月领用丁半成品 10 件投入生产，发出半成品成本采用全月一次加权平均单价计算。自制丁半成品的明细账资料如表 3－95 所示。

表 3－95　　自制半成品明细账

月初结存		本月增加		合　计			本月减少		月末结存	
数量（件）	金额（元）	数量（件）	金额（元）	数量（件）	单价（元/件）	金额（元）	数量（件）	金额（元）	数量（件）	金额（元）
5	535	25		30			10		20	

（3）第二车间本月领用丁半成品 10 件，在生产时一次性投入。本月完工丁产成品 5 件，在产品 10 件，在产品成本采用约当产量法计算，本月在产品完工程度为 50%。第二车间的成本资料如表 3－96 所示。

表 3－96　　第二车间成本资料　　单位：元

项　目	产量（件）	半成品	直接人工	燃料及动力	制造费用	合　计
月初在产品成本	5	506	300	500	404	1 710
本月发生生产费用	10		400	700	500	1 600

要求：

（1）计算各生产步骤产品成本，将结果填入表 3－97 至表 3－99 中。

表 3－97　　第一车间产品成本计算单　　单位：元

项　目	直接材料	直接人工	燃料及动力	制造费用	合　计
月初在产品成本					
本月发生生产费用					
生产费用合计					
本月完工产品成本					
月末在产品成本					

表 3－98　　自制半成品明细账（一次加权平均法）

20××年		月初结存		本月增加		合　计			本月减少		月末结存	
月	日	数量（件）	金额（元）	数量（件）	金额（元）	数量（件）	单价（元/件）	金额（元）	数量（件）	金额（元）	数量（件）	金额（元）

表 3－99　　第二车间产品成本计算单　　金额单位：元

项　目	半成品	直接人工	燃料及动力	制造费用	合　计
月初在产品成本					
本月发生生产费用					
生产费用合计					
约当产量合计（件）					
分配率（元/件）					
本月完工产品成本					
月末在产品成本					

（2）对完工的丁产品成本进行成本还原，将结果填入表3－100中。

表3－100 产成品成本还原计算表

产品名称：丁产品　　产量：　　金额单位：元

项　目	产量（件）	还原分配率	半成品	直接材料	直接人工	燃料及动力	制造费用	合　计
还原前完工产品成本								
本月所产半成品成本								
完工产品所耗半成品的成本进行还原								
还原后完工产品成本								
还原后完工产品单位成本								

2. 某企业生产甲产品，由两个基本生产车间按步骤进行加工。在产品按定额成本计价；半成品通过半成品库收发，各步骤所耗半成品成本按加权平均单位成本计算。该企业9月的产量和成本资料如表3－101至表3－104所示。

表3－101 产品产量记录　　单位：件

项　　目	第一车间	第二车间
月初在产品	100	120
本月投产或半成品	540	520
本月完工产品	500	540
月末在产品	140	100

表3－102 单位在产品定额成本资料　　单位：元

项　　目	直接材料	直接人工	制造费用	合　　计
第一车间	100	80	69	249
第二车间	130	100	80	310

表3－103 生产费用资料　　单位：元

成本项目	第一车间		第二车间	
	月初在产品	本月生产费用	月初在产品	本月生产费用
直接材料	10 000	120 000	15 600	
直接人工	8 000	76 000	12 000	24 000
制造费用	6 900	40 800	9 600	26 600
合　　计	24 900	236 800	37 200	50 600

表3－104 自制半成品期初资料

金额单位：元

摘　要	数量（件）	直接材料	直接人工	制造费用	合　计
月初余额	110	25 319	15 894	8 381	49 594

要求：

（1）编制第一车间、第二车间基本生产成本明细账（见表3－105、表3－106）。

表3－105　基本生产成本明细账

车间名称：第一车间　　产品名称：甲半成品　　单位：元

项　目	直接材料	直接人工	制造费用	合　计
月初在产品定额成本				
本月发生生产费用				
生产费用合计				
完工半成品成本				
半成品单位成本				
月末在产品定额成本				

表3－106　基本生产成本明细账

车间名称：第二车间　　产品名称：甲产品　　单位：元

项　目	直接材料	直接人工	制造费用	合　计
月初在产品定额成本				
本月发生生产费用				
第一车间转入费用				
生产费用合计				
完工产品成本				
完工产品单位成本				
月末在产品定额成本				

（2）登记自制半成品明细账（见表3－107）。

表3－107　自制半成品明细账　　单位：元

摘　要	数量（件）	直接材料	直接人工	制造费用	合　计
月初余额					
本月增加					
合　计					
单位成本					
本月减少					
月末余额					

3. 某企业生产的C产品需要经过三个车间分三个步骤加工完成。其中，第一步骤生产A半成品，第二步骤生产B半成品，将A半成品和B半成品交第三步骤装配成C产品。第一步骤材料在生产开始时一次性投入，第二步骤材料随加工程度的深入逐步投入。每件C产品由1件A半成品和1件B半成品装配而成。各步骤月末在产品的完工程度均为50%，各步骤生产费用采用约当产量法在完工产品和广义在产品之间进行分配。该企业10月有关成本资料如下：

（1）产量记录如表3－108所示。

表 3－108　　产量记录　　单位：件

项　目	第一步骤	第二步骤	第三步骤
月初在产品	2 000	3 000	4 000
本月投入	12 000	14 000	10 000
本月完工转出	10 000	10 000	9 000
月末在产品	4 000	7 000	5 000

（2）月初在产品成本及本月生产费用如表 3－109 所示。

表 3－109　　月初在产品成本及本月生产费用　　单位：元

项　目	直接材料	直接人工	制造费用	合　计
月初在产品成本				
第一步骤	52 800	13 900	17 250	83 950
第二步骤	25 500	22 300	27 020	74 820
第三步骤		19 500	22 400	41 900
本月发生生产费用				
第一步骤	317 200	125 850	129 000	572 050
第二步骤	243 000	110 160	119 760	472 920
第三步骤		48 700	52 400	101 100

要求：

（1）计算各步骤的约当产量（见表 3－110）。

表 3－110　　各步骤约当产量计算表　　单位：件

摘　　要	直接材料	直接人工	制造费用
第一步骤的约当总量			
第二步骤的约当总量			
第三步骤的约当总量			

（2）填制各步骤的产品成本计算单（见表 3－111 至表 3－113）。

表 3－111　　产品成本计算单

生产车间：第一车间　　金额单位：元

摘　　要	直接材料	直接人工	制造费用	合　计
月初在产品成本				
本月发生生产费用				
生产费用合计				
约当总产量（件）				
分配率（元/件）				
计入完工产品成本的份额				
月末在产品成本				

表 3-112　　产品成本计算单

生产车间：第二车间　　金额单位：元

摘　　要	直接材料	直接人工	制造费用	合　计
月初在产品成本				
本月发生生产费用				
生产费用合计				
约当总产量（件）				
分配率（元/件）				
计入完工产品成本的份额				
月末在产品成本				

表 3-113　　产品成本计算单

生产车间：第三车间　　金额单位：元

摘　　要	直接材料	直接人工	制造费用	合　计
月初在产品成本				
本月发生生产费用				
生产费用合计				
约当总产量（件）				
分配率（元/件）				
计入完工产品成本的份额				
月末在产品成本				

（3）填制产品成本汇总表（见表 3-114）。

表 3-114　　产品成本汇总表

产品名称：C产品　　产量：　　单位：元

项　目	直接材料	直接人工	制造费用	总成本	单位成本
第一车间					
第二车间					
第三车间					
合　计					

成本报表的编制与分析

【学习目标】

通过本单元的学习，明确成本报表的种类和成本报表在企业管理中的作用；能根据企业有关成本核算的资料，编制产品生产成本表、主要产品单位成本表和制造费用明细表，并能在此基础上熟练运用成本分析的基本方法对企业成本进行分析。

【单元导航】

成本受多种因素的影响，是一项综合指标，成本水平的高低与企业的收益和盈利水平有直接的相关性。提高企业经济效益的重要途径，就是要在保证产品质量的前提下，加强成本管理和控制，降低企业生产成本。在第二单元中，我们学习了生产费用的归集和分配的基本方法，掌握了成本核算的基本技能，能够将各类成本信息分门别类地汇总计算；第三单元我们学习了针对不同的生产类型和管理要求的企业成本计算方法，能够结合企业生产类型和管理要求对企业成本进行计算，得到企业成本信息，这些资料对于内部指导和监督成本活动无疑是十分重要的，但这些资料还比较分散，远远不能满足企业加强经济管理的需要，为此，有必要将这些成本资料加以归纳整理，形成一定的书面报告，并对报告进行分析，以满足企业内部对成本信息的需要。因此，我们还应该掌握成本报表的编制方法，分析成本升降的原因，把日常的成本核算资料分类、综合，以书面报告的形式提供给企业的管理部门，以便决策者及时了解成本，利用成本有关数据进行预测和决策。本单元通过四个项目来具体讲解成本报表的编制与分析：项目一为认知成本报表，具体介绍成本报表编制的要求和分析的基本方法；项目二为编制与分析产品生产成本报表；项目三为编制与分析主要产品单位成本报表；项目四为编制与分析制造费用明细表。相信通过本单元的学习，学生能够掌握成本报表的编制方法，会运用成本报表及提供的相关资料进行分析，为企业成本管理和经营决策提供依据，实现工作岗位职责。

【学习建议】

学习时，应首先了解成本报表的种类，了解各成本报表的结构、作用和编制方法；掌握怎样采用比较分析法、比率分析法和因素分析法对成本报表进行分析，以及运用这些分析方法时应注意的问题。本单元的重点是成本报表的种类、结构，成本报表的分析方法，产品成本计划完成情况的分析，可比产品成本降低计划完成情况的分析。本单元的难点是因素分析法，以及如何运用因素分析法对主要产品成本进行分析。

【案例导入】

小张、小王、小范合伙开办的电子配件厂，经过几年辛勤经营，电子报警器得到了很多电动自行车厂家的认可，取得了较好的生产经营业绩。该厂2018年的有关资料如下：当年的计划产量，如果按上年实际平均单位成本计算的全部可比产品的上年总成本为240万元，如果按本年计划单位成本计算的全部可比产品的计划成本总额为216万元；该公司当年实际产量，如果按上年实际平均单位成本计算的全部可比产品的上年总成本为300万元，如果按本年计划单位成本计算的全部可比产品的计划成本总额为266万元，如果按本年实际平均单位成本计算的全部可比产品的实际总成本为247万元。请分析影响该电子配件厂可比产品成本降低任务完成情况的各项因素的影响程度，并根据计算结果，对该电子配件厂可比产品成本降低任务完成情况进行简要的评价。

认知成本报表

产品成本是综合反映企业生产技术和经营管理工作水平的一项重要指标，任何企业都会在保证产品质量的同时，力求降低成本，通过加强成本管理来提高企业的经济效益。为加强对成本的管理，会计部门要准确、及时反映企业一定时期产品成本水平及其构成情况，并通过分析揭示问题，找出差距，分清经济责任，提高管理水平。因此，编制与分析成本报表是成本核算与管理工作的一项重要内容。

任务1　认知编制与分析成本报表的意义

成本报表是指根据日常成本核算资料定期编制的，用以反映企业一定时期产品成本水平、考核产品成本计划和生产费用预算执行情况的书面报告。

成本报表按反映的内容可分为反映产品成本情况的报表和反映各种费用支出的报表。

反映产品成本情况的报表主要有产品生产成本表、主要产品单位成本表等。这类报表主要反映报告期内企业各种产品的实际成本水平，通过本期实际成本与前期平均成本、本期计划成本对比，可以了解企业成本发展变化趋势和成本计划的完成情况，找出差距，发现薄弱环节，进一步采取有效措施，为挖掘降低成本内部潜力提供有效的资料。

反映各种费用支出的报表主要有制造费用明细表、管理费用明细表、销售费用明细表等。通过这类报表可以知道企业在一定时期内的费用支出总额及其构成，了解费用支出的合理性及其变动趋势。反映各种费用支出的报表有利于企业和主管部门正确制定费用预算，控制费用支出，考核费用支出指标的合理性，明确有关部门和人员的经济责任，防止随意扩大费用开支范围。

成本报表按编制的时间可分为年报、季报和月报。成本报表根据管理上的要求一般可按月、季、年编报。同时，针对企业内部管理的特殊需要，也可以按旬、周、日甚至按工作班次来编报，以满足日常临时或特殊任务管理的需要，使成本报表及时服务于生产经营的全过程。

成本报表分析是指以成本报表所提供的反映企业一定时期产品成本水平和构成情况的资料和有关的计划、核算资料为依据，运用科学的分析方法，通过分析各项指标的变动以及指标之间的相互关系，揭示企业各项成本指标计划的完成情况和原因，从而对企业一定时期的成本管理工作情况获得比较全面的认识。成本报表分析是成本核算工作的继续，是成本会计的重要组成部分。

通过成本报表分析，可以考核企业成本计划的执行情况，评价企业过去的成本管理工作；可以揭示存在的问题和差距，促使企业挖掘降低成本的潜力，寻找降低成本的途径和方法；可以认识和掌握成本变动的规律，从中总结成本管理的经验和教训，提高企业经营管理水平；可以为企业编制成本计划、预算和进行经营决策提供可靠的依据。

任务 2　认知分析成本报表的基本方法

分析成本报表的方法一般分为两类：一是发现指标差距的方法，二是分析构成原因的方法。采用哪种方法，要根据分析的要求、分析对象的特点、所掌握信息资料的性质和内容来确定。目前，企业常用的成本分析方法主要有对比分析法、比率分析法、因素分析法和差额分析法。

任务 2.1　认知对比分析法

对比分析法又称指标对比法或比较法，是指通过将两个以上的同类经济指标进行数量对比来揭示指标之间的差距及其程度，通过比较可以对指标的一般状况进行评价，借以了解经济活动的成绩和问题，为进一步分析指出方向。它是成本分析中最简便、运用范围最广泛的一种方法。

采用对比分析法时，由于分析的目的不同，对比的指标也有所不同，因此首先应确定比较的标准，即比较哪些内容。常用的对比指标主要有以下几种：

（1）本期实际与计划或定额指标对比。这种对比可以确定企业成本计划指标或定额数的完成情况，为进一步进行成本分析提出方向。

（2）本期实际与前期（上期、上年同期或历史先进水平）的实际成本对比。这种对比可以揭示成本指标的发展趋势和发展速度，借以观察企业生产经营管理水平的提高程度。

（3）本企业实际成本指标（或某项技术经济指标）与国内外同行业先进指标对比。这种对比可以表示企业的先进（落后）程度及其差距，借以判断本企业的成本管理水平，为学习先进、挖掘潜力指明方向，促进企业和员工向更高的目标努力。

采用对比分析法时，要注意指标的可比性，即对比指标采用的计价标准、时间单位、指标内容和计算方法及有关条件应当相互一致。在比较同类企业成本指标时，还必须考虑技术上和经济上的可比性，尤其在与国外企业成本进行比较时，还应充分考虑到社会经济条件、财务会计环境等因素的影响。

思考练习

大地公司对生产的 A 产品单位消耗材料进行分析，编制产品材料消耗对比表，如表 4－1所示。

表 4－1　　**材料消耗对比表**

产品名称：A 产品　　20××年 12 月 31 日　　单位：万元

指　标	上年实际	本　年		先进企业实际	差　异		
		计划	实际		比计划	比上年	比先进
材料消耗	130	125	120	110	－5	－10	＋10

由表 4－1 可知，A 产品的材料消耗量本年实际比计划、比上年实际都有所降低，但与先进水平相比还有较大差距，说明在降低材料消耗方面大地公司还有很大潜力可挖掘。

任务2.2　认知比率分析法

比率分析法是指通过计算和对比经济指标的比率，进行数量分析的一种方法。采用这一方法，先要将对比的数值变成相对数，求出比率，然后进行对比分析。具体形式包括：

一、相关指标比率分析法

把两个性质不同但又相关的指标进行对比，求出比率，再将实际数比率与计划（或前期实际）数比率进行对比分析，从经济活动的客观联系中，更深入地认识企业的生产经营情况。如将成本指标与反映生产、销售等生产经营成果的产值、销售收入、利润指标进行对比，求出产值成本率、销售成本率和成本利润率指标，通过若干期间同类比率的对比，就可据以分析和比较生产耗费对经济效益的影响情况与影响程度。

二、构成比率分析法

构成比率是指某项经济指标的各个组成部分与总体的比重。如果将构成产品成本的各个成本项目同产品成本总额相比，就可计算出各个成本项目占总成本的比重，确定成本的构成比率，然后将不同时期的成本构成比率相比较，观察产品成本构成的变动，掌握经济活动情况及其对产品成本的影响。产品成本构成比率的计算公式如下：

$$某成本项目的比率=\frac{该成本项目金额}{该产品成本}\times100\%$$

任务2.3　认知因素分析法

因素分析法又称连环替代法，是指把某一综合指标分解为若干相互联系的因素，并分别计算、分析各因素影响程度的方法。

成本指标是一个综合性指标，它受到各种因素的影响，只有把成本指标分解为若干构成要素进行分析，才能明确成本指标完成好坏的原因和责任，这就需要运用因素分析法进行成本分析。

运用因素分析法，必须确定某项分析指标的构成因素与各因素的排列顺序，明确各因素与分析指标的关系，如加减关系、乘除关系、乘方关系、函数关系等，并根据分析的目的，将各因素进行分解，以测定某一因素对指标变动的影响方向和影响程度，为进一步深入分析提供方向。

一、因素分析法的运用程序

（1）根据指标的计算公式确定影响指标变动的各项因素。

（2）确定各项因素的排列顺序。各因素的排列顺序要根据指标与各因素的内在联系加以确定，一般是数量因素排列在前，质量因素排列在后；用实物与劳动量表示的因素排列在前，用货币表示的因素排列在后；主要因素与原始因素排列在前，次要因素与派生因素排列在后。

（3）以排定因素的顺序对各因素的基数进行计算，确定综合指标的基期数值。

（4）依次将前面一项因素的基数替换为实际数，将每次替换后的计算结果与其前一次替换后的计算结果进行对比，依次算出每项因素的影响程度，有几项因素就替换几次。

（5）将各因素的影响（有的是正方向影响，有的是反方向影响）数值的代数和与指标变动的差异总额核对相符。

二、因素分析法的计算原理

因素分析法的计算原理可用简单的数学公式表示如下：

假设成本指标 C 是由 X、Y、Z 三个因素相乘所组成的，其计划成本指标与实际成本指标分别为：

计划成本 $C_1=X_1\times Y_1\times Z_1$

实际成本 $C_2=X_2\times Y_2\times Z_2$

差异总额 $H=C_2-C_1$

在分析各因素的变动对指标的影响时：首先，确定三个因素的替代顺序依次为 X、Y、Z；其次，假定在 Y、Z 这两个因素不变的条件下，计算第一个因素 X 变动对指标的影响；再次，在第一个因素已经替代的基础上，计算第二个因素 Y 变动对指标的影响，以此类推，直到各个因素变动对指标的影响都计算出来为止；最后，计算各因素对综合指标影响值的代数和，以验证分析结果的正确性。

第一个因素变动对指标的影响（H_1）计算如下：

$C_1=X_1\times Y_1\times Z_1$

$C_3=X_2\times Y_1\times Z_1$

$H_1= C_3-C_1$

第二个因素变动对指标的影响（H_2）计算如下：

$C_4=X_2\times Y_2\times Z_1$

$H_2= C_4-C_3$

第三个因素变动对指标的影响（H_3）计算如下：

$C_2=X_2\times Y_2\times Z_2$

$H_3=C_2-C_4$

将各因素变动对指标的影响加以汇总，其结果应与实际脱离计划的差异总额相等，即：

$H=C_2-C_1=H_1+H_2+H_3$

思考练习

大地公司有关A产品材料消耗成本资料如表4-2所示，运用因素分析法分析各因素变动对材料费用实际脱离计划的影响。

表4-2　　　　材料消耗对比表

项　目	计划数（C_1）	实际数（C_2）
产品产量（X）（件）	50	55
单位产品消耗量（Y）（千克）	25	20
材料单价（Z）（万元/千克）	5	6
材料费用（C）（万元）	6 250	6 600

（1）确定分析对象。

A产品实际成本与计划成本的差异总额为：

$$H=C_2-C_1=6\,600-6\,250=350\text{（万元）}$$

（2）根据指标计算公式确定影响指标变动的各项因素，确定各项因素的排列顺序。

根据公式“产品成本（C）＝产品产量（X）× 单位产品消耗量（Y）×材料单价（Z）”可知，影响产品成本变动的因素为产品产量（X）、单位产品消耗量（Y）、材料单价（Z），影响产品成本变动各项因素的排列顺序为产品产量（X）、单位产品消耗量（Y）、材料单价（Z）。

（3）对影响产品成本变动的各项因素，以排列顺序进行替换计算。

产品计划成本为：

$$C_1=X_1\times Y_1\times Z_1=50\times 25\times 5=6\,250\text{（万元）}$$

第一次替换：

$$C_3=X_2\times Y_1\times Z_1=55\times 25\times 5=6\,875\text{（万元）}$$

第二次替换：

$$C_4=X_2\times Y_2\times Z_1=55\times 20\times 5=5\,500\text{（万元）}$$

第三次替换：

$$C_2=X_2\times Y_2\times Z_2=55\times 20\times 6=6\,600\text{（万元）}$$

（4）分析各项因素对产品成本的影响程度。

产品产量变动对产品成本的影响数为：

$$H_1=C_3-C_1=6\,875-6\,250=625\text{（万元）}$$

单位产品消耗量变动对产品成本的影响数为：

$$H_2=C_4-C_3=5\,500-6\,875=-1\,375\text{（万元）}$$

材料单价变动对产品成本的影响数为：

$$H_3=C_2-C_4=6\,600-5\,500=1\,100\text{（万元）}$$

（5）将各项因素变动对产品成本的影响（有的是正方向影响，有的是反方向影响）数值的代数和与指标变动的差异总额核对相符：

$$H=C_2-C_1=H_1+H_2+H_3=625-1\,375+1\,100=350\text{（万元）}$$

从以上分析计算过程可以看出，该种产品消耗的材料费用超支350万元，主要是由材料价格提高和产品产量增加引起的。由于材料价格提高使产品的材料费用超支1 100万元，这是企业供应部门的责任，应当由企业供应部门查明原因。由于产品产量增加使产品的材料超支625万元，产量增加应具体分析，如果乙产品适销对路，则增加产量是允许的，否则将因产品积压而造成浪费。在材料消耗方面不仅没有超支，而且节约了。如果产品产量没有增加、材料价格没有提高，产品的材料费用会节约 1 375 万元，这一般是生产车间成本管理的成绩。应该在以上分析计算的基础上，进一步查明产品产量增加、材料价格提高以及单位产品材料消耗节约的具体原因，以便总结经验、发扬成绩、采取措施、克服缺点、加强管理，进一步降低产品成本。

必须指出的是，采用因素分析法在测定某一因素变动对指标的影响时，是以假定其他因素不变为条件的。因此，其计算结果只能说是在某种假定条件下的结果。这就要求我们在分析时，在确定每项因素变动对指标的影响的基础上，进一步查明具体原因和潜力所在，并深入车间、生产第一线了解产品材料消耗的第一手资料，再进行由此及彼、由表及里的分析，把数量分析和情况调查结合起来进行研究。

任务 2.4　认知差额分析法

差额分析法是指利用各因素的实际数和基期数之间的差额，直接计算以确定各因素变动对综合指标差异的影响程度的方法。这种方法的应用原理与因素分析法相同，只是计算形式不同，是因素分析法的简化形式。其特点是根据已确定的影响某项综合经济指标的各个因素及其替换顺序，逐项用各因素的实际数与基期数之差直接替换基期数，所得计算结果就是该因素变动对综合经济指标的影响程度。

思考练习

根据前例提供的分析资料，改用差额分析法计算如下：

产品产量变动影响数＝（55－50）×25×5＝625（万元）

单位产品消耗量变动影响数＝55×(20－25)×5＝－1 375（万元）

材料单价变动影响数＝55×20×(6－5)＝1 100（万元）

H＝625－1 375＋1 100＝350（万元）

由此可以看出，两种方法得到的结果是一样的。

项目小结

成本报表通过表格的形式对企业发生的成本费用进行归纳和总结，为企业内部管理提供所需的会计信息，为企业制订成本计划提供依据，反映成本计划的完成情况。

为了充分发挥成本报表在经济管理中的积极作用，编制成本报表应数字准确、内容完整、编报及时；为了揭示企业为生产一定产品所付出的成本是否达到预定的要求，通常需要编制商品成本报表、主要产品单位成本报表和制造费用明细表等。

成本分析是指根据成本核算资料和成本计划资料及其他有关资料，运用一系列专门方法来揭示企业成本计划的完成情况，查明影响原因，计算各因素变动对计划完成的影响程度，以帮助企业寻找降低成本、挖掘内部增产节约潜力的一项专门工作。其蕴含于费用发生和成本形成的全过程。

项目训练

一、单项选择题

1. 按照《企业会计准则》的规定，成本报表是(　　)。

A. 对外报表　　B. 对内报表（或称内部报表）

C. 既是对外报表，又是对内报表　　D. 对内还是对外，由企业自行决定

2. 工业企业各种成本报表分析都需要采用的方法是(　　)。

A. 趋势分析法　　B. 连环替代法

C. 对比分析法　　D. 差额分析法

3. 通过实际数与基数的对比来揭示实际数与基数之间的差异，借以了解经济活动的成绩和问题的方法称为(　　)。

A. 比率分析法　　B. 因素分析法

C. 对比分析法　　D. 差额分析法

4. 连环替代法是指顺序用各项因素的(　　)，借以计算各项因素影响程度的一种方法。

A. 基数替换实际数　　B. 定额数替换实际数

C. 计划数替换实际数　　D. 实际数替换基数

5. (　　)是通过连续若干期相同指标的对比来揭示各期之间的增减变化，据以预测经济发展趋势的一种成本分析方法。

A. 趋势分析法　　B. 对比分析法

C. 差额分析法　　D. 因素分析法

6. 通过指标对比，从数量上确定差异的成本分析方法是(　　)。

A. 比率分析法　　B. 连环替代法

C. 比较分析法　　D. 差额分析法

7. 通过计算和对比经济指标的比率，进行数量分析的成本分析方法是(　　)。

A. 比较分析法　　B. 差额分析法

C. 连环替代法　　D. 比率分析法

8. 连环替代法是用来计算几个相互联系的因素对综合经济指标变动的(　　)。

A. 影响　　B. 不同影响

C. 影响程度　　D. 影响情况

二、多项选择题

1. 对按成本项目反映的成本报表进行分析时，一般可采用的分析方法是(　　)。

A. 对比分析法　　B. 连环替代法

C. 构成比率分析法　　D. 相关指标比率分析法

2. 下列各项中，属于构成比率的有(　　)。

A. 销售利润率　　B. 制造费用比率

C. 直接材料费用比率　　D. 直接人工费用比率

3. 采用连环替代法时，确定各因素排列顺序的一般原则是(　　)。

A. 先计算数量因素变动的影响，后计算质量因素变动的影响

B. 先计算实物数量因素变动的影响，后计算价值数量因素变动的影响

C. 先计算主要因素变动的影响，后计算次要因素变动的影响

D. 先计算实际数变动的影响，后计算计划数变动的影响

4. 对企业成本报表反映的成本数据可以从(　　)进行对比分析。

A. 实际与定额　　B. 实际与计划

C. 本期实际与前期实际　　D. 本期实际与以往年度同期实际

5. 下列各项中，属于相关指标比率的是(　　)。

A. 产值成本率　　B. 成本利润率

C. 直接材料费用比率　　D. 制造费用比率

三、判断题

1. 在进行成本报表分析时，本期实际数也可以同国外同行业的先进水平对比。(　　)

2. 在采用连环替代法时，数量因素和质量因素的替换顺序是先替换数量因素，后替换质量因素。(　　)

3. 比率分析法、连环替代法、差额分析法和趋势分析法都是对比分析法。(　　)

4. 对比分析法的主要作用在于揭示客观上存在的差距，并为进一步分析指明方向。(　　)

5. 构成比率分析法是通过计算某项指标的各个组成部分占总体的比重进行数量分析的方法。(　　)

6. 采用连环替代法，在测定某一因素变动对指标的影响时，是以假定其他因素不变为条件的，即在其他因素均为计划数时，确定这一因素变动对指标的影响程度。(　　)

7. 对比分析法和比率分析法不能揭示实际数与基数之间的差异，但能揭示产生差异的因素和各因素的影响程度。(　　)

8. 成本报表属于内部报表，不对外公开，因此成本报表的种类、格式、项目指标的设计和编制方法、编报日期等由企业自行决定。(　　)

9. 运用连环替代法时，要正确确定各因素的排列顺序。在分析相同问题时，要按照同一排列顺序进行替换，否则会得出不同的计算结果。(　　)

四、案例分析题

新亚公司生产甲产品，20××年材料费用计划数及实际支出情况如表 4-3 所示。

表4-3　　材料费用资料

项　目	产品数量（件）	材料消耗定额（千克/件）	材料单价（元/千克）	材料费用（元）
计划	500	40	10	200 000
实际	490	38	11	204 820
差异	－10	－2	＋1	＋4 820

要求：

根据给定资料，分别采用连环替代法和差额分析法计算产品数量、材料消耗定额、材料单价三个因素变动对材料费用差异的影响程度。

编制与分析产品生产成本报表

产品生产成本报表是反映企业在报告期内生产的全部产品总成本和各种主要产品单位成本及总成本的报表。利用产品生产成本报表可以揭示企业为生产一定数量的产品所付出的成本是否达到了预期要求，可以考核和分析企业产品生产成本计划执行情况以及可比产品生产成本降低计划的执行情况，对企业的成本管理工作进行一般评价。产品生产成本报表是成本报表中最主要的报表，一般按月编制。

※ 工作任务 ※

江淮机械制造公司20××年生产甲、乙、丙三种产品，其中甲产品、乙产品为可比产品，丙产品为当年投产新产品。三种产品的相关资料如下：

(1) 产品产量及成本资料如表4-4所示。

表4-4　产品产量及成本资料

产品名称	产量				单位成本（万元）			本月实际总成本（万元）
	本月实际	本年累计实际	本月计划	本年计划	上年实际平均	计划	本年累计实际平均	
甲产品（台）	16	200	15	180	65	62	61	1 008
乙产品（台）	8	100	6	100	150	140	156	1 240
丙产品（件）	4	50	5			105	106	432

(2) 本年计划可比产品成本降低额为1 250万元，降低率为5.75%；本年实际总产值为93 500万元，计划产值成本率为35元/百元。

(3) 本年生产总成本资料及成本项目构成情况如表4-5所示。

表4-5　生产总成本及成本项目构成情况　单位：万元

项　目	直接材料	直接人工	制造费用	生产成本
计划总成本	21 300	6 200	4 150	31 650
实际总成本	24 000	5 360	3 740	33 100

请根据上述资料，为该企业编制产品生产成本报表，并对该报表进行相关分析。

任务1　编制产品生产成本表

※ 知识准备 ※

产品生产成本表分为正表和补充资料两部分。正表项目栏的纵栏中首先分为可比产品与不可比产品两部分。可比产品是指上一年正式生产过，有上年度较完备的成本资料的产品。由于可比产品需要同上年实际成本进行比较，因此表中不仅要反映本期的计划成本和实际成本，还要反映按上年实际平均单位成本计算的总成本。不可比产品是指上一年没有正式生产过，没有上年度成本资料的产品。对于不可比产品，由于没有上年度的实际单位成本资料，因此只反映本年度的计划成本和实际成本。将可比产品成本与不可比产品成本加总，可以求得全部产品生产的制造成本。正表项目栏的横栏中分别反映各种产品的实际产量、单位成本、本月总成本和本年累计总成本，分别以上年实际平均单位成本、本年计划单位成本和本月实际单位成本为标准计算的实际产量总成本，以便将本年实际与上年实际和本年计划进行比较，正确评价企业成本工作的业绩。补充资料则是指按年填报可比产品成本降低额、降低率、产值成本率的累计实际数与计划数，以及按现行价格计算的产品产值等，以便对报表资料进行分析和利用。

※ 工作过程 ※

根据江淮机械制造公司有关产品产量和成本资料，编制产品生产成本表的步骤如图4-1所示。

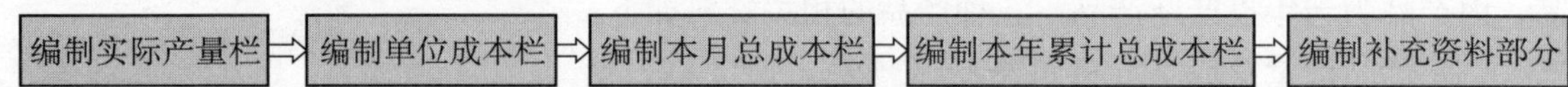

图4-1 产品生产成本表的编制步骤

一、编制实际产量栏

实际产量栏分为本月数和本年累计数两栏，分别反映本月和从本年1月1日起至报表编制月月末止各种主要商品的实际产量。实际产量栏应根据产品成本计算单或产品成本明细账的记录计算填列。

实际产量本月数：甲产品为16台，乙产品为8台，丙产品为4件。

实际产量本年累计数：甲产品为200台，乙产品为100台，丙产品为50件。

二、编制单位成本栏

单位成本栏按上年度本报表资料、本期成本计划资料、本期实际成本资料和本年累计成本资料分别计算填列。

单位成本上年实际平均数：甲产品为65万元，乙产品为150万元。

单位成本本年计划数：甲产品为62万元，乙产品为140万元，丙产品为105万元。

单位成本本月实际数＝本月实际总成本÷本月实际产量

甲产品单位成本本月实际数＝1 008÷16＝63（万元）

乙产品单位成本本月实际数＝1 240÷8＝155（万元）

丙产品单位成本本月实际数＝432÷4＝108（万元）

单位成本本年累计实际平均数：甲产品为61万元，乙产品为156万元，丙产品为106万元。

三、编制本月总成本栏

本月总成本栏包括本月实际总成本、按上年实际平均单位成本计算的总成本和按本年计划单位成本计算的总成本三项内容。其中，本月实际总成本按本月产品成本计算单的有关数字填列，后两项内容分别根据上年实际平均单位成本和本年计划单位成本乘以本月实际产量所得积数填列。具体计算过程如下：

按上年实际平均单位成本计算的本月总成本＝本月实际产量×上年实际平均单位成本

甲产品按上年实际平均单位成本计算的本月总成本＝16×65＝1 040（万元）

乙产品按上年实际平均单位成本计算的本月总成本＝8×150＝1 200（万元）

按本年计划单位成本计算的本月总成本＝本月实际产量×本年计划平均单位成本

甲产品按本年计划单位成本计算的本月总成本＝16×62＝992（万元）

乙产品按本年计划单位成本计算的本月总成本＝8×140＝1 120（万元）

丙产品按本年计划单位成本计算的本月总成本＝4×105＝420（万元）

四、编制本年累计总成本栏

本年累计总成本栏包括按上年实际平均单位成本计算的累计总成本、按本年计划单位成本计算的累计总成本和本年实际总成本三栏，应按自年初至年末止的本年累计产量分别乘以上年实际平均单位成本、本年计划单位成本和本年累计实际平均单位成本所得积数填列。具体计算过程如下。

按上年实际平均单位成本计算的本年累计总成本＝本年累计实际产量×上年实际平均单位成本

甲产品按上年实际平均单位成本计算的本年累计总成本＝200×65＝13 000（万元）

乙产品按上年实际平均单位成本计算的本年累计总成本＝100×150＝15 000（万元）

按本年计划平均单位成本计算的本年累计总成本＝本年累计实际产量×本年计划单位成本

甲产品按本年计划平均单位成本计算的本年累计总成本＝200×62＝12 400（万元）

乙产品按本年计划平均单位成本计算的本年累计总成本＝100×140＝14 000（万元）

丙产品按本年计划平均单位成本计算的本年累计总成本＝50×105＝5 250（万元）

按本年累计实际平均单位成本计算的本年累计总成本＝本年累计实际产量×本年累计实际单位成本

甲产品按本年累计实际平均单位成本计算的本年累计总成本＝200×61＝12 200（万元）

乙产品按本年累计实际平均单位成本计算的本年累计总成本＝100×156＝15 600（万元）

丙产品按本年累计实际平均单位成本计算的本年累计总成本＝50×106＝5 300（万元）

五、编制补充资料部分

（一）可比产品成本降低额

可比产品成本降低额是指可比产品本年累计实际总成本比按上年实际平均单位成本计算

的累计总成本降低的数额，超支用负数表示。其计算公式为：

$$\text{可比产品成本降低额}=\text{可比产品按上年实际平均单位成本计算的累计总成本}-\text{可比产品本年累计实际总成本}$$

可比产品成本降低额＝28 000—27 800 ＝200（万元）

（二）可比产品成本降低率

可比产品成本降低率是指可比产品本年累计实际总成本比按上年实际平均单位成本计算的累计总成本降低的比率，超支用负数表示。其计算公式为：

$$\text{可比产品成本降低率}=\frac{\text{可比产品成本降低额}}{\text{可比产品按上年实际平均单位成本计算的累计总成本}}\times 100\%$$

$$\text{可比产品成本降低率}=\frac{200}{28\ 000}\times 100\%=0.71\%$$

（三）按现行价格计算的商品产值

按现行价格计算的商品产值，根据有关统计资料填列为 93 500 万元。

（四）产值成本率

产值成本率是指商品产品总成本与商品产值的比率，通常以每百元商品产值总成本表示。其计算公式为：

$$\text{产值成本率}=\frac{\text{产品生产成本}}{\text{产品产值}}\times 100\%$$

$$\text{产值成本率}=\frac{33\ 100}{93\ 500}\times 100=35.40\ (\text{元/百元})$$

根据上述资料编制产品生产成本表，如表 4－6 所示。

表 4－6　　产品生产成本表

编制单位：江淮机械制造公司　　20×× 年 12 月　　单位：万元

产品名称	计量单位	实际产量		单位成本				本月总成本			本年累计总成本		
		本月	本年累计	上年实际平均	本年计划	本月实际	本年累计实际平均	按上年实际平均单位成本计算	按本年计划单位成本计算	本月实际	按上年平均单位成本计算	按本年计划单位成本计算	本年实际
可比产品								2 240	2 112	2 248	28 000	26 400	27 800
甲产品	台	16	200	65	62	63	61	1 040	992	1 008	13 000	12 400	12 200
乙产品	台	8	100	150	140	155	156	1 200	1 120	1 240	15 000	14 000	15 600
不可比产品									420	432		5 250	5 300
丙产品	件	4	50		105	108	106		420	432		5 250	5 300
全部产品成本									2 532	2 680		31 650	33 100

补充资料（本年实际数）：

（1）可比产品成本降低额为 200 万元（本年计划可比产品成本降低额为 1 250 万元）。

（2）可比产品成本降低率为 0.71%（本年计划可比产品成本降低率为 5.75%）。

（3）按现行价格计算的商品产值为 93 500 万元。

（4）产值成本率为 35.40 元/百元（本年计划产值成本率为 35 元/百元）。

任务 2　分析产品生产成本表

对产品生产成本表进行分析的目的是揭示产品总成本计划的完成情况，找出影响成本升降的因素，确定各个因素对成本计划完成情况的影响程度，为进一步挖掘降低成本的潜力、寻求降低成本的途径指明方向。产品生产成本表的分析主要包括产品生产成本计划完成情况分析和可比产品成本降低任务完成情况分析。

任务 2.1　分析产品生产成本计划完成情况

※ 知识准备 ※

产品生产成本计划完成情况分析，主要是分析本期全部产品的实际总成本较计划总成本的升降情况，分析和研究升降的原因，为进一步寻求降低成本的途径和措施提供线索。在实际工作中，分析产品总成本计划完成情况，可以从产品类别和成本项目两个方面进行。

※ 工作过程 ※

根据表 4－6 所列的江淮机械制造公司 20××年 12 月产品生产成本表，说明按产品类别分析全部产品生产成本计划完成情况的方法，分析步骤如图 4－2 所示。

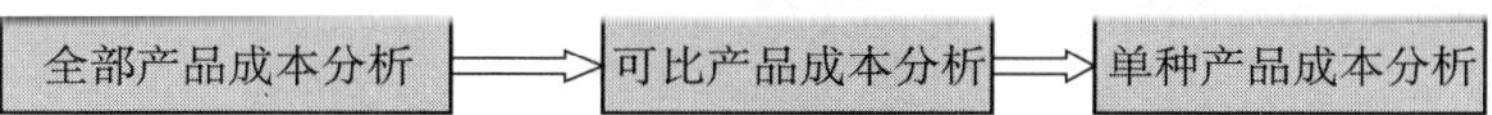

图 4－2　按产品类别分析产品生产成本计划完成情况的步骤

一、全部产品成本分析

将全部产品的实际总成本与计划总成本进行对比，确定实际总成本比计划总成本的成本降低额与成本降低率。

计划总成本＝∑（各种产品实际产量×各该产品计划单位成本）
＝200×62＋100×140＋50×105
＝31 650（万元）

实际总成本＝∑（各种产品实际产量×各该产品实际单位成本）
＝200×63＋100×155＋50×108
＝33 100（万元）

成本降低额＝计划总成本－实际总成本
＝∑［实际产量×（计划单位成本－实际单位成本）］
＝31 650－33 100
＝－1 450（万元）

$$成本降低率=\frac{成本降低额}{全部产品计划总成本}\times 100\%$$
$$=\frac{-1\ 450}{31\ 650}\times 100\%$$
$$=-4.58\%$$

二、可比产品成本分析

按产品类别分析考核可比产品和不可比产品生产成本计划完成情况，分别计算可比产品和不可比产品的成本降低额和成本降低率。

可比产品成本降低额＝可比产品计划总成本－可比产品实际总成本
＝26 400－27 800
＝－1 400（万元）

$$可比产品成本降低率=\frac{可比产品成本降低额}{可比产品计划总成本}\times 100\%$$
$$=\frac{-1\ 400}{26\ 400}\times 100\%$$
$$=-5.3\%$$

不可比产品成本降低额＝不可比产品计划总成本－不可比产品实际总成本
＝5 250－5 300
＝－50（万元）

$$不可比产品成本降低率=\frac{不可比产品成本降低额}{不可比产品计划总成本}\times 100\%$$
$$=\frac{-50}{5\ 250}\times 100\%$$
$$=-0.95\%$$

三、单种产品成本分析

按每种产品考核其生产成本计划完成情况，计算每种产品的成本降低额和成本降低率。根据计算结果编制全部产品生产成本计划完成情况，如表4-7所示。

表4-7　　全部产品生产成本计划完成情况表（按产品类别）

产品名称	计量单位	产量		单位成本			总成本			成本降低指标	
		计划	实际	上年	计划	实际	按上年计算	按计划计算	按实际计算	降低额	降低率
可比产品							28 000	26 400	27 800	－1 400	－5.3%
甲产品	台	180	200	65	62	61	13 000	12 400	12 200	200	1.61%
乙产品	台	100	100	150	140	156	15 000	14 000	15 600	－1 600	－11.43%
不可比产品								5 250	5 300	－50	－0.95%
丙产品	件		50		105	106		5 250	5 300	－50	－0.95%
全部产品								31 650	33 100	－1 450	－4.58%

从表 4－7 可以看出，该企业全部产品未能完成成本降低任务，实际成本比计划成本超支 1 450 万元，成本降低率为－4.58%。其中，可比产品总成本超支 1 400 万元，降低率为－5.3%；不可比产品成本超支 50 万元，降低率为－0.95%。在可比产品成本中，乙产品实际成本较计划成本超支了 1 600 万元，甲产品实际成本较计划成本降低了 200 万元。显然，对产品成本进一步分析的重点应当是查明乙产品超支的原因。

思考练习

按成本项目分析全部产品生产成本计划完成情况，是指将全部产品的总成本按成本项目汇总，将实际总成本的成本项目构成与计划总成本的成本项目构成进行对比，确定每个成本项目的成本降低额和成本降低率。

仍以“工作任务”中的资料为例，假设江淮机械制造公司 20××年生产的全部产品生产成本的各成本项目计划与实际构成情况如表 4－8 所示。

表 4－8　　全部产品生产成本计划完成情况表（按成本项目）

成本项目	全部产品生产成本		成本降低指标	
	计划	实际	降低额	降低率
直接材料	21 300	24 000	－2 700	－12.68%
直接人工	6 200	5 360	840	13.55%
制造费用	4 150	3 740	410	9.88%
生产成本	31 650	33 100	－1 450	－4.58%

从表 4－8 可以看出，全部产品总成本超支，主要是直接材料成本项目超支造成的，而直接人工和制造费用等成本项目是降低的。因此，还要进一步对各成本项目进行分析，特别是对直接材料成本项目进行分析，通过分析找出成本超支和成本降低的具体原因。

任务 2.2　分析可比产品成本降低任务完成情况

※ 知识准备 ※

可比产品成本降低任务，是指本年度可比产品计划总成本与按上年实际平均单位成本计算的产品总成本进行对比所要求达到的成本降低额和成本降低率。可比产品成本降低任务完成情况分析，就是将可比产品的实际总成本比上年实际总成本的成本降低额和成本降低率与成本计划中确定的成本降低额和成本降低率进行对比，以检查可比产品成本降低任务完成情况，分析各项因素的影响程度，提出改进措施。当实际的成本降低额和成本降低率等于或大于后者，说明完成或超额完成了任务；反之，则说明没有完成任务。

可比产品成本计划降低额和计划降低率、实际降低额和实际降低率的计算公式如下：

$$\text{计划成本降低额} = \sum[\text{计划产量} \times (\text{上年实际平均单位成本} - \text{计划单位成本})]$$

$$计划成本降低率=\frac{计划成本降低额}{\sum(计划产量\times上年实际平均单位成本)}\times100\%$$

$$实际成本降低额=\sum[实际产量\times(上年实际平均单位成本-本年实际平均单位成本)]$$

$$实际成本降低率=\frac{实际成本降低额}{\sum(实际产量\times上年实际平均单位成本)}\times100\%$$

在计算确定可比产品成本的计划降低额和降低率、实际降低额和降低率的基础上，通过实际成本降低额与计划成本降低额、实际成本降低率与计划成本降低率进行对比，确定实际成本降低额和降低率脱离计划成本降低额和降低率的差异，明确计划完成情况。

※ 工作过程 ※

根据表 4-6 所列的江淮机械制造公司 20××年 12 月产品生产成本表，说明对可比产品成本降低任务完成情况的分析方法，分析步骤如图 4-3 所示。

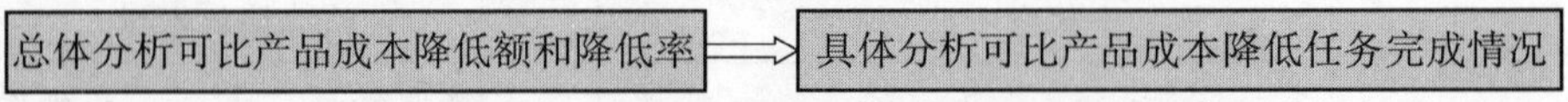

总体分析可比产品成本降低额和降低率 ⟹ 具体分析可比产品成本降低任务完成情况

图 4-3 对可比产品成本降低任务完成情况的分析步骤

一、总体分析可比产品成本降低额和降低率

江淮机械制造公司生产甲、乙两种可比产品，该公司确定的可比产品成本降低计划情况计算如下：

甲产品：

按上年实际平均单位成本计算的本年计划总成本＝180×65＝11 700（万元）

按上年计划单位成本计算的本年计划总成本＝180×62＝11 160（万元）

计划成本降低额＝11 700－11 160＝540（万元）

计划成本降低率＝540÷11 700×10％＝4.615％

乙产品：

按上年实际平均单位成本计算的本年计划总成本＝100×150＝15 000（万元）

按上年计划单位成本计算的本年计划总成本＝100×140＝14 000（万元）

计划成本降低额＝15 000－14 000＝1 000（万元）

计划成本降低率＝1 000÷15 000×100％＝6.667％

甲产品成本实际降低额＝13 000－12 200＝800（万元）

乙产品成本实际降低额＝15 000－15 600＝－600（万元）

可比产品成本实际降低额＝800＋(－600)＝200（万元）

可比产品成本实际降低率＝200÷28 000×100％＝0.714％

根据以上计算，编制可比产品成本降低任务表（见表 4-9），其成本降低任务完成情况如表 4-10 所示。

表 4-9　　**可比产品成本降低任务表**

20××年　　金额单位：万元

可比产品名称	计划产量	单位成本		总成本		计划成本降低任务	
		上年	计划	上年	计划	降低额	降低率
甲产品	180	65	62	11 700	11 160	540	4.615%
乙产品	100	150	140	15 000	14 000	1 000	6.667%
合　计				26 700	25 160	1 540	5.768%

表 4-10　　**可比产品成本降低任务完成情况表**

20××年　　金额单位：万元

可比产品名称	实际产量	单位成本			总成本			降低情况	
		上年	计划	实际	上年	计划	实际	降低额	降低率
甲产品	200	65	62	61	13 000	12 100	12 200	800	6.15%
乙产品	100	150	140	156	15 000	14 000	15 600	−600	−4%
合　计					28 000	26 400	27 800	200	0.714%

由表 4-9 可知，该公司可比产品成本计划降低额为 1 540 万元，计划降低率为 5.768%。通过表 4-10 可知，该公司可比产品成本实际降低额为 200 万元，实际降低率为 0.714%。从总体上分析，该公司的可比产品成本降低额计划和成本降低率计划均未完成。针对具体的可比产品，甲产品计划成本降低额为 540 万元，实际成本降低额为 800 万元，计划成本降低率为 4.615%，实际成本降低率为 6.15%，成本降低额和降低率计划均超额完成。而乙产品的计划成本降低额和降低率分别为 1 000 万元和 6.667%，执行的结果非但没有降低，反而超支了 600 万元，使成本降低率为−4%。

根据以上结果计算实际脱离计划差异如下：

降低额差异＝200−1 540＝−1 340（万元）

降低率差异＝0.714%−5.768%＝−5.054%

通过对比，说明该公司的成本降低计划未能完成。但这种实际脱离计划的差异只是成本降低计划执行的结果，并不能说明是什么原因造成成本计划执行背离了计划，有必要对成本降低计划执行情况做进一步的分析。

二、具体分析可比产品成本降低任务完成情况

可比产品成本降低任务完成情况的因素概括起来有以下三个方面：可比产品产量变动、可比产品品种结构变动和可比产品单位成本变动。

（一）可比产品产量变动

产量变动是指从计划产量变为实际产量的增加数或减少数。可比产品总成本的降低任务是根据各种可比产品的计划产量计算的，而可比产品的实际成本是按实际产量计算的，在其他因素不变的情况下，可比产品产量的增减变动就会引起可比产品总成本的增减变动，从而影响成本降低额。产品产量变动对可比产品总成本降低额的影响可采用差额分析法进行分析。其计算公式为：

$$产量变动后计划降低额=\left[\sum\left(\begin{matrix}实际\\产量\end{matrix}\times\begin{matrix}上年实际平均\\单位成本\end{matrix}\right)\right]\times计划成本降低率$$

$$\begin{matrix}产量变动对成本\\降低额的影响\end{matrix}=\begin{matrix}产量变动后\\计划降低额\end{matrix}-\begin{matrix}产量变动前\\计划降低额\end{matrix}$$

根据表4－9和表4－10的资料计算如下：

产品产量变动后计划降低额＝28 000×5.768%＝1 615.04（万元）

产品产量变动对成本降低额的影响＝1 615.04－1 540＝75.04（万元）

由于产品产量变动，实际成本降低额比计划多75.04万元。产品产量变动不影响成本降低率。

（二）可比产品品种结构变动

产品品种结构变动是指产品各品种在总产量中所占比重的变动。这种变动对成本降低额、降低率均有影响，这是因为各种产品的成本降低率不尽相同。若成本降低率高的产品比重升高，则可比产品的平均降低率升高；反之则降低。可比产品成本降低率变动后，成本降低额也随之受影响。其计算公式为：

$$\begin{matrix}产品品种结构\\变动后计划降低额\end{matrix}=\sum\left(\begin{matrix}实际\\产量\end{matrix}\times\begin{matrix}上年实际平均\\单位成本\end{matrix}\right)-\sum\left(\begin{matrix}实际\\产量\end{matrix}\times\begin{matrix}本年计划\\单位成本\end{matrix}\right)$$

$$\begin{matrix}产品品种结构变动\\对成本降低额的影响\end{matrix}=\begin{matrix}产品品种结构\\变动后计划降低额\end{matrix}-\begin{matrix}产品产量变动\\后计划降低额\end{matrix}$$

$$\begin{matrix}产品品种结构变动\\对成本降低率的影响\end{matrix}=\begin{matrix}产品品种结构变动对\\成本降低额的影响\end{matrix}\div\sum\left(\begin{matrix}实际\\产量\end{matrix}\times\begin{matrix}上年实际平均\\单位成本\end{matrix}\right)\times100\%$$

根据表4－9和表4－10的资料，计算可比产品品种结构变动对成本降低计划的影响如下：

产品品种结构变动后计划降低额＝28 000－26 400＝1 600（万元）

产品品种结构变动对成本降低额的影响＝1 600－1 615.04＝－15.04（万元）

产品品种结构变动对成本降低率的影响＝－15.04÷28 000×100% ＝－0.054%

（三）可比产品单位成本变动

单位成本变动就是实际单位成本与计划单位成本的差额。可比产品成本降低任务完成情况，是以上年实际平均单位成本为基础进行分析计算的。因此，某种产品本年实际平均单位成本与计划单位成本发生变动后，必然会引起实际成本降低额与降低率和计划成本降低额与降低率之间发生变动。可比产品单位成本变动既影响成本降低额又影响成本降低率，其计算公式为：

$$\begin{matrix}单位成本变动后\\计划降低额\end{matrix}=\sum\left(\begin{matrix}实际\\产量\end{matrix}\times\begin{matrix}上年实际平均\\单位成本\end{matrix}\right)-\sum\left(\begin{matrix}实际\\产量\end{matrix}\times\begin{matrix}本年实际\\单位成本\end{matrix}\right)$$

$$\begin{matrix}单位变动成本对\\成本降低额的影响\end{matrix}=\begin{matrix}单位成本变动\\后计划降低额\end{matrix}-\begin{matrix}产品品种结构\\变动后计划降低额\end{matrix}$$

$$\begin{matrix}单位变动成本对\\成本降低率的影响\end{matrix}=\begin{matrix}单位变动成本\\对成本降低额的影响\end{matrix}\div\sum\left(\frac{实际}{产量}\times\frac{上年实际平均}{单位成本}\right)\times100\%$$

以表4－10中的资料为例，运用公式计算如下：

单位成本变动后计划降低额＝28 000－27 800＝200（万元）

单位变动成本对成本降低额的影响＝200－1 600＝－1 400（万元）

单位变动成本对成本降低率的影响＝－1 400÷28 000＝－5.0％

通过计算可以看出，可比产品单位成本变动对成本降低额的影响为－1 400万元，对成本降低率的影响为－5％。

将各因素对成本降低计划的影响结果进行汇总，如表4-11所示。

表4-11　各因素对成本降低额和成本降低率的影响

20××年

影响因素	影响程度	
	降低额（万元）	降低率（％）
产品产量变动	75.04	0
产品品种结构变动	－15.04	－0.054
产品单位成本变动	－1 400	－5.000
合计	－1 340	－5.054

通过以上分析，可以对该公司20××年可比产品成本降低任务完成情况做出评价：该企业的可比产品成本降低任务未能完成，计划成本降低额为1 540万元，实际成本降低额仅为200万元，未完成1 340万元；实际成本降低率为0.714％，脱离计划5.054％。就不同产品而言，甲产品的成本降低任务完成良好，而乙产品的成本降低计划未能完成。从具体影响因素分析，造成实际成本超支的根本原因是产品单位成本提高，特别是乙产品，实际单位成本较计划单位成本提高了16万元之多，单项超支1 600万元，应进一步查明原因；产品产量变动使产品成本降低了75.04万元；产品品种结构变动使产品成本超支了15.04万元。这些说明该企业在成本管理方面取得了一定的成绩，但仍需要继续加强成本管理。

项目小结

产品生产成本报表主要反映可比产品和不可比产品的实际产量、单位成本、本月总成本及本年总成本。编制产品生产成本表应分别以上年实际平均单位成本、本年计划单位成本和本月实际单位成本为标准计算实际产量总成本，以便将本年实际与上年实际和本年计划进行比较，正确评价企业成本工作的业绩。全部产品成本计划完成情况的分析，应当按照可比产品和不可比产品的产品类别，以及成本项目分别进行分析。

影响可比产品成本降低任务完成情况的因素主要有三个，即产品产量、产品品种结构和产品单位成本。对可比产品成本降低任务完成情况的分析，具体可运用因素分析法、余额分析法等方法。

项目训练

一、单项选择题

1. 编制产品生产成本表必须做到(　　)。

A. 可比产品、不可比产品须分别填列

B. 可比产品、不可比产品可合并填列

C. 可比产品、不可比产品既可合并，也可分别填列

D. 编制时无须划分可比产品、不可比产品

2. 可比产品成本降低额与可比产品成本降低率之间的关系是（　　）。

A. 成反比　　B. 成正比　　C. 同方向变动　　D. 无直接关系

3. 可比产品成本降低额的正确计算方法为（　　）。

A. 可比产品按上年实际平均单位成本计算的本年累计总成本减去本年累计实际总成本

B. 可比产品按上年实际平均单位成本计算的本年累计总成本减去本年计划总成本

C. 本年累计实际总成本减去本年计划总成本

D. 上年累计实际总成本减去本年累计实际总成本

4. 计算实际成本降低率时，应当用实际成本降低额除以（　　）。

A. 实际产量按上年单位成本计算的总成本

B. 计划产量按上年单位成本计算的总成本

C. 实际产量按计划成本计算的总成本

D. 实际产量按实际单位成本计算的总成本

二、多项选择题

1. 影响可比产品成本降低额变动的因素有（　　）。

A. 产品价格　　B. 产品产量

C. 产品品种构成　　D. 产品单位成本

2. 影响可比产品成本降低率变动的因素有（　　）。

A. 产品产量　　B. 产品品种构成

C. 产品价格　　D. 产品单位成本

3. 按成本项目编制的产品生产成本表，一般包括（　　）等指标。

A. 直接材料费用分析　　B. 主要技术经济指标分析

C. 直接人工费用分析　　D. 制造费用分析

三、判断题

1. 按产品品种反映的产品生产成本报表不能提供计算有关构成比率的资料。（　　）

2. 可比产品成本降低率是指可比产品成本降低额与上年实际总成本之比。（　　）

3. 可比产品成本降低率等于可比产品成本降低额与本年累计实际总成本之比。（　　）

4. 本年累计实际产量与本年计划单位成本之积称为按本年实际产量计算的本年累计总成本。（　　）

5. 某企业可比产品成本计划上升2%，实际成本降低率为0.5%，因此该企业的可比产品成本计划任务没有完成。（　　）

6. 在任何情况下，产品产量的变动都会影响可比产品成本降低率。（　　）

7. 可比产品成本计划降低率并非可比产品成本降低计划。（　　）

四、案例分析题

1. 淮州公司生产甲、乙、丙三种产品。该公司 12 月有关资料如下：

(1) 淮州公司上年实际和本年计划、1—11 月累计成本费用资料如表 4-12 所示。

表 4-12　成本费用资料表　单位：元

项　目	上年实际	本年计划	本年 1—11 月累计实际
直接材料费用	57 860	56 120	51 650
直接人工费用	23 250	24 050	21 150
制造费用	29 826	26 320	24 710
生产费用合计	110 936	106 490	97 510
在产品、自制半成品期初余额	8 760	8 520	
在产品、自制半成品期末余额	6 529	6 632	

(2) 甲、乙、丙三种产品 12 月的成本明细账分别如表 4-13 至表 4-15 所示。

表 4-13　甲产品成本明细账　单位：元

项　目	直接材料	直接人工	制造费用	合　计
月初在产品成本	450	270	330	1 050
本月生产费用	890	410	560	1 860
完工产品成本	970	450	690	2 110
在产品成本	370	230	200	800

表 4-14　乙产品成本明细账　单位：元

项　目	直接材料	直接人工	制造费用	合　计
月初在产品成本	750	320	480	1 550
本月生产费用	1 640	760	950	3 350
完工产品成本	1 420	570	810	2 800
在产品成本	970	510	620	2 100

表 4-15　丙产品成本明细账　单位：元

项　目	直接材料	直接人工	制造费用	合　计
月初在产品成本	1 050	410	740	2 200
本月生产费用	1 960	680	1 340	3 980
完工产品成本	1 660	620	1 100	3 380
在产品成本	1 350	470	980	2 800

(3) 12 月末，甲、乙、丙三种产品均无自制半成品。

要求：

根据上述资料编制产品生产成本表（按成本项目反映，见表 4-16），并在本年计划、本月实际、本年累计实际之间进行各项生产费用的构成比率分析。

表 4－16　　全部产品生产成本表（按成本项目反映）

成本项目	本年计划	本月实际	本年累计实际
直接材料			
直接人工			
制造费用			
生产费用合计			
加：在产品、自制半成品期初余额			
减：在产品、自制半成品期末余额			
产品成本合计			

2. 某企业生产甲、乙、丙三种产品，产品产量及成本资料如表 4－17 所示。

表 4－17　　产品产量及成本资料

产品名称	实际产量		单位成本	
	本月	本年累计	上年实际平均	本年计划
甲	100	1 140	22.1	21.0
乙	280	3 050	12.5	11.0
丙	400	5 520	8.75	8.60

甲、乙、丙三种产品本年1—11月累计实际产品生产成本分别为 23 540 元、31 055 元和 44 644 元。

要求：

根据所给资料编制产品生产成本表（按产品种类反映，见表 4－18），同时计算企业该年全部可比产品成本降低计划的执行结果，并用连环替代法计算有关因素变动对可比产品成本降低计划执行结果的影响程度。

表 4－18　　全部产品生产成本表（按产品种类反映）

编制单位：　　20××年 12 月　　金额单位：元

产品名称	实际产量			单位成本				本月总成本			本年累计总成本		
	计量单位	本月	本年累计	上年实际平均	本年计划	本月实际	本年累计实际平均	按上年实际平均单位成本计算	按本年计划单位成本计算	本期实际	按上年实际平均单位成本计算	按本年计划单位成本计算	本年实际
可比产品合计													
其中：甲													
乙													
不可比产品													
丙													
全部产品													

编制与分析主要产品单位成本报表

主要产品单位成本表是反映企业在报告期内生产的各种主要产品单位成本构成情况和各项主要技术经济指标报告情况的报表。该表按主要产品分别编制，是对产品生产成本表的有关单位成本做进一步补充说明的报表。

利用主要产品单位成本表，可以具体了解各种主要产品单位成本的结构和水平，并按成本项目考核和分析各种主要产品单位成本计划执行情况，分析单位成本构成变化及趋势，以便进一步寻找产生差距的原因，力求挖掘降低产品单位成本的潜力，提高企业的经济效益。该表通常按月编制。

任务1　编制主要产品单位成本表

※ 工作任务 ※

江淮机械制造公司20××年生产的乙产品的产量及单位成本资料如表4-19所示。

表4-19　　产量及单位成本资料表　　金额单位：万元

产品名称		乙产品		本月计划产量		6
规　　格				本月实际产量		8
计量单位		台		本年累计计划产量		100
销售单价		150		本年累计实际产量		100
成本项目		历史先进水平	上年实际平均	本年计划	本月实际	本年累计实际平均
直接材料		98	108	100	121	120
直接人工		20	24	25	20	23
制造费用		12	18	15	14	13
生产成本		130	150	140	155	156
主要技术经济指标	单位	用量	用量	用量	用量	用量
主要材料（A）	千克	10	10.80	10	11	10.75
生产工时	小时	8	9	8.50	8	8.20

※ 知识准备 ※

主要产品单位成本表的结构可分为两部分：第一部分为表的基本部分，是分别按每一种主要产品进行编制的，表中除反映产品名称、规格、计量单位、产量、销售单价之外，主要是按成本项目反映单位成本的构成和水平及各项主要技术经济指标；第二部分为表的补充资料，反映上年和本年的几项经济指标，为分析和考核提供简便的资料。

※ 工作过程 ※

根据江淮机械制造公司20××年提供的乙产品有关成本资料，编制主要产品单位成本表的步骤如图4-4所示。

图4-4 编制主要产品单位成本表的步骤

一、编制产量指标

（一）编制“本月计划产量”和“本年累计计划产量”项目

“本月计划产量”和“本年累计计划产量”项目根据本月和本年产品产量计划资料填列。江淮机械制造公司乙产品“本月计划产量”和“本年累计计划产量”项目分别为6台、100台。

（二）编制“本月实际产量”和“本年累计实际产量”项目

“本月实际产量”和“本年累计实际产量”项目根据统计提供的产品产量资料，或产品入库单填列。江淮机械制造公司乙产品“本月实际产量”和“本年累计实际产量”项目分别为8台、100台。

二、编制主要技术经济指标

“主要技术经济指标”项目反映主要产品每一单位产量所消耗的主要原材料、燃料、工时等的数量，应根据产品成本计算资料（包括领料单等凭证）和统计资料整理填列。

三、编制历史项目

（一）编制“历史先进水平”项目

“历史先进水平”项目是指本企业历史上该种产品成本最低年度的实际平均单位成本和实际单位用量，应根据该年的成本资料填列。江淮机械制造公司乙产品历史最低水平的单位成本为130万元，其中：直接材料98万元、直接人工20万元、制造费用12万元。

（二）编制“上年实际平均”项目

“上年实际平均”项目是指上年实际平均单位成本和实际单位用量，应根据上年度本表的本年累计实际平均单位成本和单位用量的资料填列。江淮机械制造公司乙产品上年实际平均单位成本为150万元，其中：直接材料108万元、直接人工24万元、制造费用18万元。

四、编制本年项目

（一）编制“本年计划”项目

“本年计划”项目是指本年计划单位成本和单位用量，应根据年度成本计划中的资料填列。江淮机械制造公司乙产品本年计划单位成本为 140 万元，其中：直接材料 100 万元、直接人工 25 万元、制造费用 15 万元。

（二）编制“本月实际”项目

“本月实际”项目是指本月实际单位成本和单位用量，应根据本月完工的该种产品生产成本明细账上的有关数字计算后填列。江淮机械制造公司乙产品本月实际单位成本为 155 万元，其中：直接材料 121 万元、直接人工 20 万元、制造费用 14 万元。

（三）编制“本年累计实际平均”项目

“本年累计实际平均”项目是指本年初至本月末止该种产品的平均实际单位成本和单位用量，应根据本年初至本月末止完工产品成本计算单等有关资料，加权平均计算后填列。其计算公式为：

$$\text{某产品的实际平均单位成本}=\frac{\text{该产品累计总成本}}{\text{该产品累计产量}}$$

$$\text{某产品的实际平均单位用量}=\frac{\text{该产品累计总用量}}{\text{该产品累计产量}}$$

江淮机械制造公司乙产品本年累计实际平均单位成本为 156 万元，其中：直接材料 120 万元、直接人工 23 万元、制造费用 13 万元。

五、计算补充资料

补充资料有关指标的计算公式为：

$$\text{成本利润率}=\frac{\text{产品销售利润}}{\text{产品销售成本}}\times 100\%$$

$$\text{资金利润率}=\frac{\text{利润总额}}{\text{资金总额}}\times 100\%$$

$$\text{净产值率}=\frac{\text{工业净产值}}{\text{产品销售收入}}\times 100\%$$

$$\text{流动资金周转次数}=\frac{\text{产品销售收入}}{\text{流动资金平均余额}}$$

由于主要产品单位成本表是产品生产成本表的补充报表，因此该表中按成本项目反映的“上年实际平均”“本年计划”“本月实际”“本年累计实际平均”的单位成本合计，应按产品生产成本表中的各该单位成本的数字分别填列。

主要产品单位成本表的格式如表 4－20 所示。

表 4-20 主要产品单位成本表

编制单位：江淮机械制造公司　　20××年12月　　金额单位：万元

产品名称		乙产品		本月计划产量		6
规　　格				本月实际产量		8
计量单位		台		本年累计计划产量		100
销售单价		150		本年累计实际产量		100
成本项目		历史先进水平	上年实际平均	本年计划	本月实际	本年累计实际平均
直接材料		98	108	100	121	120
直接人工		20	24	25	20	23
制造费用		12	18	15	14	13
生产成本		130	150	140	155	156
主要技术经济指标	单位	用量	用量	用量	用量	用量
主要材料（A）	千克	10	10.80	10	11	10.75
生产工时	小时	8	9	8.50	8	8.20

补充资料：

项　目	上年实际	本年实际
成本利润率（%）		
资金利润率（%）		
净产值率（%）		
流动资金周转次数（次）		
实际利税总额		
职工工资总额		
年末职工人数（人）		
全年平均职工人数（人）		

注：生产乙产品所需A材料单价为10万元/千克。

任务2　分析主要产品单位成本表

主要产品单位成本分析包括对主要产品单位成本计划完成情况、影响主要产品单位成本变动的主要因素、主要技术经济指标对单位成本的影响进行的分析。

任务2.1　分析主要产品单位成本计划完成情况

※ 工作任务 ※

根据江淮机械制造公司主要产品单位成本表，对该企业主要产品单位成本计划完成情况进行分析。

※ 知识准备 ※

对主要产品单位成本计划完成情况的分析，要依据主要产品单位成本各项目的实际数与计划数，确定其差异额和差额率，以及各成本项目变动对单位成本计划的影响程度。

※ 工作过程 ※

根据表 4－19，对江淮机械制造公司的主要产品乙产品的单位成本进行分析，如表 4－21所示。

表 4－21　　乙产品单位成本分析表

金额单位：万元

项　目	计　划	实　际	差异情况		各成本项目变动对单位成本的影响（%）
			差异额	差异率（%）	
直接材料	100	120	20	20	14.29
直接人工	25	23	－2	－8	－1.43
制造费用	15	13	－2	－13.33	－1.43
合　计	140	156	16	11.43	11.43

从表 4－21 中可以看出，乙产品实际单位成本比计划单位成本的增加额为 16 万元，增加率为 11.43%，主要是直接材料成本超支所致，直接人工与制造费用实际比计划均有所降低。从降低额对单位成本的影响来看，由于直接材料成本的上升，乙产品的单位成本大幅增加，直接人工与制造费用的降低相对减缓了乙产品单位成本上升的速度。这些说明企业在加强生产管理和提高劳动生产率方面取得了较好的成绩，但材料费用上升过快，需要查明原因。

任务 2.2　分析影响主要产品单位成本变动的主要因素

※ 工作任务 ※

根据江淮机械制造公司主要产品单位成本表，对该企业影响主要产品单位成本变动的主要因素进行分析。

※ 知识准备 ※

产品成本主要由直接材料、直接人工和制造费用三个成本项目构成，因此分析影响主要产品单位成本变动的主要因素也应该从直接材料、直接人工和制造费用三方面进行，分析步骤如图 4－5 所示。

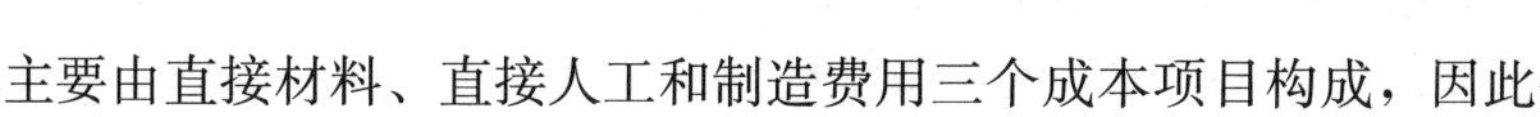

直接材料因素分析 ⇒ 直接人工因素分析 ⇒ 制造费用因素分析

图 4－5　影响主要产品单位成本变动的主要因素分析步骤

※ 工作过程 ※

一、直接材料因素分析

根据江淮机械制造公司的主要产品单位成本表所列乙产品的单位成本资料，整理后如表4-22所示。

表4-22　　乙产品直接材料成本资料　　金额单位：万元

材料名称	计划			实际			差异		
	单耗（千克）	材料单价（万元/千克）	材料成本	单耗（千克）	材料单价（万元/千克）	材料成本	单耗（千克）	材料单价（万元/千克）	材料成本
A材料	10	10	100	10.75	11.162 8	120	0.75	1.162 8	20
合　计			100			120			20

当企业生产的产品只耗用一种材料，或虽耗用几种材料，但它们之间不存在配比关系时，对单位材料成本的变动情况，可结合单位产品材料消耗量（简称单耗）和材料单价两个因素的变动情况，运用因素分析法进行深入分析，其因素分解公式为：

单位产品材料成本＝$\sum$（单位产品材料消耗量×材料单价）

利用因素分解公式测定各因素的变动对材料成本的影响，具体计算公式为：

单耗变动对材料成本的影响＝$\sum$［（实际单耗－计划单耗）×计划材料单价］

单价变动对材料成本的影响＝$\sum$［实际单耗×（实际材料单价－计划材料单价）］

根据表4-20分析计算乙产品单位产品材料成本的变动情况如下：

单位产品材料成本变动额＝120－100＝20（万元）

单耗变动对材料成本的影响＝（10.75－10）×10＝7.50（万元）

材料单价变动对材料成本的影响＝10.75×（11.162 8－10）＝12.50（万元）

上述计算结果说明，乙产品材料成本实际比计划上升20万元，是单耗与材料单价两个因素共同变动影响的结果。其中：单耗变动使材料成本比计划上升了7.50万元，材料单价变动使材料成本比计划上升了12.50万元。

发生单耗上升，与企业的生产管理有关，需要进一步分析引起单耗上升的原因。通常而言，影响单耗变动的原因有材料质量的变化、材料加工方式的改变、材料利用程度的变化、产品零部件结构的变化、利用废料或代用材料、废料回收情况等，应结合上述原因深入生产环节进行具体分析。

发生材料单价变动，同样要分析其原因。影响材料单价变动的因素有材料采购地点、采购方式、材料买价、运费、运输途中的损耗、材料入库前的挑选整理费用等，既有主观因素，又有客观因素，应结合具体情况进行深入分析。

二、直接人工因素分析

根据江淮机械制造公司的主要产品单位成本表所列乙产品的生产工时资料，整理后如表4-23所示。

表4-23　　乙产品直接人工成本资料

项　目	计　划	实　际	差　异
单位产品工时（小时）	8.50	8.20	0.30
小时薪酬率（万元/小时）	2.941 2	2.804 9	−0.136 3
单位产品人工费用（万元）	25	23	−2

直接人工因素分析包括单一产品人工成本分析和多种产品人工成本分析。

（一）单一产品人工成本分析

当企业只生产一种产品时，单位产品的人工成本是用工人薪酬总额除以完工产品总量求得的，其因素分解公式为：

$$单位产品人工成本=\frac{工人薪酬总额}{完工产品产量}$$

这种情况下，影响单位产品人工成本的因素只有两个，即工人薪酬因素和产品产量因素。这两个因素变动对单位产品人工成本的影响可用如下公式测定：

$$\begin{array}{c}产品产量变动对单位\\产品人工成本的影响\end{array}=\frac{计划工人薪酬总额}{实际产品产量}-\frac{计划工人薪酬总额}{计划产品产量}$$

$$\begin{array}{c}工人薪酬总额变动对\\单位产品人工成本的影响\end{array}=\frac{实际工人薪酬总额-计划工人薪酬总额}{实际产品产量}$$

工人薪酬总额的变动与企业工资政策、岗位定员、出勤情况等有关，应结合有关因素深入分析；产品总量的变动应结合企业生产和销售的具体情况进行分析。

（二）多种产品人工成本分析

在多数企业中，生产的产品品种往往不是单一的，各产品的人工成本一般按生产工时比例分配计入各种产品成本。因此，单位产品人工成本取决于单位产品工时和小时薪酬率两个因素，其因素分解公式为：

单位产品人工成本＝单位产品工时×小时薪酬率

每个因素变动对单位产品人工成本的影响可以用下列公式测定：

$$\begin{array}{c}单位产品工时变动对\\单位产品人工成本的影响\end{array}=\left(\begin{array}{c}单位产品\\实际工时\end{array}-\begin{array}{c}单位产品\\计划工时\end{array}\right)\times\begin{array}{c}计划小时\\薪酬率\end{array}$$

$$\begin{array}{c}小时薪酬率变动对单位\\产品人工成本的影响\end{array}=\begin{array}{c}单位产品\\实际工时\end{array}\times\left(\begin{array}{c}实际小时\\薪酬率\end{array}-\begin{array}{c}计划小时\\薪酬率\end{array}\right)$$

根据表4-23分析计算乙产品单位产品人工成本的变动情况如下：

单位产品人工成本变动额＝23－25＝－2（万元）

单位产品工时变动对人工成本的影响＝（8.2－8.5）×2.941 2＝－0.88（万元）

小时薪酬率变动对人工成本的影响＝8.2×(2.804 9－2.941 2) ＝－1.12（万元）

两个因素影响程度合计＝－0.88＋(－1.12) ＝－2（万元）

以上计算结果表明，乙产品直接人工节约了2万元，是工时消耗节约和每小时薪酬率减少所致，应当进一步查明单位产品工时消耗和每小时薪酬率变动的原因。

单位产品工时消耗的节约，一般是生产工人提高了劳动熟练程度，从而提高了劳动生产率的结果，但也不排除是投机取巧所致，应该查明节约工时以后是否影响产品的质量。对通过降低产品质量来节约工时的行为，是不能允许的。

小时薪酬率是以工人薪酬总额除以生产工时总额计算求得的。工人薪酬总额控制得好，会使每小时薪酬率降低，否则会使每小时薪酬率超支。对工人薪酬总额变动的分析，可以与前述按成本项目反映的产品生产成本表中直接人工费用的分析结合起来进行。一般来说，小时薪酬率会呈增长趋势，但在新工人增加较多的条件下，也可能会在一定期间有所回落。

在工时总量固定的情况下，非生产工时控制得好，减少非生产工时，增加生产工时总额，会使每小时薪酬率降低，否则会使每小时薪酬率超支。因此，除了要查明每小时工资率变动的具体原因外，还应对生产工时的利用情况进行调查研究。

三、制造费用因素分析

根据江淮机械制造公司的主要产品单位成本表所列乙产品的制造费用资料，整理后如表4－24所示。

表4－24　　乙产品制造费用成本资料

项　目	计　划	实　际	差　异
单位产品工时（小时）	8.5	8.2	0.3
小时费用率（万元/小时）	1.764 7	1.585 4	－0.179 3
单位产品制造费用（万元）	15	13	－2

单位产品制造费用的分析方法，取决于车间生产的产品品种的多少，可分为单一产品制造费用分析和多种产品制造费用分析。

（一）单一产品制造费用分析

企业只生产一种产品时，单位产品制造费用的因素分解公式为：

$$单位产品制造费用=\frac{制造费用总额}{完工产品产量}$$

上式中，各因素变动对单位产品制造费用的影响的测定公式为：

$$\begin{array}{l}产品产量变动对单位\\产品制造费用的影响\end{array}=\frac{计划制造费用}{实际产品产量}-\frac{计划制造费用}{计划产品产量}$$

$$\begin{array}{l}制造费用总额变动对\\单位产品制造费用的影响\end{array}=\frac{实际制造费用总额-计划制造费用总额}{实际产品产量}$$

（二）多种产品制造费用分析

企业生产多种产品，则单位产品的制造费用应按以下因素分解公式进行分析：

单位产品制造费用＝单位产品生产工时×小时制造费用率

每个因素变动对单位产品制造费用的影响，可按以下公式测定：

$$\begin{array}{c}\text{单位产品生产工时变动对}\\\text{单位产品制造费用的影响}\end{array}=\left(\begin{array}{c}\text{单位产品}\\\text{实际工时}\end{array}-\begin{array}{c}\text{单位产品}\\\text{计划工时}\end{array}\right)\times\begin{array}{c}\text{计划小时}\\\text{制造费用率}\end{array}$$

$$\begin{array}{c}\text{小时制造费用率变动对}\\\text{单位产品制造费用的影响}\end{array}=\begin{array}{c}\text{单位产品}\\\text{实际工时}\end{array}\times\left(\begin{array}{c}\text{实际小时}\\\text{制造费用率}\end{array}-\begin{array}{c}\text{计划小时}\\\text{制造费用率}\end{array}\right)$$

根据表4-24对乙产品单位产品制造费用进行分析如下：

单位产品制造费用变动额＝13－15＝－2（万元）

单位产品生产工时变动对制造费用的影响＝（8.20－8.50）×1.764 7＝－0.53（万元）

小时薪酬率变动对制造费用的影响＝8.20×（1.585 4－1.764 7）＝－1.47（万元）

两个因素影响程度合计＝－0.53＋（－1.47）＝－2（万元）

以上计算结果表明，乙产品单位成本中，制造费用节约2万元，是生产工时消耗节约和小时制造费用率降低所致，生产工时消耗节约是提高劳动生产率的结果，小时制造费用率的降低是加强日常制造费用控制的结果，应当结合制造费用构成情况分析，查明小时制造费用率降低的真正原因。从现象上看，该企业在制造费用管理方面取得了较好的成绩。

任务2.3　分析主要技术经济指标对单位成本的影响

技术经济指标是指从各种生产资源利用情况和产品质量等方面反映生产技术水平的各种指标的总称。不同企业由于生产技术特点不同，用来考核的技术经济指标也各不相同。企业各项技术经济指标的完成情况，直接或间接地影响产品成本。因此，把成本分析深入技术领域，一方面能克服技术人员不问经济、财会人员不问技术的这种技术与经济的脱离现象，另一方面能具体查明影响成本升降的各种生产技术因素，促使企业技术部门进行技术攻关，改进不合理工艺及操作技术，从而解决降低成本的根本问题。

对技术经济指标进行分析，主要是从产品数量与质量变化的角度，对与产品成本有关的主要经济技术指标变动情况进行了分析，以便从生产、技术领域查明产品成本升降的内在原因，寻找用改善技术经济指标来降低产品成本的途径，达到提高成本管理水平的目的。

项目小结

主要产品单位成本表是指反映企业在报告期内生产的各种主要产品单位成本构成情况和各项主要技术经济指标报告情况的报表。在项目二中，我们对产品生产成本计划完成情况进行了分析，但该分析不能揭示每种产品成本指标完成情况的成因和成本降低的潜力，因此我们有必要在产品生产成本分析的基础上，对产品单位成本做进一步的分析。

产品单位成本分析是为了确定产品品种结构、产品产量质量、材料消耗量和劳动生产率等因素变动对成本的影响，测算各个技术经济指标影响单位成本的情况，进一步分析各项因素的变化对各成本项目的影响。主要产品单位成本各项目的分析，主要是直接材料、直接人工、制造费用三个项目的分析，以便正确、全面地评价企业成本工作。

项目训练

一、单项选择题

1. 企业编制主要产品单位成本表时应按（　　）分别编制。

A. 产品品种　　B. 成本项目　　C. 产品种类　　D. 核算对象

2.（　　）是反映工业企业在报告期内生产的各种主要产品单位成本构成情况的报表。

A. 主要产品单位成本表　　B. 制造费用明细表

C. 产品生产成本表　　D. 管理费用明细表

3. 可比产品成本降低额的正确计算方法为（　　）。

A. 可比产品按上年实际平均单位成本计算的本年累计总成本减去本年累计实际总成本

B. 可比产品按上年实际平均单位成本计算的本年累计总成本减去本年计划总成本

C. 本年累计实际总成本减去本年计划总成本

D. 上年累计实际总成本减去本年累计实际总成本

4. 用连环替代法分析可比产品成本时，单位产品成本的变动（　　）。

A. 只影响成本降低额，不影响成本降低率

B. 既影响成本降低额，又影响成本降低率

C. 只影响成本降低率，不影响成本降低额

D. 既不影响成本降低额，也不影响成本降低率

5. 下列三因素按连环替代法进行分析时，正确的替换顺序是（　　）。

A. 产品数量、单位产品消耗量、材料单价

B. 单位产品消耗量、材料单价、产品数量

C. 材料单价、产品数量、单位产品消耗量

D. 产品数量、材料单价、单位产品消耗量

二、多项选择题

1. 主要产品单位成本表应当反映该主要产品的（　　）。

A. 产品产量　　B. 产品单位成本　　C. 期末在产品　　D. 产品生产总成本

2. 主要产品单位成本项目分析包括（　　）。

A. 直接材料费用分析　　B. 主要技术经济指标分析

C. 直接人工费用分析　　D. 制造费用分析

3. 影响产品单位成本中直接材料费用变动的因素有（　　）。

A. 产品生产总量　　B. 材料总成本

C. 单位产品材料消耗量　　D. 单位材料价格

4. 影响产品单位成本中直接人工费用变动的因素有(　　)。

A. 工人数量　　B. 工人工资总额

C. 单位产品生产工时　　D. 小时薪酬率

三、判断题

1. 产量变动之所以影响产品单位成本，是因为在产品全部成本中包括一部分变动费用。(　　)。

2. 可比产品成本计划降低率并非可比产品成本降低计划。(　　)

3. 可比产品是指以前年度或上年度末正常生产过的产品。(　　)

4. 采用连环替代法进行产品成本分析时，替代顺序确定的一般原则是：先数量因素后质量因素。(　　)

5. 在生产多种可比产品的条件下，影响可比产品成本降低任务完成情况的因素有三个，即产品产量变动的影响、产品品种结构变动的影响和产品单位成本变动的影响。(　　)

四、案例分析题

秦淮工厂生产甲、乙、丙三种产品，其中，甲、乙两种产品为可比产品，丙产品为不可比产品。20××年有关生产成本资料如表 4-25、表 4-26 和表 4-27 所示。

表 4-25　**产品产量及成本资料**

20××年　　金额单位：元

项　目	甲产品	乙产品	丙产品
产品产量（件）			
本年计划	2 160	1 008	960
本年实际	2 500	1 000	1 000
产品单位成本			
上年实际平均	600	500	
本年计划	582	490	555
本年实际平均	579	491	530

表 4-26　**产品单位成本资料**

产品名称：甲产品　　20××年　　金额单位：元

项　目	上年实际	本年计划	本年实际
直接材料	235	219.40	222.60
直接人工	185	187.60	186
制造费用	180	175	170.40
合　计	600	582	579

表4-27　　甲产品单位成本详细资料

20××年　　金额单位：元

项　目	本年计划			本年实际		
	用量	价格	成本	用量	价格	成本
直接材料			219.40			222.60
01材料	40千克	2.50	100.00	42千克	2.45	102.90
02材料	33千克	1.50	49.50	35千克	1.50	52.50
03材料	10千克	4.00	40.00	9千克	4.20	37.80
04材料	10千克	2.99	29.90	10千克	2.94	29.40
直接人工	65小时	2.886	187.60	64小时	2.906	186.00
制造费用	65小时	2.692	175.00	64小时	2.662	170.40

要求：

（1）根据资料编制按产品类别反映的产品生产成本表（见表4-28）。

（2）计算全部产品与计划比较的成本降低额和成本降低率，完成全部产品成本计划完成情况分析表（见表4-29）。

（3）简要评价该厂全部产品成本计划完成情况。

（4）计算主要产品计划和实际成本降低额、成本降低率及实际脱离计划的差异额，完成主要产品成本降低任务完成情况分析表（分析对象的确定）（见表4-30）。

（5）分析各因素变动对主要产品成本降低任务的影响，完成主要产品成本降低任务完成情况分析表（各因素影响程度的计算）（见表4-31）。

（6）对该厂主要产品成本计划完成情况进行简要评价。

（7）分析甲产品单位成本计划完成情况，编制甲产品单位成本计划完成情况分析表（见表4-32）。

（8）编制甲产品直接材料、直接人工、制造费用成本分析表（见表4-33、表4-34和表4-35），分析直接材料、直接人工、制造费用成本变动的原因。

（9）对秦淮工厂甲产品单位成本计划完成情况进行简要评价。

表4-28　　产品生产成本表（按产品类别）

编制单位：　　20××年　　金额单位：元

产品名称	计量单位	产量		单位成本			实际产量的总成本		
		本年计划	本年实际	上年实际平均	本年计划	本年累计实际平均	按上年实际平均单位成本计算	按本年计划单位成本计算	本年实际
可比产品									
甲产品	件								
乙产品	件								
不可比产品									
丙产品	件								
合　计									

表 4－29　　全部产品成本计划完成情况分析表（按产品类别）

编制单位：　　20××年　　金额单位：元

产品名称	计量单位	实际产量	单位成本			实际产量的总成本			与计量成本比	
			上年实际	本年计划	本年实际	按上年实际平均单位成本计算	按本年计划单位成本计算	本年实际	成本降低额	成本降低率
可比产品										
甲产品	件									
乙产品	件									
不可比产品										
丙产品	件									
合　计										

表 4－30　　主要产品成本降低任务完成情况分析表（分析对象的确定）

编制单位：　　20××年　　金额单位：元

项　　目	成本降低额	成本降低率
计划数		
甲产品		
乙产品		
合　计		
实际数		
甲产品		
乙产品		
合　计		
差异数（分析对象）		
甲产品		
乙产品		
合　计		

表 4－31　　主要产品成本降低任务完成情况分析表（各因素影响程度的计算）

编制单位：　　20××年　　金额单位：元

影响因素	对成本降低额的影响	对成本降低率的影响
产品单位成本		
产品品种结构		
产品产量		
合　计		

表 4－32　　甲产品单位成本计划完成情况分析表

编制单位：　　20××年　　金额单位：元

成本项目	单位成本			与上年实际比		与本年计划比	
	上年实际	本年计划	本年实际	成本降低额	成本降低率	成本降低额	成本降低率
直接材料							
直接人工							
制造费用							
合　计							

表4-33　　甲产品直接材料成本分析表

编制单位：　　20××年　　金额单位：元

材料名称	计量单位	材料消耗量		材料价格		材料成本		成本差异		差异额分析	
		计划	实际	计划	实际	计划	实际	差异额	差异率	用量影响	价格影响
01材料	千克										
02材料	千克										
03材料	千克										
04材料	千克										
合　计											

表4-34　　甲产品直接人工成本分析表

编制单位：　　20××年　　金额单位：元

生产工人工时		小时薪酬率		人工成本		成本差异		差异额分析	
计划	实际	计划	实际	计划	实际	差异额	差异率	工时影响	小时薪酬率影响

表4-35　　甲产品制造费用成本分析表

编制单位：　　20××年　　金额单位：元

生产工时		小时费用率		制造费用成本		成本差异		差异额分析	
计划	实际	计划	实际	计划	实际	差异额	差异率	工时影响	小时费用率影响

编制与分析制造费用明细表

制造费用明细表是反映工业企业在报告期内发生的制造费用及其构成情况的报表。由于辅助生产车间的制造费用已通过辅助生产费用的分配转入基本生产车间的制造费用和管理费用等有关的成本费用账户，因此制造费用明细表只反映基本生产车间的制造费用，不包括辅助生产车间的制造费用，以免重复。

利用制造费用明细表提供的资料，可以考核制造费用计划的执行情况，分析各项费用的构成情况和增减变动原因，以便进一步采取措施，节约开支，降低费用。制造费用明细表一般按月编制。

任务 1　编制制造费用明细表

※ 工作任务 ※

江淮机械制造公司 20××年有关制造费用资料和 12 月制造费用明细账如表 4－36 和表 4－37所示。

表 4－36　　制造费用资料　　单位：元

项　目	费用项目										
	职工薪酬	折旧费用	材料费用	办公费用	水电费用	差旅费用	运保费用	设计费用	检验费用	其他	合计
本年计划	455 000	130 000	260 000	60 000	13 000	68 000	170 000	75 000	28 000	5 000	1 264 000
上年同期实际	450 000	127 000	280 000	60 000	145 000	70 800	165 000	70 000	29 000	7 000	1 403 800

表 4－37　　制造费用明细账

编制单位：江淮机械制造公司　　20××年 12 月　　单位：元

20××年		摘　要	费用项目										
月	日		职工薪酬	折旧费用	材料费用	办公费用	水电费用	差旅费用	运保费用	设计费用	检验费用	其他	合计
	31	分配职工薪酬	40 550										40 500
	31	计提折旧		10 500									10 500
	31	耗用材料费用			26 000								26 000
	31	购买办公用品				7 700							7 700
	31	支付水电费用					1 100						1 100
	31	摊销劳保费用						6 050					6 050

续前表

20××年		摘　要	费用项目										
月	日		职工薪酬	折旧费用	材料费用	办公费用	水电费用	差旅费用	运保费用	设计费用	检验费用	其他	合计
	31	支付运输费用							18 300				18 300
	31	图纸设计费用								6 800			6 800
	31	实验检验费用									2 395		2 395
	31	其他费用										3 950	3 950
	31	本月合计	40 500	10 500	26 000	7 700	1 100	6 050	18 300	6 800	2 395	3 950	123 295
	31	本年累计	453 000	128 500	269 000	61 150	12 500	66 000	170 000	74 540	27 500	42 500	1 304 690

※ 知识准备 ※

制造费用明细表的结构是按规定的制造费用项目，分别反映“本年计划”“上年实际”“本月实际”“本年累计实际”的数据，使报表使用者可以通过表中的数据进行对比分析，了解制造费用的构成与变动情况，以便加强对制造费用的管理。

制造费用明细表的编制依据：报告期的会计账簿资料，主要指制造费用的总分类账和明细分类账；以前年度的制造费用明细表或上年同期的制造费用明细表；本期制造费用的预算资料。

※ 工作过程 ※

制造费用明细表编制步骤如图4－6所示。

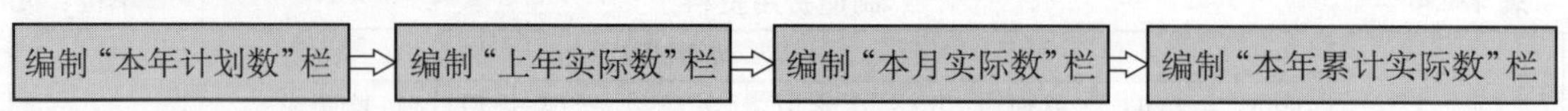

图4－6　制造费用明细表编制步骤

一、编制“本年计划数”栏

“本年计划数”栏的各项数字，应根据制造费用预算中的有关项目数字填列。

二、编制“上年实际数”栏

“上年实际数”栏的各项数字，应根据上年本表的“本年累计实际数”栏填列。如果表内所列费用项目和上年的费用项目在名称或内容上不一致，应对上年的各项数字按照表内规定的费用项目进行调整。

三、编制“本月实际数”栏

“本月实际数”栏的各项数字，应根据制造费用明细账中的本月发生数填列。

四、编制“本年累计实际数”栏

“本年累计实际数”栏的各项数字，应填列自年初起至编报月末止的累计实际数，应根据制造费用明细账中的记录计算填列，或根据本月实际数加上期本表的本年累计实际数填列。

制造费用明细表格式如表 4－38 所示。

表 4－38　　**制造费用明细表**

编制单位：江淮机械制造公司　　20××年 12 月　　单位：元

费用项目	本年计划数	上年实际数	本月实际数	本年累计实际数
职工薪酬	455 000	450 000	40 500	453 000
折旧费用	130 000	127 000	10 500	128 500
材料费用	260 000	280 000	26 000	269 000
办公费用	60 000	60 000	7 700	61 150
水电费用	13 000	145 000	1 100	12 500
差旅费用	68 000	70 800	6 050	66 000
运保费用	170 000	165 000	18 300	170 000
设计费用	75 000	70 000	6 800	74 540
检验费用	28 000	29 000	2 395	27 500
其他费用	5 000	7 000	3 950	42 500
合　计	1 264 000	1 403 800	123 295	1 304 690

任务 2　分析制造费用明细表

制造费用明细表的分析主要采用对比分析法。这是通过实际数与基数的对比来揭示实际数与基数之间的差异，借以了解经济活动的成绩和问题的一种分析方法。

在采用对比分析法进行分析时，通常先将本月实际数与上年同期实际数进行对比，揭示本月实际与上年同期实际之间的增减变化。如果表中列有本月计划数的情况，则应先与计划数进行对比，以便分析和考核制造费用月度计划的执行结果。在将本年累计实际数与本年计划数进行对比时，数据不是来自 12 月的制造费用明细表，这两者的差异只反映年度内某一期间计划执行的情况，据以发出信号，提醒人们应该注意的问题。例如，利用 4 月的制造费用明细表数据进行对比，发现企业本年度制造费用累计实际数已经接近、达到甚至超过本年计划的半数时，就应注意节约以后各月的费用，以免全年的实际数超过计划数。如果数据来自 12 月的制造费用明细表，则本年累计实际数和本年计划数的差异，就是全年费用计划执行的结果。为了具体分析制造费用增减变动和计划执行好坏的情况及原因，上述对比分析应该按照费用项目进行。由于制造费用的项目很多，因此可以选择变化较大、差异较大或者费用所占比重较大的项目重点进行分析。

因为各项制造费用的性质和用途不同，所以评价各项费用超支或节约时应该联系费用的性质和用途进行具体分析，不能简单地将一切超支都看成是不合理和不利的，也不能简单地将一切节约都看成是合理和有利的。例如，修理费用和劳动保护费用的节约，可以导致缺少必要的劳动保护措施，影响安全生产，只有在保证机器设备的维修质量和正常运转、保证安全生产的条件下节约修理费用和劳动保护费用，才是合理的、有利的。又如，机物料消耗的超支也可能是追加了生产计划、增加了机物料消耗的结果，这样的超支也是合理的，不是成本管理的责任。

此外，在分项目进行制造费用分析时，还应特别注意“在产品盘亏和毁损”和“停工损失”等非生产性的损失项目的分析，这些项目的发生额通常都是生产管理不善的结果。在分析“在产品盘亏和毁损”项目时，还应注意其中有无盘盈的抵销数，因为在产品盘盈的价值会冲减、掩盖一部分盘亏和毁损的损失。在产品盘盈也是生产经营管理不善或核算上的差错造成的，不是生产车间的工作成果。

项目小结

制造费用明细表是反映企业在报告期内发生的基本生产车间全部制造费用及其构成情况的报表，制造费用明细表的结构是按规定的制造费用项目，分别反映“本年计划”“上年实际”“本月实际”“本年累计实际”的数据，使报表使用者可以通过表中的数据进行对比分析，了解制造费用的构成与变动情况，以便加强对制造费用的管理。制造费用明细表的编制依据：报告期的会计账簿资料，主要指制造费用的总分类账和明细分类账；以前年度的制造费用明细表或上年同期的制造费用明细表；本期制造费用的预算资料。制造费用明细表的分析主要是对制造费用预算执行情况进行分析，具体采用对比分析法，通过实际数与基数的对比来揭示实际数与基数之间的差异，借以了解经济活动取得的成绩和存在的问题。

项目训练

一、单项选择题

1. 制造费用明细表反映企业（　　）。

A. 辅助生产车间的制造费用　　B. 基本生产车间的制造费用

C. 所有生产车间的制造费用　　D. 各生产单位的制造费用

2. 制造费用明细表应根据（　　）发生额编制。

A. 总账制造费用科目

B. 各基本生产车间制造费用明细账

C. 各辅助生产车间制造费用明细账

D. 各基本生产车间和辅助生产车间制造费用明细账

二、判断题

1. 制造费用明细表只需列出“上年实际数”“本年累计实际数”两栏数字。（　　）

2. 制造费用明细表只汇总企业基本生产车间的制造费用，不反映辅助生产车间的制造费用。（　　）

3. 制造费用明细表应根据“制造费用”总账所属各明细账的费用发生额分项计算填列。（　　）

参考文献

[1] 查尔斯·T. 亨格瑞等. 成本与管理会计 [M]. 北京：中国人民大学出版社，1994.

[2] 查尔斯·T. 亨格瑞等. 成本会计 [M]. 北京：中国人民大学出版社，1997.

[3] 孙革新，吴丽新. 新编成本会计 [M]. 大连：大连理工大学出版社，2008.

[4] 高翠. 成本会计 [M]. 大连：大连出版社，2007.

[5] 顾振华. 成本会计案例与实训 [M]. 北京：机械工业出版社，2005.

[6] 刘志娟. 成本会计 [M]. 北京：机械工业出版社，2007.

[7] 陈汉文. 成本管理 [M]. 北京：高等教育出版社，2008.

[8] 陈良华. 成本会计 [M]. 北京：北京大学出版社，2008.

[9] 李延喜，刘彦文，周颖. 成本管理 [M]. 大连：大连理工大学出版社，2005.

[10] 陈东领，张新美. 成本会计学 [M]. 北京：北京交通大学出版社，2007.

信息反馈表

尊敬的老师:

您好！为了更好地为您的教学、科研服务，我们希望通过这张反馈表来获取您更多的建议和意见，以进一步完善我们的工作。

请您填好下表后以电子邮件、信件或传真的形式反馈给我们，十分感谢！

一、您使用的我社教材情况

您使用的我社教材名称			
您所讲授的课程		学生人数	
您希望获得哪些相关教学资源			
您对本书有哪些建议			

二、您目前使用的教材及计划编写的教材

	书名	作者	出版社
您目前使用的教材			
	书名	预计交稿时间	本校开课学生数量
您计划编写的教材			

三、请留下您的联系方式，以便我们为您赠送样书（限1本）

您的通信地址			
您的姓名		联系电话	
电子邮箱（必填）			

我们的联系方式:

地　址: 苏州工业园区仁爱路158号中国人民大学苏州校区修远楼

电　话: 0512-68839320　　传　真: 0512-68839316

E-mail: huadong@crup.com.cn　　邮　编: 215123

网　址: www.crup.com.cn